KB037399

동양 도덕교육론의 현대적 해석

동양 도덕교육론의 현대적 해석

박병기 지음

인간사랑

글의 출처

제1부 도덕교육론의 동향과 동양 도덕교육론

1장은 2007년 1월 부산교육연수원 중등 도덕·윤리 1급 정교사 자격 연수에서 강의했던 「도덕·윤리교육의 목표와 미래적 지향」을 토대로 해서 이 책의 서론으로 재구성한 것이다.

2장은 『불교평론』 38호(2009년 봄)에 실린 같은 제목의 글을 이 책의 성격에 맞게 부분적으로 수정한 것이다.

3장은 2008년 서울교육연수원 중등 도덕·윤리과 심화직무연수에서 4회에 걸쳐 강의했던 「한국 윤리사상과 도덕교육」을 토대로 삼아 이 책에 맞게 재구성한 글이다.

제2부 불교 도덕교육론의 현대적 해석

4장은 계간 불교평론사가 주관하는 제4회 '열린 논단'(2009년 4월 10일)에서 주제 발표한 같은 제목의 글을 체제만 바꾸어 실은 것이다.

5장은 진주산업대학교 청담사상연구소에서 발간하는 『마음사상』 5집(2007), 6집(2008)에 실린 「마음공부로서의 도덕교육」과 「불교의 교육철학에 기반한 청담의 포교사상」에 토대를 두고 현재의 제목에 맞게 하나의 장으로 재구성한 것이다.

6장은 2006년 한국교원대학교 정책연구로 실행된 『인성교육 교재개발 연구』에 「불교와 도교의 인성교육론」이라는 제목으로 제출된 저자의 글 앞부분을 하나의 완전한 글로 구성한 것이다.

7장은 2008년 동양윤리교육학회 연차학술세미나(2008.10. 경인교대)에서 같은 제목으로 발표한 글을 부분 수정한 것이다.

8장은 한국교원대학교 사회과학연구부, 『사회과학연구』 7집(2006. 12)에 「도덕과 교육과정 구성을 위한 도덕성 발달단계론 모색 : 불교 수행론의 도덕교육 방법론적 재해석을 중심으로」라는 제목으로 실린 글을 현재의 제목으로 바꾸어 재구성한 것이다.

第3부 유교와 도교 도덕교육론의 현대적 해석

9장은 2007년 한국유교학회 · 동양윤리교육학회 공동학술세미나(2007. 5. 성균관대)에서 같은 제목으로 발표한 글을 본서의 체제에 맞게 재구성한 것이다.

10장은 2007년 남명학회 연차 학술대회(2007. 10. 서울대)에서 발표한 같은 제목의 글을 본서의 체제에 맞게 재구성한 것이다.

11장은 2006년 한국교원대학교 정책연구로 실행된 『인성교육 교재개발 연구』에 「불교와 도교의 인성교육론」이라는 제목으로 제출된 저자의 글 뒷부분을 분리시켜 재구성한 것이다.

12장은 전체 내용을 마무리하는 장으로 이 책을 위해 온전히 새로 쓴 것이다.

목차

이끄는 글

우리에게 전통이란 무엇일까? 이 질문에 대해 제대로 답변하려면 우선 '전통(傳統)'이라는 개념에 대한 분석부터 시작해야 하겠지만, 좀 더 손쉬운 접근을 해보자면 우선 나의 삶에서 의미 있게 남아 있거나 작동하고 있는 전통적 요소들을 떠올려 보는 것으로 답을 찾을 수도 있다.

아침에 일어나 단골 커피 전문점에 가서 쓴 에스프레소 커피를 마시는 것으로 하루를 시작하는 나의 외양에는 최소한 전통의 요소가 거의 없는 것으로 보인다. 오히려 자신의 이익을 고려해야 하는 상황 속에서는 합리성이라는 이름으로 따지는 데 익숙하고, 만약 그렇게 하지 못했을 경우에는 뭔가 손해보았거나 바보 취급을 당한 것은 아닌지 하는 불쾌감을 느끼는 경우가 대부분이다. 이런 삶의 방식은 누군가 말하는 이른바 '뉴요커(New Yorker)'의 그것과 거의 달라 보이지 않고, 아마도 외계인이 보고 있다면 쉽게 나를 한국인으로 구별해내지 못할 것이다.

물론 내게도 전통의 요소가 전혀 없는 것은 아니다. 사람을 만나면 그 사람 자체에 대해 알고 싶어하기보다는 그의 존재를 둘러싼 배경을 더 먼저 알고 싶어하고, 특히 나와 견주어 그의 나이가 나보다 위인지 밑인지를 먼저 헤아리게 된다. 부모님은 모두 생존해 계신지, 형제자매 관계는 어떻게 되는지와 같은 관계를 통해 한 개인을 바라보고자 하는 이러한 습관은 분명 우리의 전통에서 유래한 것이다. 불교는 인연(因緣)이 존재의 근원이라고 하고 유교는 부모자식 관계로 상징되는 관계가 존재의 근원이라고 본다. 도교의 경우에도 자연과 인간, 우주가 도(道)를 정점으로 하여 하나의 존재 속에 포용되는 총체적인 인간관을 강조해 왔다.

일상의 삶 속에서 가치판단을 내려야 하는 상황과 직면하게 되면 생각했던 것보다도 많은 이런 전통적 요소들이 나도 모르는 사이에 등장한다. 자본주의 사회를 살아가는 데 꼭 필요한 돈과 다른 가치들이 충돌하는 경우에는 대체로 돈을 우선시해야 한다고 생각하면서도 실제로는 다른 가치들 때문에 망설이게 되고, 그 중에서 특히 '이렇게 살아도 괜찮은 것인가?' 하는 본질적인 질문과 마주하게 되는 순간에는 내 마음 속에 삶의 의미를 향한 열망이 갑자기 솟아오르기도 한다. 그런데 그 삶의 의미가 내게는 정해진 어떤 진리의 모습이 아니라, 언제부턴가 스스로 부여해야 하는 자율적인 어떤 것으로 다가오고 있다.

삶의 의미를 하늘의 명령[天命]에서 찾고자 했던 동아시아인들의 가치체계는 한편으로 가족을 중심으로 하는 관계적 삶의 의미를 부각시킨 반면에, 그 이상으로 자연으로 돌아가 그 자연 속에서 자신의 삶을 마치고 싶은 도가사상적인 지향을 강하게 지니고 있다. 대도시에서 직장생활을 하는 사람들 대다수가 은퇴 후에는 전원생활을 꿈꾸고 있다는 소식들이나 실제로 그런 생각을 실천으로 옮기는 꽤 많은 주변 사람들을 접하면서 우리들의 가치 지향 속에서 쉽게 사라지지 않는 동양 전통의 질긴 뿌리를 떠올리게 된다.

원시유교와 도가로 대표되는 동아시아인들의 고유한 가치 지향은 고대 인도의 정신문화 속에서 생겨나서 전해진 불교와 만나면서 질적인 전환을 이룬다. 주나라의 도덕정치를 모형으로 삼아 그 질서의 회복을 꾀하고자 했던 공자와 그 토대로서의 인간 본성론을 제기했던 맹자의 윤리학적이고 인간학적인 담론을 넘어서는 형이상학적이면서도 실천적인 불교의 담론체계는 결국 주희로 하여금 전통적인 기(氣) 개념에 이(理)의 개념을 덧붙인 후 이 둘 사이의 관계를 치밀하게 모색하게 하는 차원의 논의를 가능하게 했다.

조선 성리학은 이러한 주희의 사고를 받아들이는 전제 위에서 이기론(理氣論)의 심층과 예론(禮論), 인물성동이론(人物性同異論) 등으로 이어지는 이론적 · 실천적 논쟁으로 이어지면서 전개되었다. 그 과정에서 공식적으로는 억불정책을 통해 불교적 사유를 철저히 배격하고자 했지만, 이미 주희의 사유방식 속에 내재해 있는 기신론적 사유(起信論的 思惟)의 틀을 벗어나는 일은 불가능했을 것이다. 결국 이렇게 보면 우리의 전통 사상은 불교와 성리학으로 요약될 수 있는 셈이다. 도교의 경우 종교로서의 그것은 그다지 우리에게 영향력을 발휘하지 못했고 성리학자들의 삶 속으로 스며들거나 선불교의 심층으로 포섭되는 경향을 보여주었다.

도덕교육은 바로 이와 같은 전통의 사상적 흐름과 실천적 지향에 주목하는 것이 마땅하다. 우리의 도덕적 사유와 판단, 행동을 분석하면서 그 안에 담겨져 있는 전통적 요소와 서구적 요소 사이의 긴장과 갈등, 조화의 문제에 관심을 갖고 교사와 학생 사이의 인격적 만남을 시도하는 일 자체가 도덕교육이다. 그런데 불행히도 우리는 그렇게 주체적으로 움직일 수 있는 여유를 갖지 못한 채 그동안 주로 미국을 중심으로 개발된 서양 도덕교육론에 근거해 우리 도덕과 교육의 이론적 근거를 찾고자 했다. 도덕성을 바라보는 서구의 시각도 일정한 보편성을 지닐 것이기 때문에 그러한 노력들 자체가 무의했다고 쉽게 말할 수는 없지만, 늘 '미국에 없는 교과' 라는 터무니없는 편견에 대해 그 상황을 배경으로 삼아 도출된 도덕교육론에 의존해서 대응해야 하는 당혹스러움을 피하기 어려웠다.

동양의 전통 도덕교육론에 대한 관심이 높아진 것은 그리 오래된 일은 아니지만 장승희(2006)나 서은숙(2007), 강봉수(2008) 같은 학자들에 의해서 단행본 형태의 동양 도덕교육론서들이 발간되기도 했고, 동양윤리교육학회가 창립되어 활동하기 시작한 지도 벌써 몇 년의 시간이 지나고 있다. 그럼에도 위에서 언급된 학자들 모두 주로 유교적 배경에서 도덕교육에 접근하고자 한다는 한계를 보이고 있고, 학회의 경우에도 아직 학술지를 발간하지 못하는 수준에 머물고 있어 이 과제의 시급성에 비추어 보면 안타까운 마음을 갖지 않을 수 없다.

저자가 전통에 본격적인 관심을 갖기 시작한 것은 박사과정 진학을 준비하던 해인 1989년이다. 독일의 윤리학자인 하르트만(N. Hartmann)의 가치서열론을 도덕교육적 관점에서 조명하는 석사 논문을 쓴 후에 공군 장교로 복무하게 되면서 과연 어느 방향으로 계속 공부할지를 놓고 자유로운 사색과 선택을 할 수 있는 귀한 기회를 얻었는데, 일차적으로 선택한 결론은 이제 더 이상 서양에 관한 공부를 하지 말고 동양과 전통에 대한 공부로 회귀하자는 것이었다. 이 결론에 따라 준비한 사단법인 유도회의 '한문연수원(3년제)' 은 고맙게도 내게 3년 장학생으로의 입학을 허용해 주었다. 우리 시대 마지막 독서당(獨書堂)을 집에 차려놓고 사서(四書)를 공부하셨던 선친의 고단한 삶을 지켜보아야 했던 이 땅의 장남으로서의 자의식을 적극적으로 껴안아 보고자 했던 '무모하면서도 용감한 시도' 였던 셈이다.

그러나 인연이 닿지 않았는지 같은 해(1990년) 진학했던 박사과정에는 동양 전공자가 없었고, 결국 나는 '박사학위까지만' 이라는 단서를 걸고 서양 윤리학을 배경으로 삼아 '사회윤리적 차원의 문제를 책임질 수 있는 도덕 주체를 어떻게 길러낼 수 있을까?' 라는 화두(話頭)를 박사 논문의 제목으로 삼는 데 만족해야 했다. 공부의 기회를 주셨음에도 제대로 시작도 해보지 못하고 그만둔 것에 대해 뽑아주셨던 '한문연수원' 선생님들께 늘 미안한 마음을 갖고 있었는데 이 기회를 빌려 다시 용서를 구하고 싶다.

운이 좋아 학위를 하던 해 가을에 자리잡은 대학에서 떠듬떠듬 사서를 보는 정도에 불과한 한문 실력으로 유교와 불교를 혼자 공부하면서 동서양을 자유로이 넘나드는 도덕교육론을 강의하고 싶다는 강렬한 열망을 가졌던 내게 그러나 곧 두 가지 난관이 찾아들었다. 하나는 성리학 또는 주자학이라는 개념으로 특징지을 수 있는 한국 유교의 현재성 문제였고, 다른 하나는 산스크리트어의 음사어가 곳곳에 산재한 불교 경전을 제대로 읽어낼 수 없다는 지적 능력의 문제였다. 전자에 대해서는 지속적인 사유와 생활 속에서의 반성을 통해 어느 정도 극복할 수 있을 것 같았지만, 후자는 특별한 노력이 더해지지 않으면 극복될 수 없는 난공불락처럼 내게 다가왔다.

'전주(全州)' 라는 전통의 향기가 안쓰럽게 남아 있는 도시에 머물며 기회를 찾고 있던 내 눈에 어느 날 문득 '불교원전전문학림 삼학원생 모집'이라는 공고가 찾아들었다. 나는 망설임 없이 지원했고, 그곳에서 가산 지관(伽山 智冠)이라는 이 시대의 큰 스승과 사제관계의 인연을 맺는 행운을 얻을 수 있었다. 불교의 기본 교리와 한국 불교사상사 등을 공부하는 한편으로 산스크리트어와 불교한문을 원전을 통해 배웠고, 5년이라는 정해진 기간을 중도에 포기하지 않았다는 자부심 하나로 버텨냈지만, 돌아보면 대학원 과정에서는 맛볼 수 없었던 진정한 공부의 심연과 즐거움을 알게 된 행복한 시간들이었다.

여기 모아놓는 글들은 그런 공부와 시절 인연 속에서 이런 저런 기회를 통해 발표했던 동양 도덕교육론과 관련된 나의 어설픈 생각들이다. 불교를 공부하면 할수록 한편으로 글쓰는 일이 얼마나 무모한 일인지를 뼈저리게 느끼곤 했지만, 바로 그 이유 때문에 전통과 동양에 관심을 갖고 공부하고자 하는 사람들이 보다 쉽고 친절하게 접할 수 있는 글이 별로 없다는 현실에 대해서도 고민하곤 했다. 특히 그 중에서도 우리 동양학계의 유교 편향성으로 말미암아 불교 도덕교육론은 말할 것도 없고 불교 교육론 자체에 관한 글도 찾아보기 어려운 상황을 외면하기 힘들었다. 그런 핑계들에 기대 이렇게 덜 익은 결과물들을 내놓기로 해놓고도 내내 마음이 가볍지 않다. 나의 이 시론적인 글들이 우리 도덕교육학계의 구성원들과 도덕교사들, 그리고 교육의 본질과 도덕교육에 관심을 갖고 있는 분들에게 조금이라도 더 균형잡힌 시각에서 우리 도덕교육의 현실과 미래를 바라볼 수 있게 하는 데 기여할 수 있다면 더 바랄 게 없다.

2009년 가을을 설레임으로 기다리면서

법연(法淵) **박병기** 드림

1부

도덕교육론의 동향과 동양 도덕교육론

제1장

우리 도덕교육의 지향점과 동양 도덕교육론

1. 도덕교사로서의 삶과 자격의 문제

'삶의 의미'라는 말은 한편으로 진부한 것이고 다른 한편으로는 새삼스런 것이기도 하다. 도대체 의미 없는 삶을 살고 있는 사람이 누가 있을 것이며, 혹시 그 의미를 쉽게 발견하지 못하는 사람일지라도 발견하지 못하는 것일 뿐 의미가 없는 것이라고 말할 수는 없을 것이기 때문이다. 그럼에도 우리는 '내 삶의 의미가 과연 무엇일까?' 하는 질문에 휩싸이게 될 때가 있다. 가까운 사람의 죽음을 맞게 된 경우와 같은 충격적인 상황에서도 그러하지만, 생활이 비교적 안정적으로 이루어지고 있을 때에도 문득 그런 본원적인 질문과 마주하며 당황해 하거나 방황하기도 한다.

왜 그러는 것일까? 아마도 그것은 인간의 삶 자체가 갖는 유한성과 그 유한성을 본능적으로 자각한 바탕에서 비롯되는 제대로 살아내야 한다는 치열한 욕구 때문일 것이다. 누구나 자신의 삶을 대충 꾸려가고 싶어하지는 않는다. 잠시 생존의 문제에 휘둘리며 그런 내면적 욕구에서 나오는 소리를 듣지 못할 수도 있고, 안락함에 취해 들려오는 소리들을 스스로 거부하는 것일 수도 있다. 그럼 우리들에게 삶의 의미 문제는 어떻게 다가오고 있는가?

도덕교육에 관심을 갖는 우리에게 삶은 우선 교육자로서의 그것으로 다가온다. 삶의 연속성 속에서 도덕교사가 되기 위한 준비를 하는 과정을 지나고 있을 수도 있고, 이미 그 과정을 성공적으로 건너서 도덕교사로서의 삶을 영위하고 있을 수도 있다. 전자와 후자 사이에 본질적인 차이가 있는 것은 아니지만, 그럼에도 도덕교사가 되었다는 사실 자체의 생멸적 의미(生滅的 意味)를 경시할 수는 없다. 동아시아의 전통 사유구조 속에서 삶의 차원을 진여(眞如)와 생멸(生滅)로 나누고 이 둘 사이의 관계를 하나도 아니고 둘도 아닌 불일불이(不一不二)로 설정하는 기신론적 사유는 마명과 원효에 의해 정착해서 현재에 이르고 있다.[1)]

기신론적 사유(起信論的 思惟)는 원시유교에 불교철학을 가미한 새로운 유학, 즉 신유학이자 성리학의 단계에 이르러 이(理)와 기(氣)

---

1 마명의 『대승기신론』과 원효의 『대승기신론 소·별기』가 이 '기신론적 사유'가 전개되고 있는 핵심 텍스트이다. 그리고 이 '기신론적 사유'라는 개념 자체는 마명과 원효의 핵심 사상 속에서 찾아낸 사유방식을 구체적으로 드러내기 위해 저자 자신이 임의적으로 사용하는 것일 뿐 아직 보편적으로 사용되고 있는 것은 아니다.

사이의 관계를 서로 섞이지도 않고 그렇다고 해서 나뉘지도 않는(不相離 不相雜) 관계로 설정하는 것으로 발전되었다. 서양의 형식논리학이 들어오기 전에는 전통 논리학의 핵심 논리로 자리 잡았던 이 사유방식은 그 형식논리학에 의해 마치 진리를 말할 수 없는 애매모호한 논리인 것처럼 비판받기도 했지만, 우리 삶을 들여다 보면 누구나 인정할 수밖에 없는 보편적 사유방식으로서의 정당성을 지닌다. 도덕교사의 삶을 전제로 하여 이 사유방식의 정당성에 관한 논의를 더 전개해 보기로 하자.

도덕교사는 교사이기 이전에 한 인간으로서의 존재성을 지니지만, 그럼에도 아침에 일어나서 저녁에 집에 돌아올 때까지 교사로서의 삶을 영위하다가 오기도 할 뿐만 아니라, 다른 시간들조차도 그런 교사적 삶의 압박으로부터 온전히 자유로울 수는 없는 교사로서의 인간이라는 또 다른 존재성을 받아들일 수밖에 없다. 이러한 교사라는 존재성을 바탕으로 한 삶이 지니는 장점에 대해서는 이미 외부에서의 과장된 평가로 인해 많이 부각되어 있지만, 우리들 스스로는 그 삶이 지니는 한계에 대해서도 충분히 자각하고 있어서 특별할 것도 없는 어떤 것으로 다가올 때가 더 많다.

교사로서의 삶은 대부분의 시간을 지배하는 일상성과 순간의 시간을 지배하는 감동과 보람으로 주어지기도 한다. 삶의 일상성은 한편으로 편안한 구도이기도 하다. 우리는 이미 일상을 즐길 수 있는 정도의 여유를 어느 정도는 확보하고 있기 때문에 때로는 그것에 탐닉할 수 있게 되었고, 그것은 곧 삶의 심연 어느 곳에 다가간 것이 아닌가 하는 행복감으로 다가오기도 한다. 좀 더 구체적으로 생각해 보기로 하자.

교사로서 이미 몇 년의 경험을 축적하고 있는 경우를 전제로 하면 그 몇 년의 시간을 지내면서 우리들은 이 삶이 내포하고 있는 일상성을 느끼거나 충분히 짐작할 수 있게 되었다. 아직도 많은 영역에 버거움이 남아 있기는 하지만 이제 어느 정도 수업에도 자신이 있고, 교무 분장을 통한 업무 처리도 큰 부담으로 다가오지는 않는다. 이러한 익숙함으로 대변되는 교사의 삶은 그 외적인 차원에서 이러한 일상성의 반복을 의미한다. 물론 늘 새로운 아이들과 만날 수 있다는 설레임이 지속적으로 그 일상성을 견뎌낼 수 있게 하는 요소로 작동하고, 일정한 기간이 지나면 다른 학교 또는 다른 직위로 옮겨감으로써 새로운 시작을 할 수 있는 기회가 주어지기는 하지만 본질적인 일상성에의 침잠으로부터 온전히 자유로울 수 있는 사람은 없다. 그 과정에서 교사가 되면서 갖고 있었던 본질적인 문제의식들은 어느 새 조금씩 빛을 잃기 시작했는지도 모르고, 벌써부터 학생들보다도 방학을 더 간절히 기다리는 사람으로 바뀌는 과정일 수도 있다.

우리들이 도덕교사가 되는 준비를 하는 경우를 생각해 보자. 교원대학교나 사범대학의 윤리교육과에 입학해 도덕교사가 될 준비를 하거나 교육학과 또는 철학과를 다니면서 연계된 교직과정을 통해 준비를 하고 있을 것이다. 그것도 아니라면 교육대학원이나 일반대학원 윤리교육과에 입학해서 교사자격증 취득을 위한 과정을 이수하는 경우에 속하겠지만, 그 어떤 경우라도 일정한 시간을 할애해서 임용시험을 준비해야만 하는 현실을 감안해 보면 그 일상의 지루함과 고단함, 불안감은 현직 교사의 그것에 비해 결코 적지 않다.

이쯤해서 우리들은 도덕교사의 자격이 과연 어떤 것인가를 묻게 된다. 우리 사회에서 통용되고 있는 일반적인 의미의 자격을 포함해서 보다 포괄적이고 본질적의 의미에서 도덕교사의 자격은 과연 무엇일까? 일차적으로는 법적인 교사자격증이겠지만, 그 이외의 요소들이 포함될 수밖에 없기 때문에 이 질문에 대해 답하는 일은 여러 가지 면에서 불편한 느낌과 복합적인 고뇌를 동반한다. 이미 현장의 교사로서 활동하고 있는 경우에는 내가 과연 교사 자격이 있는지를 묻는다는 것은 자신에 대한 고통스런 평가와 함께 교육활동의 본질에 대한 물음도 던지는 것을 의미한다. 나는 제대로 가르치고 있는가? 그 가르치는 일의 본질은 과연 무엇인가? 진정으로 나는 자격을 갖춘 교사인가?

도덕교사가 될 준비를 하는 과정은 다름 아닌 바로 이런 질문들에 대한 자신의 답을 찾아가는 과정이다. 도덕교육론과 윤리학을 공부하고 그 바탕이 되는 도덕심리학이나 공동체론에 대한 공부를 계속해 나가면서 그 안에서 우리가 찾고자 하는 것이 도덕교사의 자격이 과연 무엇이고 그 삶을 의미 있게 만드는 일이 무엇인가 하는 질문에 대한 답인 것이다. 이러한 질문들에 대한 다양하면서도 심오한 답들이 서양 윤리사상뿐만 아니라 동양 윤리사상 속에 포함되어 있고 보다 직접적인 답은 동양의 도덕교육론 속에 담겨져 있다. 그런데 우리 도덕교육론의 역사는 불행히도 그러한 동양의 도덕교육 담론에 대해 지속적으로 눈감아 왔거나 제대로 들여다 볼 수 있는 의식과 여유를 갖지 못한 불행하고 비정상적인 역사였다.

도덕교과가 독립교과로 설정될 수 있었던 배경에는 불교와 유교로 상징되는 도덕교육의 전통이 강하게 자리 잡고 있음에도, 또한 현재의 교사들은 알게 모르게 이러한 전통의 영향 아래에서 실제의 수업을 하고 자신의 존재의미를 규정하고 있음에도 도덕교육론에서는 그러한 전통을 제대로 끌어안지 못했다. 그 결과 우리는 반쪽짜리 눈을 가지고 도덕교육과 도덕과 교육을 바라보아야 하는 근원적 불편함을 감내해야 했거나 아예 제대로 인식하지 못한 채 불완전한 삶을 영위할 수밖에 없는 상황으로 내몰리고 있었다. 이제 이 한계를 극복한 균형 잡힌 시각을 지닌 도덕교사를 기대하면서 우리는 다시 본질적으로 교육이란 무엇이고 그 목표로서 행복을 설정할 수 있는지, 그리고 도덕교육을 통해서는 그러한 행복과 삶의 의미와 어떻게 만날 수 있는지와 같은 질문들을 자신의 내면 속으로 던지면서 진짜 공부를 함께 해보도록 하자.

2. 행복한 삶과 우리 교육의 목표

1) '교육이란 무엇인가?' 라는 질문

도덕교육은 교육의 한 영역이다. 따라서 도덕교육에 관한 어떤 이야기를 제대로 하기 위해서는 '교육이란 무엇인가' 라는 새삼스런 질문을 다시 던질 수밖에 없다. 우리는 교육을 어떻게 정의내릴 수 있는지에 대해 식상하리만큼 많이 들어왔다. 어쩌면 교사가 되는 과정에서 최소한 수백 번 이상 교육에 관한 정의에 접해야 할지도 모른다. 그럼에도 이 시간에도 이 질문을 뛰어넘어 도덕교육에 관한 어떤 논의를 전개하는 일이 가능하지 않기 때문에 또 묻고 답해야만 한다.

교육은 가르침과 배움이라는 두 요소로 이루어진다. 가르침은 교사 중심으로 기존의 지식과 지혜를 전하는 것을 강조하는 개념이고, 배움은 학습자가 그 가르침을 수용하면서 스스로 성숙해 가는 과정을 강조하는 개념이다. 이 가르침과 배움이라는 교육의 두 요소는 각각 교사 중심 교육과정 또는 학문 중심 교육과정 등으로 구체화되었고, 후자는 아동 중심 교육과정 또는 생활 중심 교육과정 등으로 구체화되었다.

교육은 두 가지 목적을 지닌다. 하나는 스스로 이 세상을 인간답게 살아갈 수 있는 기본적인 생존능력을 기르는 일이고, 다른 하나는 그러한 생존능력이 타인을 배척하지 않으면서 더불어 살아갈 수 있는 능력으로 자라나게 하는 일이다. 이 두 가지 목표는 서로 상호보완관계에 있음과 동시에 상당한 긴장관계를 유지할 수밖에 없는 개념이다. 특히 자본주의 체제 아래에서는 개인의 생존이 각각의 몫으로 남겨짐으로써 생존능력 속에 타인에 대한 일정한 배타를 내포하게 되는 경우가 많아지고 있다. 그렇게 되면서 교육의 이 두 목적 중에서 후자는 점차 구호로만 남게 되고, 현실적으로는 각 개인의 배타적인 생존능력을 기르는 쪽으로 맞춰지게 되었다.

교육의 핵심적 목표로서의 '더불어 살 수 있는 능력 함양'은 곧 바로 도덕교육과 직결된다. 전통적인 의미의 교육은 주로 이 부분에 그 목표를 맞추고 있었고, 그 결과 기능교육을 제외한 대부분의 교육과정을 도덕교육으로 채우고 있었다. 우리의 옛 서당에서 훈장님과 아이들이 하루 종일 무엇을 했는가를 떠올려 보면 바로 알 수 있는 사실이다. 이러한 교육의 본질적 목적으로서의 도덕교육은 교육적 존재, 즉 교육받는 것을 자신의 본성으로 삼는 인간에게 그 본성을 살릴 수 있게 하는 노력으로 남게 된다.

그런데 현재 우리의 교육과정은 한편으로는 이 전통을 이어받으면서도 다른 한편으로는 자본주의 체제의 목표를 주로 반영하다 보니 두 가지 목표를 최소한 표면적으로는 모두 강조하는 방향으로 이루어져 있다. 그 결과 교육과정과 현실 사이의 괴리가 점차 커질 수밖에 없고, 현장의 교사들은 그다지 교육과정 개정이나 교육과정 내용에 관심을 보이지 않게 되었다. 물론 이렇게 된 데는 교육과정의 배경을 이루는 이상적 목표가 전제되어 있는 점에서 비롯되기도 한 것이지만, 현실 속에서는 오히려 앞의 이유가 더 강하게 작용하고 있다.

2) 교육목표로서의 행복과 도덕교육

도덕교육과 관련지어 교육의 목표를 다른 관점에서 생각해 볼 수 있다. 왜 인간은 교육받아야만 하는가? 특히 학교 교육으로 대표되는 현대 한국의 교육을 받아야만 하는 절대적인 이유가 있는가? 이 질문에 대한 부정적인 대답이 대안 교육이나 홈스쿨링과 같은 방식으로 제기되기 시작한 지 꽤 많은 시간이 지났고, 우리 상황 속에서도 상당한 정도의 영향력을 발휘하고 있지만 학교 교육을 온전히 대체할 수 있는 대안은 아직 나오지 못하고 있고 앞으로도 상당 기간 동안 쉽게 나올 수 있을 것 같지도 않다.

그런데 다른 한편으로는 학교가 행복하지 못한 공간이라는 비판도 만만치 않게 제기되고 있다. 학교가 누구나 가고 싶어하는 행복한 시간과 공간이 되어야 하는데 현실은 오히려 정반대가 아닌가 하는 비판이다. 물론 우리의 경우 초등학교는 그마나 그 비판으로부터 일정한 거리를 유지하고 있지만 중등학교로 올라가면 학교 안의 행복지수는 급격히 떨어지고 만다. 그 주된 이유는 '입시 위주의 교육풍토'라고 이구동성으로 말하면서도 이 문제를 해결하고자 하는 적극적인 의지와 노력은 별로 보이지 않는다. 어쩌면 많은 사람들이 그런 노력 자체를 포기해 버렸는지도 모른다.

학교가 행복한 공간이 되기 위해서는 우선 교사들 스스로가 행복해질 수 있는 여건을 갖추어야 한다. 그러면 교사는 어떤 조건 속에서 행복을 담보할 수 있게 되는 것일까? 이 질문은 상당 부분 개인적 차원의 문제와 결부될 수밖에 없다. 행복심리학을 말하는 대부분의 연구자들은 경험적인 관찰과 실험결과에 토대를 두고 행복을 결정짓는 유전적 요인이 80% 이상임을 밝혀내고 있다. 각 개인이 좌우할 수 있는 행복지수는 기껏해야 15% 남짓이라고 말하기도 한다. 특히 행복을 기분과 관련짓는 정신분석학적 연구에서 강조되는 것이다.

그러나 교육은 어쩌면 그 15%를 가지고 다른 대다수의 영역들을 좌우하고자 하는 이상적이고 적극적인 시도인지도 모른다는 점에서 행복과의 관련성이 높다고 보아야 한다. 교사가 행복해지지 위해서는 우선 학교의 교육여건이 획기적으로 개선되어야 하고 그 방향으로 많은 투자가 이루어져야 하지만, 쉽게 기대할 수 있는 사안이 아닌 바에야 중장기적인 과제로 설정해 지속적인 노력을 기울이면서 동시에 교사 개인 차원의 행복지수를 높일 수 있는 방안을 적극적으로 모색해야 한다.

많은 행복심리학자들은 행복하기 위한 핵심적인 요건의 하나로 자신의 삶이 스스로 가치 있다고 느낄 수 있어야 한다는 점을 강조하고 있다. 이 가치의 문제는 삶의 의미와 결부되는 것이고, 그 의미는 결국 자신이 스스로 부여하거나 발견해내야만 하는 과제이다. 다시 말해서 그것은 단지 현실과 사실의 차원이 아니라 이상과 당위의 차원인 것이다. 이 지점에서 우리는 도덕 및 도덕교육과 만나게 된다.

도덕은 그 자체로 현실의 삶에 토대를 두고 이상적 삶을 지향하는 열망이다. 그것은 단순한 관습적 차원의 도덕을 넘어서는 곳에 있는데, 석가는 그러한 목표를 '깨달음에의 지향'이라고 말했고 콜버그(L. Kohlberg)는 '자율적 도덕성에의 지향'이라고 에둘러 표현했을 뿐이다. 행복은 현실에 토대를 둔 이상적 삶의 추구에 의해 확보될 수 있고, 그것은 곧 도덕적 삶의 지향과 직결되는 것이기도 하다.

3. 도덕교육론의 최근 동향과 전통 도덕교육론

1) 도덕교육의 목표와 '2007 개정 도덕과 교육과정'

도덕교육은 장소와 시간, 주체에 대한 제한 없이 모든 곳에서 이루어지는 포괄적인 의미의 도덕과 관련된 교육을 의미하는 개념이다. 그에 비해 도덕과 교육은 이에 비해서 엄격한 한계와 제한점을 지닌다. 우선 시간적으로 주당 몇 시간이라는 제한을 갖게 되고, 공간적으로도 대체로 교실을 중심으로 해서 이루어진다. 나아가 도덕시간을 담당하는 교사라는 주체를 설정한다는 점도 특징적이다. 따라서 우리는 이러한 구분에 유의하면서 도덕과 교육학이라는 용어를 사용해야 할 것이다.

학교에서의 도덕과 교육은 하나의 과정(過程, Process)을 전제로 해서 이루어진다. 그 과정은 도덕과의 목표를 설정하고 그 목표를 달성하는 데 적합한 내용을 선정하고 조직하며, 이 내용을 적절하게 가르칠 수 있는 방법을 모색하고, 그에 근거해서 수업을 진행한 후에는 목표에 근거해서 평가하며, 이 평가의 결과를 다시 목표에 반영해서 순환하는 것이다.

이러한 도덕과 교육을 학문적으로 뒷받침하고자 하는 실천학문으로 도덕과 교육학이 있고, 그것의 바탕이 되는 것이 도덕교육론 또는 도덕교육학이다. 도덕과 교육학의 구체적인 내용은 바로 이와 같은 과정을 통해서 마련된다. 첫째 내용은 도덕과 교육의 목표를 설정하는 일이다. 도덕과의 목표는 다시 상위적인 개념인 목적과 하위 개념인 목표로 나뉘는데, 목적은 '도덕적인 인간을 기르는 것'과 같은 추상적이고 포괄적인 차원이며, 목표는 초등과 중등 도덕과의 목표와 같이 각 수준과 대상에 맞게 구체화된 것을 가리킨다.

도덕과 교육학의 두 번째 주제는 도덕과의 내용을 선정하고 조직하는 일이다. 어떤 내용을 어떤 기준을 가지고 선정하고 조직할 것인가 하는 문제는 본질적으로 각 학습자들의 발달 수준과 능력 수준에 따라 달라져야 할 뿐만 아니라, 도덕과의 내용을 이루는 윤리학의 핵심 구조를 파악해내는 일이 선행되어야만 가능하다. 그런 이유로 도덕과 교육학의 가장 큰 비중을 이루는 것일 수밖에 없다.

그 외에 도덕과 교육학에는 도덕과 교육 방법론과 평가론이 있고, 이러한 요소들의 총체적 연계성을 다루는 총론과 각론으로 나누어 볼 수도 있다. 도덕과 교육학의 주제와 내용이 이러한 사항들에 한정되는 것은 물론 아니고, 더 많은 내용들이 개척되어야 하고 또 실제로 지속적으로 증가하고 있기도 하다. 초등 도덕과 교육은 저학년의 '바른생활'이라는 통합교과와 중학년과 고학년의 '도덕' 교과라는 형태로 연계되어 실시되고 있다. 이러한 연계는 유치원에서 시작되어 고등학교에 이르는 과정까지를 포괄하고, 그 중에서 도덕성 형성의 핵심적 과정인 자율적 도덕성 단계로의 전환이 본격화되는 성장기에 있는 초등학생들을 그 대상으로 한다는 점에서 도덕과 교육의 중추를 형성한다.

2007년 2월에 공포된 새로운 도덕과 교육과정은 이러한 학교급별 연계성과 차별성에 일정 부분 유의하고 있다. 또한 도덕과의 성격을 보다 분명하게 하기 위한 노력도 나타나 있는데, 그것은 그동안의 사회교과적인 '생활영역 확대법'에서 벗어나 '가치관계 확대법'이라는 원리를 도입했다는 점이다. 즉 '도덕적 주체로서의 나'에서 시작해서 '우리 · 타인 · 사회와의 관계', '국가 · 민족 · 지구공동체와의 관계', '자연 · 초월적 존재와의 관계'라는 가치공간의 확대 원리를 교육과정 내용 구성의 기본 원리로 채택하고 있다. 특히 마지막 영역은 도덕교과에서 철학교육적 내용을 본격적으로 받아들인 내용으로서의 의미를 지닌다.[2]

---

2 이 영역에서 다루고 있는 내용은 자연과 환경, 종교 등의 영역이다. 이미 어느 정도는 익숙한 주제이기는 하지만 도덕교육적 맥락에서 어떻게 다룰 것인가 하는 과제가 새롭게 주어지고 있는 셈이다.

개정된 중등 도덕과 교육과정에서 강조하고 있는 도덕과 교육의 목표는 다음과 같다.

- **중등 도덕교과** : 도덕적 가치규범에 대한 이해와 합리적이고 바람직한 삶의 영위 능력 함양
- **고등학교 선택 윤리교과** : 윤리학의 기초 습득과 반성적 사고 능력의 함양

이러한 목표는 초등학교 '바른생활' 교과와 '도덕' 교과의 목표, 즉 '초등학교 단계에서는 일상생활에 필요한 도덕규범과 기본 생활 예절을 습득하고 기본적인 도덕적 판단력과 실천능력을 함양하여 공동체 속에서 다른 사람과 더불어 조화롭게 살아갈 수 있는 도덕적 능력과 태도를 지닌다' 라는 목표와 연결됨과 동시에 대학의 윤리교육과도 밀접한 연관성을 지닌다.

2) 사회문화적 변동과 도덕교육론의 동향

(1) 가상공간의 확대와 문화변동, 자아정체성의 문제

학교 교육의 핵심 목표를 이루기도 하는 도덕과는 학교 안에서도 다른 교과 및 생활지도, 특별활동 등의 영역과 밀접한 연관성 속에서만 존재할 수 있다. 우선 도덕과는 다른 교과에서 이루어지는 다양한 가치교육적 노력들을 통합한다는 점에서 교과통합적 성격을

지니고, 교과 이외의 학교 교육과 가정, 사회의 도덕교육적 노력들과 긴밀한 연계성을 갖는다는 점에서 가치통합적 성격을 갖는다. 이런 이유 때문에 도덕과를 이야기할 때는 반드시 그 배경적 여건을 고려해야만 하고, 그 중에서도 우리 사회를 지탱해내고 있는 가치의 흐름에 특별히 주목할 필요가 있다. 그러한 흐름 중에서 최근 우리 사회에서 가장 주목해야 할 것이 바로 가상공간의 문제이다.

가상공간의 확대는 우리들에게 여러 가지 점에서 의미 있게 다가오고 있다. 우선 그것은 우리 삶의 지평을 확장시키고 있고, 현실 속의 자아가 아닌 다른 형태의 자아를 경험할 수 있게 해주기도 한다. 특히 익명성과 자유라는 두 가지 화두(話頭)가 가상공간의 본질과 연관되면서 우리들에게 다가오고 있다.

익명성은 도덕성과 긴장관계에 있고, 그런 이유로 우리들은 가상공간에서 더 많은 자유를 만끽한다. 이러한 자유는 인간의 본질적 속성 중의 하나인 자유이기도 하지만, 그것은 다른 사람의 자유를 쉽게 침범하여 자신의 자유를 지키기 위해서는 반드시 전제되어야만 하는 소위 로크적 단서를 무너뜨리고 결국은 우리 모두의 자유를 억압받게 하는 계기로 작동하기도 한다. 최근 강화되고 있는 인터넷 실명제가 바로 그러한 사례들이다.

이러한 현상은 도덕교육에도 몇 가지 영향력을 행사한다. 우선 그것은 도덕교육의 영역을 확장시키고 있고, 다른 한편으로는 정보의 집중과 통제라는 사회윤리적 난제들을 불러와 가치판단의 혼란을 초래하고 있기도 하다. 어떤 방식으로든지 이 영역은 도덕교육 안으로 포함되어야 하고, 다행히 새로운 교과과정에서는 넷티켓을 포함하는 정보윤리 교육을 보다 적극적으로 포용하고 있다.

(2) 도덕교육의 동양적 전통에 대한 새로운 관심

도덕교육을 둘러싼 사회의 변화 흐름 중에서 두 번째로 주목할 만한 것은 현대인들의 행복관의 변화이다. 물질문명의 풍요가 지구촌 모두에서 고른 분배를 보장해 주지 못하고 있지만, 그럼에도 이제는 인간의 욕망 충족을 통해서 행복에 이를 수 있다는 자본주의적 행복관에 대한 강한 비판도 함께 제기되고 있다. 이러한 비판은 교육을 통한, 그 중에서도 도덕교육을 통한 새로운 행복관의 강조를 요청하는데, 그런 의미에서의 도덕교육을 실시하지 않는 곳은 세계 어느 곳에도 없다. 다만 그 형태와 접근방법이 전통에 따라 다를 뿐이다.

그런데 우리나라의 경우에는 우리의 도덕교육적 전통이 교과적 접근이라는 형태로 살아 있으면서도 주로 미국의 도덕교육적 전통, 즉 다문화 사회 속에서의 가치관 교육의 어려움에 기반한 가치중립적 토론교육이나 유사 교과에서의 통합적 접근이 이상적인 모형인 것으로 여기는 학자들과 교사들이 상존해 왔다. 특히 미국 교육학계에 종속되어 있는 우리의 교육학계에서 그런 주장을 쉽게 발견할 수 있다.

물론 우리 사회도 다원주의화하고 있고, 특히 인권이 강조되면서 학생들의 자율적인 도덕판단 능력을 길러주는 것이 도덕교육의 중요한 목표의 하나로 강조되어야 한다는 것은 당위이지만, 그럼에도 최소한 미국에 교과가 없기 때문에 우리도 없어야 된다는 수준의 저급한 논의는 극복되어야 한다. 아직까지 영국에서는 종교가 필수과목이고 프랑스의 경우에는 철학이, 독일 대부분의 주에서는 윤리와 종교가 선택 필수라는 사실도 함께 고려하면서 우리의 도덕교육적 전통을 보다 주체적인 관점에서 살려나가는 일이 중요할 것이다.

그런데 최근 세계 도덕교육학계에서 이러한 동양의 도덕교육적 접근에 대한 관심이 높아지고 있는 사실은 유념해 볼 수 있는 부분이다. 특히 그들은 보다 적극적이고 강화된 형태의 도덕교육을 주문하면서 유교문화권의 교과적 접근에 대해서도 깊은 관심을 보이고 있다. 물론 그들의 관심은 상당 부분 우리의 현실에 대한 비판적인 분석을 결여하고 있기 때문에 그대로 수용해서는 안 되겠지만, 최소한 우리의 것을 무조건적으로 경시하거나 배척하는 자세를 반성해 볼 수 있는 거울임에는 틀림없다.

동양 도덕교육론에 관한 관심은 크게 보면 두 가지이다. 하나는 동양 도덕교육론의 공동체 교육으로서의 가능성에 대한 관심이고, 다른 하나는 인간의 심성을 도야하기 위한 동양적 전통의 새로운 가능성에 대한 관심이다. 대체로 보아 전자는 유교 도덕교육론에 대한 관심이고 후자는 불교 도덕교육론에 대한 관심으로 분류할 수 있다. 유교 도덕교육론은 군자 또는 선비라는 이상형을 전제로 하여 어린 시절의 도덕습관화 교육과 청소년기 이후의 수양의 방법을 병행시켜 유교공동체의 도덕공동체적 성격을 강화하고자 하는 것이다.

불교 도덕교육론은 연기적 사고(緣起的 思考)를 바탕으로 다른 것에 의존하지 않는 존재는 없고 하나의 존재가 지닌 고정된 본질도 없다는 공사상(空思想)을 바탕으로 하여 각 개인의 근기(根機)에 맞는 대기설법과 스승과 제자의 깨달음을 향한 노력이 한 지점에서 만나는 줄탁동시(啐啄同時)의 교육방법을 통해 깨달음을 지향하는 동체자비(同體慈悲)의 보살상을 지닌다. 특히 불교의 경우 서구 자본주의가 가져다 준 일상의 단조로움과 고통을 넘어서 자신의 내면의 목소리에 귀 기울여 진정한 행복을 찾는 일상적 수행의 방법으로 널리 관심을 모으고 있다.

(3) 주체적 도덕교육론에 대한 요청

도덕교육의 연구동향 중에서 한 가지 더 유념해야 하는 부분은 우리의 상황을 적극적으로 고려하는 주체적인 도덕교육론에 대한 요청이 높아지고 있다는 점이다. 이미 도덕교육의 동양적 전통에 대한 관심에서도 드러나고 있는 것이기는 하지만, 그것은 주로 서양인들에게 해당되는 말이고 우리의 경우는 상황이 중첩되어 있다. 즉 서양 도덕교육론을 추종하면서도 그것의 최근 동향이 동양적 도덕교육론이라는 이중적 어려움에 처해 있는 것이다.

이러한 특수한 이론에 대한 요청은 물론 그 바탕에 이론의 보편화 가능성이라는 전제가 깔려 있다. 모든 이론은 보편성을 지닐 수 있을 때 비로소 그 의미를 부여받는 것이기는 하지만, 도덕교육론과 같은 실천 학문의 경우 다시 현장에서의 검증이라는 요구에 직면하게 된다. 우리의 상황과 특수성을 고려하는 새로운 이론을 정립하는 과제와 함께 그것이 실천 현장 속에서 정당화될 수 있는지를 점검하는 노력이 절실히 요청되고 있다. 현장에서의 검증과 정당화 과정에서는 현장 교사들이 주체가 된다.

우리의 도덕교육을 이끌 수 있는 도덕교육론이 전통 도덕교육론의 복귀일 수도 없고, 그렇다고 해서 현재와 같은 무비판적인 서양 도덕교육론의 수입에 그칠 수도 없다. 서양의 도덕교육론은 우리도 이미 채택하고 있는 자본주의적이고 시민사회적인 삶 속에서의 도덕교육의 본질과 가능성을 묻는 데 유효하고, 전통 도덕교육론은 도덕을 바라보는 우리 자신의 고유한 관점과 교육의 본질로서의 도덕교육을 포기하지 못하는 우리 자신 내부에 남겨져 있는 교육관을 설명하는 데 유효하다.

그러나 서양의 도덕교육론은 대체로 특정한 교과에서의 도덕교육을 상정하지 못하는 경향이 있고, 최소의 도덕을 다루는 데 그치는 한계도 보여주고 있다. 물론 최근 그러한 한계를 극복하기 위한 방안으로 어린이 철학교육을 강조하거나 통합적 사고력 교육을 강조하는 경향도 나타나고 있지만 아직 우리의 문제를 해결해 줄 만한 수준의 것은 아니다. 전통 도덕교육론의 경우에는 이미 달라진 전제, 즉 남녀의 역할을 극단적으로 구별한다는지 신분의 차별을 전제로 하는 관계 중심의 공동체적 교육이라는 점에서 현재적 재해석의 과정을 반드시 필요로 한다.[3)]

4. 맺음말

우리의 삶은 시간과 공간, 그리고 의미 부여라는 세 차원을 씨

3 전통 도덕교육론에서 강조하던 이상적 인간상으로서의 군자(君子)와 현재 우리의 도덕교육 목표로 제시되고 있는 시민(市民, citizen) 사이의 충돌과 만남의 가능성에 관한 고찰은 본서의 8장을 참고할 수 있다.

줄과 날줄로 하여 짜여지는 한 필의 옷감과 같은 것이다. 물리적인 공간과 시간은 동일하게 주어지지만, 우리가 스스로에게 어떤 삶의 의미를 부여하거나 발견하느냐에 따라 전혀 다른 공간과 시간이 부여되는 것이 삶의 묘미이자 다른 한편으로 허망한 구석이기도 하다. 도덕교육은 바로 그러한 의미 부여의 영역과 관련된다. 자신의 삶이 갖고 있는 일상성을 직시하면서 근원적인 의미를 발견하거나 부여할 수 있는 능력을 갖게 해주는 것이 바로 도덕교육의 핵심적인 목표이다. 이것은 동시에 교사라는 직업을 갖고 있거나 갖고자 하는 나 자신의 내면적 삶의 영역을 향해 있기도 하다.

도덕교육은 그런 점에서 결국 삶의 의미를 향한 깨달음의 과정일지 모른다. 초등학교의 경우에는 담임교사가 도덕교과와 함께 생활 전반에 걸친 도덕교육을 할 수 있는 여건을 갖추고 있기 때문에 깨달음과 깨침의 기회를 적어도 한 번 이상 부여할 수 있는 좋은 위치에 있다. 그러나 중등학교의 경우에는 담임과 교과가 분리되어 있어서 보다 적극적이고 세심한 접근이 필요하다. 이러한 기회 부여가 가능하기 위해서는 먼저 도덕교사 스스로 자신의 삶 속에서 의미를 찾거나 부여할 수 있는 능력을 갖추고 있어야 하고, 그것은 자신의 교사로서의 삶의 일상성에 관한 통찰의 시간을 바탕으로 하여 비로소 확보될 수 있는 것이기도 하다.

삶의 의미를 발견하거나 부여할 수 있는 방법은 자신의 내면세계를 바라보는 성찰(省察)과 자신과 관계를 맺고 있는 사람에게 의미있게 다가가는 자비(慈悲)를 통해서 구체화된다. 교사로서 살고 있거나 살고자 하는 우리에게는 학생들과 동료 교사들 외에도 자신의 부모형제와 반려, 자녀 등으로 이어지는 수많은 관계가 동시에 주어지기도 한다. 오늘 만나고 있는 그들과 따뜻한 눈빛을 나눌 수 있다면, 또 그 따스함을 자신의 내면세계로 가져와 일상과 삶의 원칙들을 성찰해 보는 시간을 가질 수 있다면 나의 삶은 윤기 있고 그 심연이 그윽한 것으로 전환될 수 있을 것이다. 이 책을 통한 오늘 우리의 이 만남도 그러한 따스함을 담은 진지함으로 기억될 수 있기를 바라며 다음 장으로 넘어가 보도록 하자.

제2장

보살과 선비, 그 역사성과 현재성

1. 왜 새삼 보살과 선비를 떠올리는가?

우리 시대는 보살과 선비의 시대가 아니다. 보살과 선비의 공통적인 삶의 지향으로 상정될 수 있는 이타행과 천명(天命) 또는 다르마(dharma)에의 지향은 더 이상 이 시대의 주인공, 즉 시민들의 주된 관심사가 아니다. 시민들은 이기성과 고립성을 전제로 삼아 합리적인 이익 고려의 원칙 정도의 윤리만을 요구받을 뿐이다. 그나마 그 요구마저도 상당 부분은 이기성이라는 공인된 본성의 범위 안에서 자연스럽게 해소된다.

우리 사회가 시민이 주체가 되는 명실상부한 시민사회로 정착하기 시작한 것은 대체로 1980년대의 민주화 투쟁의 결과물로 받아들여지고 있고, 그 이후에도 20여 년의 시간을 보내면서 오히려 이제는 '민주화 이후의 민주주의' 또는 세계화와 지역화가 사회 성격 논의의 중심을 차지하고 있다. 김대중 정권과 노무현 정권을 건너면서 우리 시민들의 관심사는 정치에서 경제로 그 흐름을 바꾸었고, 그 흐름에 힘입어 등장한 이명박 정권은 그 경제가 어떤 경제여야 하는지에 대한 진지한 고민을 건너뛰어 토목공사적인 일자리 창출과 아파트값 올리기를 통한 경제 살리기에 몰두하고 있는 듯한 절망적인 모습을 보여주고 있다.

이런 '수상한' 시절에 난데없이 보살과 선비를 떠올릴 만한 빌미가 있을 수 있을까? 만일 그 빌미가 없다면 이런 이야기들은 한가한 학자의 공론(空論)이거나 세상의 흐름을 외면한 돈키호테적인 망상의 표출에 그칠 가능성이 높다. 또 한편으로는 이런 이야기들은 단지 타자만을 향해 있지 않고 자신의 구체적인 삶의 내면에 직선적으로 파고드는 성격을 지니는 것이기 때문에 단순한 담론의 세계에 머물 수 없는 고통을 감내해야 하는 작업이기도 하다. 그런데도 우리가 이런 이야기에 시간과 공간을 할애해야 하는 이유가 도대체 무엇일까?

어쩌면 이런 궁색한 정당화 작업을 거쳐야만 하는 우리 담론의 전개과정 자체가 우리 사회에서의 당위(當爲) 또는 가치(價値) 관련 논의의 현재성을 보여주는 것인지도 모른다. 현실의 삶이 늘 절박하다고 느끼는 현대 한국인들에게 '이렇게 살아도 괜찮은 것인가?' 하는 질문을 던지는 일은 사치스런 일일 것이기 때문이다. 보살(菩薩)이나 선비[士]에 관한 이야기는 가치와 당위를 담지할 수밖에 없고, 그런 이야기들이 의미를 지닐 수 있는 시간과 공간이 제약되어 있는 것이 우리 사회의 현주소라는 사실이 확실한 상황에서 우리는 왜 또 이런 이야기들을 꺼내 나 자신과 타자들을 괴롭히고자 하는 것인가?

여러 어려움들이 우리 주변에 가까이 다가와 있고 그 중 어떤 것은 실제로 생존을 위협하는 수준에까지 이르고 있지만, 다른 한편으로 보면 우리 사회의 경제력 자체나 사회보장의 수준이 아주 낮은 것이 아니라는 사실도 부인할 수 없음을 알게 된다. 경제력 규모로 세계 200여 개 국가 중에서 12, 13위를 차지하고, 의료보험제도나 극빈층 가정에 대한 최소한의 지원제도가 어느 정도의 안전망을 형성하고 있는 우리 사회는 일반적으로 통용되는 시각보다는 훨씬 더 풍요로운 사회임에 틀림없다. 어쩌면 단군 이래로 가장 풍요로운 상황을 맞고 있다고 보는 것이 맞을 것이다.

경제가 어렵다고는 하지만 아파트 공터에 버려진 멀쩡한 가구들은 여전하고, 식당에 가보면 먹는 것보다 버려지는 음식이 더 많은 것이 우리들의 또 다른 현실이다. 아이들은 값비싼 옷이나 학용품들을 잃어버리고도 한 번도 제대로 찾지 않고 있고, 어른들도 제대로 입을 수도 없을 정도의 옷을 사서 옷장을 비좁게 하다가 시간이 되면 아무렇지도 않게 그냥 버리는 일을 반복하고 있다. 이런 물질적 풍요로움은 물론 각 가정이 처한 상황에 따라 많이 다를 수 있겠지만, 사회 전반적으로 만연해 있는 낭비와 무절제의 분위기로부터 완전히 자유로운 사람은 우리 사회에서 찾아보기 어렵게 되었다.

이런 상황들을 종합해 보면 이제 우리는 최소한 외적으로는 이미 생존이 아니라 진정한 의미의 삶을 고민해야 하는 시기를 건넜다는 판단을 내릴 수밖에 없게 된다. 이 판단에 동의한다면 지금이야말로 가치와 당위에 관한 논의가 학자들의 담론 수준을 넘어서 시민들의 삶 속으로 확산되는 시기여야 한다는 판단을 이끌어낼 수 있는데, 우리의 현실은 이런 요청으로부터 한참이나 떨어져 있는 것이 확실해 보인다. 이런 괴리를 어떻게 메워가야 하는가? 가장 좋은 방법은 모든 사람들의 삶 속에서 귀납적으로 그런 요청이 이끌려 나오고 그 요청을 진지하게 받아들이는 수행자 공동체가 있어서 연역적인 방식의 대안을 제시하는 가운데 두 주체가 화학적으로 결합하는 것이겠지만, 그렇게 될 수 있을 것이라고 예측할 수 있는 징후는 그다지 많지 않다.

이런 답답한 상황이 꽤 오래 계속되고 있지만 우리 사회 어디에서도 뾰족한 대안을 제시하지 못하고 있다. 불교계가 이런 역할을 일정 부분 담당해 주기를 기대하는 사람도 많지만, 그에 못지않게 우리 불교계도 이미 자본주의적 일상의 한 귀퉁이로 편입되어 있어서 기대할 것이 없다는 비관적 전망을 내놓은 사람도 많다. 이러한 낙관과 비관을 운명론적 개념으로 받아들이지 않는 한 우리들이 손을 놓고 있을 수는 없다. '살아 있는 실천 전통'으로서의 불교를 전제로 해서 우리 불교가 이상적인 인간상으로 제시해 온 보살과 조선 성리학의 도도한 전통 속에서 역사적 업적과 과오를 모두 껴안아야 하는 비운의 주체였던 선비를 오늘 우리의 이야기 주인공으로 다시 불러내 보는 일은 어쩌면 아무 것도 하지 않은 채 자신과 사회를 자본주의적 일상에 내맡길 수는 없다는 처절한 비명 같은 것이 될지도 모르겠다.

2. 우리 시민사회에 관한 논의에서의 전통의 문제

오늘 우리의 논의에서 중심을 차지하는 개념은 전통이다. 현재 우리의 삶 속에 살아 있는 전통, 즉 맥킨타이어(A. MacIntyre)의 개념을 빌리면 '실천 전통(practices)'은 대체로 유교와 불교가 섞인 그 어떤 것이다.[1] 유교 중에서도 정주학(程朱學) 또는 성리학(性理學)의 전통이 살아남아 있고, 불교 중에서는 주로 화엄 교학에 뿌리를 두고 참선을 통한 깨달음을 추구하는 선불교(禪佛教)의 전통이 살아남아 있다.

문제는 이러한 전통이 우리에게 어떻게 남아 있는가 하는 점에 대한 인식의 지점에서 시작된다. 조선 성리학을 대변했던 서원(書院)을 방문해 보면 대부분 관광지의 모습을 갖추고 있을 뿐 실제로는 죽어 있는 공간으로 전락한 지 오래임을 쉽게 알 수 있고, 이 시대에 과연 성리학자들이 명실상부하게 살아남아 있다고 볼 수 있는지 의심스런 상황이기도 하다. 정신적인 영역으로 논의의 초점을 바꾸면 상황은 더 심각해진다. 과연 이 시대에 선비정신이 살아남아 있는가? 선비정신을 어떻게 규정할 것인지에 대해서는 많은 논란이 가능하겠지

1 A. MacIntyre, *The Tasks of Philosophy*(Cambridge : Cambridge University Press, 2006), 50-51쪽 참조. 이 글에서 맥킨타이어는 사회나 문화의 상대성에 관한 담론이 가치의 상대성을 의미하는 것은 아니라는 주장을 펼치고 있는데, 이러한 시도는 실천 전통(practices)에 근거한 합리성을 가치판단의 준거로 삼을 수 있다는 그의 담론에 대한 지속적인 반론을 염두에 둔 끈질긴 재반론의 일환으로 읽을 수 있다.

만, 어떻게 정의한다고 해도 우리 시대에 선비정신이 제대로 계승되고 있다고 판단할 수 있는 근거는 거의 없다. 그렇다면 일단 우리는 선비나 선비정신이라는 개념 자체는 역사적인 것일 뿐이라고 판단해야 할 것이다. 다시 말해서 역사 속에서 존재했던 것일 뿐, 이 시대에 살아서 계승되고 있는 실천 전통은 아니라는 판단을 내릴 수밖에 없다는 것이다.

불교의 경우는 어떠한가? 조계종을 중심으로 삼아 전국에 본사와 말사가 포진해 있고, 전 국민의 약 4분의 1이 불교도라는 통계를 보면 성리학에 비해 한국 선불교는 조선 성리학처럼 단순한 역사적 유물이 아니라 확실히 살아 있는 전통이라는 평가가 가능하다. 더욱이 최근에는 내국인뿐만 아니라 외국인들에게까지 절에서 머물며 수행의 시간을 공유하는 템플 스테이가 인기를 끌고 있는 것이나, 결제철이 되면 전국의 선원에 수행을 위해 어김없이 모여드는 수행자들이 있다는 사실은 한국 불교가 현재까지 살아 있는 실천 전통이라는 평가를 확증해 주는 요소들이다.

그러나 다른 한편으로 한국 불교는 광복 이후의 현대사 속에서 대처승단과 비구승단 사이의 대립과 갈등, 폭력에서 비롯된 어두운 측면을 여전히 벗어버리지 못하는 약점을 안고 있기도 하다. 1990년대 이후 이러한 표면적인 갈등은 대체로 해소되었지만 여전히 일반인들의 불교를 바라보는 시각은 곱지 못하다. 본사 주지들의 부정과 선거를 둘러싼 잡음들, '고급 외제 자동차를 타는 스님들', '룸살롱을 드나드는 스님들'과 같은 부정적인 기사들이 가끔씩 터져나와 퇴옹 성철과 숭산 행원으로 상징되는 이 시대 고승들의 수행과 포교의 모범을 근본부터 뒤흔들기도 한다.

물론 이런 잡음들은 단지 불교계만의 문제는 아니다. 개신교의 경우에도 일부 목사들의 성도들을 대상으로 하는 성폭행이 문제가 되고 있기도 하고, 물량주의에 내몰린 채 예수의 근본 정신을 망각한 일부 대형 교회들의 공격적인 전도가 눈살을 찌푸리게 하기도 한다. 그렇다고 해서 이런 타종교의 부정과 비리가 불교계의 비리를 정당화할 수 있는 기제가 될 수 있는 것은 아니다. 오히려 불교의 근본 가르침이 무상(無常)과 무소유(無所有)이기 때문에 그런 물질적인 것에 집착하는 듯한 모습은 다른 종교의 그것보다 훨씬 더 부정적인 모습으로 강조될 수밖에 없는 요소가 있음을 인식할 필요가 있다.

이러한 불교와 유교의 전통 이외에도 무속이 여전히 생명력을 유지하고 있고, 200여 년 전부터는 그리스도교가 전래되어 우리의 삶을 규정짓는 중요한 변수로 작동하고 있다. 그 결과 이제 그리스도교, 즉 가톨릭과 개신교를 포함하는 광의의 기독교는 단순한 서구 종교가 아니라 우리 전통의 일부를 형성하고 있다는 평가를 해야만 하는 상황이 되어 있다. 전 인구의 약 3분의 1이 가톨릭과 개신교 신자인 현실 속에서 우리들의 가치판단이 그리스도교적인 기준과 무관하게 이루어지기를 기대하는 것은 비현실적인 것이다. 우리는 배우자나 친구 또는 자신이 그리스도교일 가능성이 늘 있는 시대를 살아가고 있고, 이때의 그리스도교는 이미 서구의 종교가 아니라 우리 자신의 삶을 지배하는 또 하나의 관행적 기준으로 작동하고 있다고 보아야 한다는 말이다.

2008년은 그러한 그리스도교 전통 중에서 개신교와 불교가 표면적인 갈등을 빚은 역사적인 해로 기록될 것이다. 근본주의적이고 부르주아적인 색채를 지닌 서울 강남 한 교회의 장로인 대통령과 역시 개신교의 부흥회에 적극적으로 참여하는 경찰청장이 보여준 배타적 태도에 불교계 전체가 분노하여 항의 법회를 열었던 사건은 그동안 잠복해 있던 오래된 전통으로서의 불교와 새로 전통의 한 영역으로 편입되고 있는 개신교 사이의 갈등이 겉으로 드러난 주목해볼 만한 사태임에 틀림없다. 그보다 앞서 주로 성리학과의 대립과 충돌 과정을 거치면서 이미 우리의 전통으로 상당 부분 진입한 가톨릭의 경우에는 불교와의 공존가능성을 충분히 보여주고 있는 점을 고려해 보면 불교와 개신교 사이의 갈등도 노력과 시간을 통해 극복될 수 있을 것이라는 낙관적인 기대를 할 수 있게 한다.

문제는 우리 사회 속에서 그러한 전통들이 어떤 방식으로 작동하면서 구성원들의 가치판단에 영향을 미치고 있는가 하는 점이다. 성리학과 불교, 그리스도교와 같은 사상적 · 종교적 배경을 가진 전통들에 비해 비교적 최근에 정착한 자본주의적 삶의 양식은 이 모든 전통들을 흡입할 수 있을 정도의 강력한 힘으로 작동하고 있다. 물론 그리스도교와는 태생적인 친화성을 일부 지니고 있지만, 그 관계에서 당연히 그리스도교는 구심력을 잃고 자본주의적 삶의 양식에 흡수되는 방향성을 보여주고 있다.

이기성과 고립성을 중심에 두는 강한 인간학적 전제를 갖고 있는 민주자본주의적 삶의 양식은 필연적으로 삶의 의미에 관한 논의를 배제하거나 최소한 경계하는 경향성을 지니게 된다. 자신의 이기적 본능을 영리한 계산을 통해 최대한 확보하는 삶의 지향 이외에 민주자본주의 체제에서 정당화될 수 있는 윤리설은 찾아보기 어렵다. 보다 구체적으로 그것은 윤리적 이기주의이거나 잘 해야 공리주의 윤리설에 그친다. 물론 이기주의 윤리설이나 공리주의 윤리설 모두 그 나름의 이론적 자족성을 지니고 있고, 현재까지도 지속적인 논쟁 과정을 거치면서 지속적인 보완을 해가고 있는 살아 있는 윤리설임을 감안한다면 그 이론들을 전제로 하는 삶의 의미 구축이 전혀 불가능한 것은 아니다. 그러나 그것이 자유주의적 전제 속에서 작동하다 보면 그런 삶의 의미 문제는 고립된 상태에 있는 각 개인들의 선택의 문제로 돌려지게 되는 한계를 드러내는 결과는 피할 수 없게 된다.

시민사회를 이기적 본능을 전제로 해서 그 본능을 최대한 충족하는 것을 권장하는 사회로 바라보는 관점은 물론 시민사회론에서 논의되고 있는 다양한 관점 중의 하나일 뿐이다. 서구의 시민사회론이 존 로크와 장 자크 루소의 고전적 시민사회론에서 출발했음을 감안해 보면 오히려 시민사회가 사회적 삶의 도덕적 비전을 핵심 요소로 삼고 있다고 말할 수도 있다.[2] 그후 카를 마르크스에 의해 정치적 실체로서의 시민사회론이 부각되고 안토니오 그람시에 의해 국가 권력에 맞서는 저항적 시민사회론이 정착하지만, 우리 사회에서는 지난한 민주화 과정을 거치면서 그람시적 시민사회론과 함께 자유민주주의를 구현하는 중심체로서의 시민과 시민사회를 강조하는 우파적 시민사회론이 동시에 통용되고 있다. 이러한 시민사회론은 정치와 경제, 교육의 영역에서 그 목표와 방향을 결정짓는 배후로 작동하고 있고, 21세기에 들어서는 각각 다른 시민사회의 지향으로 인한 갈등과 충돌이 본격화되고 있기도 하다.

우파와 좌파를 통틀어서 우리 사회에서 통용되고 있는 시민사

2 Adam B. Seligman, *The Idea of Civil Society*(New Jersey : Princeton University Press, 1992), 10쪽 참조.

회론이 갖고 있는 특징 중의 하나는 강한 도덕적 지향이다. 좌파적 시각의 경우 평등에 근거한 인간다운 삶과 참여민주주의를 강조하는 지향을 보이고 있고, 우파적 시각의 경우 자유에 근거한 성장과 보수를 강조하는 지향을 보이고 있다. 그 도덕적 지향 중에서도 우리가 주목해 볼 만한 것은 시민사회를 이끌어가는 엘리트 집단의 도덕적 책임에 관한 공통적인 강조이다. 좌파와 우파를 막론하고 우리 사회의 도덕 문제의 뿌리가 엘리트 집단의 이른바 노블리스 오블리쥬의 결핍에 있다고 지적하는 데 주저하지 않는다. 지도층이 모범을 보이면서 사회를 이끌어가는 위치에 있어야 하는 전제를 최소한 암묵적으로 하고 있다는 것인데, 이러한 경향성은 상당 부분 수기치인(修己治人)의 삶을 살고자 했던 선비적 전통에서 비롯된 것이라는 분석이 가능하다. 물론 많은 사람들이 그 정당화 논거를 유럽 사회 왕족이나 귀족의 모범을 들고 있기는 하지만, 그러한 당위적 요청을 이끌어내는 근거는 수양을 통해 자신의 도덕성을 함양한 후에 그것을 바탕으로 올바른 정치를 펼쳐 백성들의 삶을 보살펴야 한다는 선비의 삶의 지향이라고 보는 것이 더 타당한 분석일 것이다. 유독 일상적인 대화 속에 국가와 민족의 미래를 걱정하는 내용이 많이 포함되는 것도 그러한 전통에서 비롯된 것으로 짐작된다.

이러한 요소들을 감안해 볼 때 결국 우리 시민사회의 분석과정은 한편으로는 서구 시민사회론의 역사적 전개과정에 대한 논의를 필요로 하는 것이지만, 다른 한편으로는 우리의 전통에 대한 정당한 주목을 필요로 한다는 결론을 내릴 수 있다. 그 중에서도 시민사회를 이끌어가는 주체에 대한 논의는 당연히 선비 전통에 관한 논의를 포함해야 하고, 보다 넓은 의미의 시민의 도덕성에 관한 시민윤리 논의에서는 삶의 의미에 관한 고민을 배제하지 않는 최대 도덕의 개념으로서의 보살(菩薩)에 관한 논의를 포함할 수밖에 없다.[3)]

3. 이상적 인간상으로서의 보살과 선비

1) 시민윤리와 이상적 인간상 논의

우리 사회에서 시민을 주체로 삼는 시민윤리에 관한 논의는 그 내포(內包)와 외연(外延) 모두의 측면에서 혼란스럽게 전개되는 양상을 보여주고 있다. 자유주의를 배경으로 삼는 시민윤리 논의에서 이상적 인간상에 관한 논의는 극히 조심스럽게 전개될 수밖에 없다. 왜냐하면 '이상적'이라는 개념 자체가 각 개인에게 부여되어 있는 불가침의 권리인 자유의 영역과 충돌할 수 있기 때문이다. 자유주의 논의에서도 이론상 이상적 인간상에 관한 논의가 불가능한 것은 아니지만, 그것이 구체적인 실천의 영역으로 나오게 될 경우에는 각 개인의 사적 영역에 맡겨져야 한다는 강한 요구에 직면하게 된다.

공동체주의를 배경으로 삼는 시민윤리 논의에서는 각 개인에게 그 공동체의 구성원으로서 필요한 다양한 도덕적 특성, 즉 덕(德, arete)을 요구할 수 있다. 유교의 대동사회(大同社會)나 고대 그리스의

3 이 문제에 관한 보다 상세한 논의는 졸고, 「보살과 선비, 그리고 우리 시대의 시민」, 『윤리연구』, 65호(한국윤리학회, 2007), 344-345쪽을 참조할 수 있다.

폴리스(police)와 같은 강한 도덕적 틀을 갖는 공동체가 등장하고, 그 공동체 안에 있을 때만 비로소 온전한 인간이 될 수 있다는 최대 도덕적 차원의 요구가 자연스럽게 정당화된다. 그러나 현재의 우리에게 공동으로 지향할 수 있는 공동체에 관한 합의가 존재하지 않는다는 점에서 이 관점은 결정적인 한계를 지닌다. 보살이 전제로 하는 불교적 공동체나 선비가 전제로 하는 유교공동체가 각각 강하게 부각될 수 있는 데 비해 현재 한국에서 살아가고 있는 시민이 합의할 수 있는 단 하나의 공동체가 있을 수 없다는 한계이다.

그럼에도 우리가 보살과 선비에 주목해야 한다는 주장을 계속 해나가기 위해서는 먼저 시민과 보살, 선비 사이의 연계성과 차별성에 주목해야 마땅하다. 그러나 이 장의 논의는 그 중에서도 주로 보살과 선비라는 두 주체를 중심으로 삼아 각각의 주체가 지니는 연계성과 차별성에 주목하면서 그것이 지니는 현재적 의미를 생각해 보는 정도에서 그치는 것이다. 이제 본격적으로 그 이야기로 접어들 단계인데, 순서는 우리의 불교가 내세우는 이상적 인간상으로서의 보살과 성리학이 내세우는 이상적 인간상으로서의 선비 각각의 도덕적 지향을 살핀 후에 그 연계성과 차별성을 모색하는 것으로 삼고자 한다.

2) 보살의 도덕적 지향으로서의 수행(修行)과 자비(慈悲)

보살의 도덕적 지향은 동체자비(同體慈悲)이다. 우리 불교의 역사 속에서 보살사상을 계율의 관점에서 재정립한 것은 원효이다. 그는 보살계에 관련된 다양한 저술들을 통해서 보살이 누구이고 그가 지키는 보살계가 어떤 의미를 지니는지에 대한 심도 있는 논의를 전개하고 있다. 그에 따르면 보살계는 '흐름을 돌려서 큰 율의 근본으로 돌아가는 것'이다. 보다 구체적으로는 '사악함의 흐름에서 벗어나서 올바름을 성취하는 핵심적인 길'이다.[4)]

이러한 원효의 보살계관에 근거해서 보면 보살은 일상의 흐름을 한편으로는 그대로 받아들이면서도 다른 한편으로는 그 흐름을 돌려서 근원적인 깨달음의 길을 성취하고자 노력하는 자임과 동시에 사악함의 흐름에서 벗어나서 올바름을 성취하고자 하는 자이기도 하다. 보살의 구체적인 행동 지침인 육바라밀은 크게 수행과 자비행으로 이루어진다. 지계와 정진, 수행, 지혜가 내면적인 깨침을 향하는 바라밀이라면, 인욕과 자비는 타자와의 관계 속에서 자비행을 실천하는 바라밀이다. 이 둘은 서로 긴밀하게 연계되어 있으며, 궁극적으로는 보살행 속에 수행의 과정과 결과가 녹아드는 관련성을 지니게 된다.

지눌에게서 보살은 사람과 사물이 공하다는 인식을 넘어서서 법 자체가 공하다는 사실을 인식하고 실천할 수 있는 존재자로 묘사되고 있다.[5)] 주로 중관론에 의거한 것으로 보이는 이러한 지눌의 보살관은 인간의 삶을 구성하고 있는 모든 인간사가 공(空)하다는 인식을 넘어서서 법 자체도 공한 것이라는 깨침을 얻는 수준의 존재자

---

4 菩薩戒者 反流歸源之大律 去舍就正之要門也, 원효, 「菩薩戒本持犯要記」, 『한국불교전서』, 1권 571쪽 상.

5 小乘證人空眞如 大乘菩薩證法空眞如, 지눌, 「看話決疑論」, 『한국불교전서』, 4권, 733쪽 중.

이고, 그 공성(空性)에 관한 철저한 깨침에 근거하여 동체자비의 실천행이 늘 가능한 존재자인 것이다.

이러한 원효와 지눌의 보살관에 근거해서 보살에 관한 정의를 다시 내려본다면 결국 보살은 삶과 진리 자체의 공성을 철저히 깨치면서도 삶의 현실 속에서 보살계라는 도덕적 지향을 포기하지 않는 생멸(生滅)과 진여(眞如)에 걸쳐 있는 이상적 인간상이라고 정의할 수 있다. 즉 현실 속에서 계율을 경시하지 않으면서 공성에 대한 깨침과 함께 인연을 전제로 하는 동체자비의 실천행(實踐行)을 지속해 나가는 수행자가 곧 보살인 셈이다.[6]

보살에 대한 이상의 정의를 받아들인다면 보살의 도덕적 지향이 우리 시대의 시민이 쉽게 선택하기 어려운 최대 도덕 또는 권유의 도덕 개념을 전제로 하고 있음을 쉽게 알아차릴 수 있게 된다. 이 시대의 보살은 우선 자본주의적 일상의 흐름을 거슬러 살아가고자 하는 지향을 갖고 있어야 하고, 더 나아가 수행을 통해 그 지향성을 지속적으로 견지하면서 동시에 자신과 인연의 고리로 맺어져 있는 이 시대의 모든 중생들에 대한 자비심과 실천행을 보여주고자 노력하는 인간이다. 이런 인간이 이 시대에 가능한 모형일 수 있을까? 설령 이상적인 인간상으로는 인정한다고 하더라도 과연 자유로운 삶의 의미와 방향 선택의 권리를 갖고 있는 우리 시대의 시민들이 이러한 지향을 선택할 것이라는 보장은 어디에도 없다. 그럼에도 우리는 시

---

6 고익진도 보살을 수행과 자비행이라는 두 개념에 토대를 두고 정의하고 있다. 고익진, 「불교윤리와 한국사회」, 최법혜 편, 『불교윤리학 논집』(동국역경원, 1996), 302쪽.

민사회에도 보살과 보살정신이 필요하다고 강변할 수 있을까?

이 질문에 대한 답은 일단 부정적일 수밖에 없다. 다만 불교라는 종교의 범위 안으로 들어온 사람들에게 삶의 가능한 대안, 또는 우리가 지향할 수 있는 하나의 이상적 대안으로서 보살상을 제시하는 일은 가능할 것이고, 삶의 방향과 의미에 관한 철학적 담론의 장에서 하나의 사상사적인 사례로 보살을 제시하는 일도 가능할 것이다. 그러나 우리는 이 정도에 만족하기 어렵다. 할 수만 있다면 이런 시대일수록 보살정신을 구현하는 삶을 사는 것이 가장 의미 있게 자신의 삶을 영위해내는 것이라고 우리 시대의 시민들을 향해 권유하고 싶은 욕구를 쉽게 버리기 어렵다는 말이다.

우리에게 남은 대안이 있다면 우리 사회가 요구하는 시민윤리의 개념 속에 보살정신을 포함시킬 수 있는지에 관한 치밀한 논의를 토대로 하여 그 구체적인 내용에 대한 사회적 합의를 이끌어내는 일이다. 시민윤리의 교육과도 긴밀하게 연계되는 이러한 대안은 물론 이미 우리의 도덕교과의 목표로 일부 반영되어 있기도 하다.[7] 그러나 보살정신이 어떻게 시민윤리와 만날 수 있는지에 관한 논의가 배제된 내용만이 포함되어 있어서 실제 도덕교육의 장에서는 단편적인 지식의 전수에 그칠 가능성이 높은 것이 문제이다. 이런 사정은 선비정신이라고 해서 결코 나아보이지 않는다.

7 우리 도덕교과에서 다루는 내용 중에는 보살정신과 선비정신이 「전통윤리」 등의 교과목 체제 안에 포함되어 있다. 다만 그런 정신들이 강조되어야 한다는 당위만 있을 뿐, 이 시대의 시민윤리와 어떻게 만날 수 있는지에 대해서는 교사와 학생들이 서로 토론할 수 있는 장을 마련하는 것 이상의 대안을 제시하지는 못하고 있다. 교육인적자원부, 『2007 개정 고등학교 도덕과 교육과정』, 2007 참조.

2) 선비의 도덕적 지향으로서의 수양(修養)과 안인(安人)의 정치

선비는 선진유교의 군자(君子) 개념이 조선 성리학을 배경으로 삼아 재구성된 것이다. 군자 개념에 대해서는 특히 공자가 다양한 형태도 정의를 시도했고, 그 이후의 유학자들에 의해서 구체화되면서 주희의 성리학으로 이어졌다. 본래 공자에게서 군자 개념은 성인(聖人)과 함께 사용되는 경우가 많았지만 노력하면 어느 정도 도달할 수 있는 좀 더 현실적인 개념으로서 군자에 주목해 볼 필요가 있다. 공자가 강조하는 군자는 대체로 소인(小人)이라는 부정적이고 소극적인 인간상, 또는 우리의 일상 속에서 볼 수 있는 이기적 배경의 시민과 유사성을 지닌 인간상과 대비되곤 한다.

군자에게 요구되는 도덕적 지향은 도(道)를 향하는 일관된 수기(修己)의 노력과 소인으로 통칭되는 일반 백성을 그 도의 길로 인도하는 안인(安人)의 실천 노력으로 요약될 수 있다. '군자는 의(義)에 밝고 소인은 이(利)에 밝다'라든지, '군자는 덕(德)을 생각하는 데 비해 소인은 안주할 거처를 생각한다' 등과 같은 공자의 군자에 대한 설명은 군자가 개인적인 차원에서는 의로움을 추구하고 타인과의 관계 속에서는 덕을 지향한다는 수기(修己)와 치인(治人)의 경지가 모두 포함되어 있다.[8)]

---

8 君子喩於義 小人喩於利(『논어』, 「이인」편), 君子懷德 小人懷土(『논어』, 「이인」편).

주희에 의해 성리학의 사서(四書)로 확립된 『중용(中庸)』에서도 군자는 논의의 중심축을 이룬다. 이 책의 주인공은 '논어' 와 마찬가지로 공자이지만, 논어의 공자가 중국 고대의 역사적이고 문학적인 모습으로 그려져 있다면 '중용' 의 공자는 천인합덕의 길을 모색한 성자이자 철학자이기도 하다는 김충렬의 주장을 받아들일 경우, 이상적인 인간상으로서의 군자에 관한 윤리학적 고찰을 주로 '중용' 에서 이루어지고 있다고 판단하는 것이 합리적인 것이다.[9]

> 그러므로 군자는 수신(修身)을 하지 않을 수 없다. 수신을 생각한다면 어버이를 섬기지 않을 수 없고, 어버이 섬김을 생각한다면 사람을 알지 않을 수 없으며, 사람을 알고자 한다면 하늘을 알지 않을 수 없다.[10]

> 사람의 도는 정치에 민감하고 땅의 도는 나무의 성장에 민감한 영향을 미친다. 그러므로 정치라는 것은 창포와 갈대에 비유할 수 있다.[11]

---

9 김충렬, 『중용대학강의』, 예문서원, 2007, 36쪽 참조, '중용' 의 군자론을 군자에 관한 윤리학적 접근이라는 관점에서 바라볼 수 있다는 주장은 졸고, 「도덕교육의 목표로서의 군자(君子)와 시민」, 『윤리교육연구』 15집(2008. 4), 10쪽을 참조할 수 있다.

10 故君子不可以不修身 思修身 不可以不事親 思事親 不可以不知人 思知人 不可以不知天, 『중용』(여기서는 주희, 『사서집주』, 보경문화사, 1993에서 인용한 것이다), 같은 책, 35쪽.

11 人道敏政 地道敏樹 夫政也者 蒲盧也, 주희, 앞의 책, 34쪽.

이러한 공자와 주희의 군자관을 요약한다면, 천명(天命)이라는 하늘의 도(道)를 중심에 두고 먼저 그 도를 추구하는 수신(修身)의 경지를 지니고 있어야 하고, 그 과정과 결과를 자신이 속해 있는 몽매한 백성들과 공유하고자 하는 치인(治人)의 자세를 함께 지니고 있는 존재여야 한다. 개인윤리와 사회윤리를 동일선상에 두는 이러한 유교의 군자관은 수신에서 평천하(平天下)에 이르는 일련의 윤리적인 명령을 구체적인 도덕규범으로 확립하여 동아시아의 전통 윤리관의 중핵을 이루어 왔다.

선비는 이러한 군자관이 조선에 와서 정착한 구체적인 인간상이다. 선비를 어떻게 규정지을 수 있는가에 대해서는 여러 가지 의견이 있을 수 있지만, 대체로 조선 5백 년을 이끌어 온 성리학자 집단의 구성원으로서 '학문과 예술을 기본 소양으로 삼아 수양(修養)을 생활화하여 도덕적 실천 능력과 도학정치의 능력을 갖추고 있는 자'라고 정의될 수 있다.[12] 선비들은 이와 같이 개념적인 수준의 논의에만 존재하는 이상적 존재자가 아니라, 조선 역사를 통해서 우리들에게 구체적인 모습을 드러내기도 했던 실체적인 존재자들이기도 하다. 우리는 그러한 전형적인 조선 선비의 예로 퇴계 이황과 남명 조식, 율곡 이이를 꼽는다.

퇴계는 학문과 수양의 모범을 보여주었고, 남명은 분명한 출처관(出處觀)을 전제로 하여 절의와 교육의 모범을 보여주었으며, 율곡

12 정옥자는 그 중에서 정치적 능력은 제외하고 도덕적 실천 능력을 선비의 주요 능력 요소로 강조하고 있다. 정옥자, 『우리가 정말 알아야 할 우리 선비』(현암사, 2002), 12쪽 참조.

은 벼슬에 적극적으로 임하여 치인(治人)의 한 경지를 보여준 선비로 꼽힌다. 남명의 경우에는 삶의 내면적 지향에 있어서는 경(敬)을, 외면적 지향에 있어서는 의(義)를 실천하고자 했던 선비의 삶을 보여주어 그 시대 조선 선비의 추상같은 엄격함을 충분히 느낄 수 있게 해주기도 했다.[13]

이처럼 조선 선비들의 삶의 지향과 정신을 간략하게 정리하고 난 후에 우리는 보살에 관한 논의를 전개했을 때와 동일한 혼란을 경험하게 된다. 과연 조선의 선비가 이 시대에 온전히 자신의 정신을 구현해낼 수 있을까? 그들이 내면적으로 지향하고자 했던 수양(修養)은 각 개인의 선택에 따라서 지속시켜 나갈 수 있는 여지가 있지만, 하늘의 명령에 대한 인식 차원에서의 우월성을 기반으로 삼아 그 도를 펼치고자 하는 도학정치(道學政治) 또는 도덕정치가 이 시대에도 여전히 유효하고 또 가능한 정치의 패러다임이 될 수 있는가?

그런 질문들에 앞서서 우리를 곤혹스럽게 만드는 사실은 그들이 자신의 생업을 직접적인 노동을 통해 해결하는 존재들이 아니었다는 점이다. 물론 이 시대에도 종교 지도자들 상당수가 생업을 면제받은 채 자신의 종교를 지키는 데 몰두하고 있고, 정치인들 중 상당수는 최소한 임기 안에는 생업으로부터의 자유를 누리고 있다는 점에서 선비를 그들과 대비시키는 일이 불가능한 것은 아니다. 그러나 그러한 유비는 여전히 우리를 불편하게 만드는 몇 가지 요소를 지니고 있다.

그 중의 하나는 아마도 조선 시대 선비의 위상과 이 시대 시민

13 內明者敬 外斷者義, 『남명집』(한길사, 2001), 472쪽.

의 위상이 다른 데서 오는 불편함일 것이다. 선비가 어떤 방식으로든지 통치자의 신분을 지니고 있었던 데 반해 시민은 신분 개념으로는 설명되지 않는다. 마르크스주의적 시민사회론에 근거해서 시민들 사이의 계급 구분은 가능하지만 그 계급은 태생적 세습을 전제로 하지 않는다는 점에서 신분과 본질적인 차이를 지닌다. 더욱이 마르크스주의적 시민사회론에서도 시민은 정치의 주체이자 객체로서의 이중적 위상을 지니게 되는 점을 고려해 보면 단순한 지배층의 신분을 지니고 있었던 선비와는 다른 위상이라는 결론을 내릴 수밖에 없다.

또 한 가지 요소는 생업으로부터의 거리 문제인데, 오늘날 일부 정치인이나 종교 지도자들의 경우를 감안한다고 해도 그들과 선비를 동일시하는 일이 가능하지 않기 때문에 여전한 거리감을 유지하게 된다. 이러한 한계들에도 불구하고 선비정신이 오늘날 시민의 최대 도덕의 관점에서 받아들여질 수 있는 시민윤리의 한 내용이라는 주장이 정당화되기 위해서는 먼저 최대 도덕으로서의 시민윤리가 과연 무엇이고 그것을 시민사회적 틀 안에서 어떤 방식으로 요구 또는 요청할 수 있는지에 관한 논의가 선행되어야 마땅하다. 그러나 이 논의는 우리의 관심과는 조금 다른 것이기 때문에 이제 다시 초점을 보살과 선비 사이의 관계성으로 돌려서 잠정적인 결론을 이끌어내는 것으로 만족할 수밖에 없을 것 같다.

4. 보살과 선비 : 연계성과 차별성, 그리고 현재성

현재적 관점에서 볼 때 보살과 선비는 역사적 개념으로서의 성격을 지닌다. 보살의 경우 통일 신라와 고려를 거치면서 정치 이데올로기이면서 민중들의 가치판단 준거로 정착했던 선불교 중심의 한국불교가 최종적인 지향점으로서의 붓다와 함께 거의 동일한 선상에 놓기도 했던 이상적 인간상이다.[14)] 선비도 선진유교와 신유학의 군자(君子)와 사대부(士大夫) 개념에 조선 성리학의 전개과정을 거치면서 정착했던 역사적인 개념으로서의 성격을 우선적으로 지니고 있다.[15)] 그리고 이러한 역사적 개념으로서의 보살과 선비는 각각의 시대적 배경 속에서 엘리트로서의 일정한 역할을 수행하기도 했고, 그 역할 범위만큼이나 부정적인 평가의 대상이 되기도 했다. 그러한 부정적인 평가는 물론 선비의 경우에 두드러지고 보살의 경우에는 그 정치적 위상이 분명치 않다는 점 때문에 평가 자체가 이루어지기 어렵다는 사실에 유의할 필요는 있을 것이다.

이상의 논의과정에서 이미 일정하게 선비와 보살, 또는 보살과 선비 사이의 연계성과 차별성이 드러났다고 생각되지만, 그럼에도

14 초기 불교에서 붓다와 아라한이 동일한 개념으로 혼용되고 있는 것과 같이 북방 불교권에서 붓다와 보살도 때로는 거의 동일한 수준의 깨침을 얻은 존재자로 묘사되곤 한다.

15 중국 사상사에서 사대부 개념이 정착하는 과정과 사대부 개념이 지니는 역사성에 관한 보다 상세한 고찰은 고지마 쓰요이, 신현승 옮김, 『사대부의 시대』(동아시아, 2004), 1장 '사대부의 시대'를 참조할 수 있다.

앞의 논의가 주로 각각의 개념과 시민 개념 사이의 관계를 살피는 데 초점을 맞추었기 때문에 그 지점을 보다 분명하게 드러낼 필요가 있다. 앞선 논의에서 밝혀진 보살과 선비 사이의 연계성은 우선 이 둘이 모두 시민과 비교하여 최대 도덕적 개념이라는 점에서 확보된다. 보살과 선비는 모두 다르마(dharma) 또는 천명(天命)을 전제로 하여 어떻게 살 것인가에 관한 치열한 노력을 전제로 해서 성립되었던 역사적이고 철학적인 개념이다. 시민의 경우에도 합리성, 문화성과 함께 도덕성을 시민윤리의 차원에서 요구할 수 있지만, 이때의 도덕성은 다른 사람과의 이익 충돌을 조정할 수 있을 정도의 범위 안에 머무는 최소 도덕의 개념이라는 점에 차별화될 수 있다는 것이 우리 논의의 주된 결론이기도 하다.

그러나 선비와 보살은 선비가 단순한 도덕적 차원을 넘어서서 정치적 차원의 지배층이었다는 점에서 종교적이고 도덕적인 영역에 주로 머물면서 인간의 정신적인 삶의 영역을 이끌었던 보살과 차별화된다. 물론 고려 시대에 일종의 지배 신분으로서의 승려계층이 존재했고, 그들이 보살적 지향을 가지고 있었던 보살 담론의 범주 안에 포함될 수밖에 없다는 점을 고려하면 이 차별성도 절대적인 것이라고 말할 수는 없는지도 모른다. 또한 그들이 실재로는 왕족이거나 귀족의 신분을 유지하는 선에서 활동한 경우도 있었고, 왕사(王師)나 국사(國師)라는 지위를 통해 실제적으로 권력을 행사했다는 해석도 가능할 수 있다는 점에서 이 차별성이 어느 정도까지 유지될 수 있을지는 논란의 여지가 있다. 그렇지만 우리 사상사 속에서 보살은 대체로 정신적이고 도덕적인 인간상으로서의 위상을 쌓아온 데 비해서 선비는 도덕적인 위상과 함께 정치적인 위상을 지니고 있었다는 점에서 차이가 있다는 사실 또한 부인할 수 없을 것이다. 동시에 보살은 최소한 공식적으로는 신분 개념이 아니고 붓다와 함께 깨달음의 과정 속에서 지향할 수 있는 이상적인 인간상으로서의 성격을 지니고 있었다는 점에서도 본질적인 차이점이 부각될 수 있다.

선비는 고려 중기 이후 성리학이 정착하는 과정과 함께 우리 역사 속에서 활동했던 역사적인 존재자들이고, 보살은 북방불교가 한반도에 정착하는 과정 속에서 붓다와 함께 깨달음의 단계에서 지향해야 하는 이상적인 인간상으로 존재했던 일종의 이념적 존재자들이라는 대비가 가능하다. 물론 이 두 존재자들이 각각 모두 내면적인 지향으로서의 수행과 수양을 공유했고, 외면적으로는 중생과 백성들을 향한 보살행과 치인(治人)의 덕치행(德治行)을 공유했다는 점에서 연계성을 지니고 있다는 점도 경시할 수 없다.

이제 우리에게 남은 과제는 현재의 상황 속에서 종교의 영역을 전제로 해서 살아남아 있는 보살의 전통과 가치관의 영역 속에 선비정신에 대한 막연한 향수를 넘어서서 예측하기 어려운 방식으로 되살아나기도 하는 선비정신의 전통을 시민과 어떻게 조화시켜야 하는가 하는 지난한 과제이다. 그래도 보살의 전통은 자본주의적 일상의 공허함에 대한 자각이 확산되는 가운데 삶의 의미를 다시 물을 수밖에 없는 현대 한국인들에게서 시민의 최소 도덕으로 해결되지 않는 새로운 화두(話頭)로 되살릴 수 있는 가능성이 보인다는 점에서 희망적이다. 선비의 전통도 그 신분과 생업의 한계를 극복한다는 전제 하에서 인간의 고립성과 이기성을 넘어서는 관계성의 자각과 일정하게 직업으로 정착하고 있기도 한 엘리트 집단의 도덕성을 요구하는 준거로 되살릴 수 있는 가능성을 적극적으로 모색함으로써 의미 있게 되살려낼 수도 있을 것이라는 기대를 해본다.

제3장

한국 윤리사상의 쟁점에 대한 도덕교육론적 접근

1. 도덕교육의 관점에서 바라보는 한국 윤리사상

도덕교육은 그 자체로 교육을 바라보는 하나의 관점이기도 하다. 교육의 문제를 단순한 생존능력의 향상과 같은 기능적 관점에서 바라보는 것이 아니라, 완전한 삶을 향한 열망과 같은 목적론적 차원에서 바라보는 하나의 교육관이기도 하다는 말이다. 그렇기 때문에 도덕교육은 완전한 삶의 열망이나 인간으로서의 의무, 다르마(dharma)와 자연(自然)을 문제삼는 윤리학과 밀접한 친화성을 지닌다.[1)]

1 윤리학과 도덕교육, 도덕과 교육 사이의 연계성과 차별성 문제에 대해서는 졸고, 「도덕과 교육의 배경 학문으로서의 윤리학」, 한국윤리교육학회, 『도덕과 교육의 배경 학문에 관한 학제적 연구』, 2008년 춘계학술대회 자료집(2008. 5.

교육을 '인간다운 생존'을 지향하는 총체적 노력이라고 정의했을 때 그 하위 목표는 다시 최소한의 생존을 보장받을 수 있는 능력의 향상과 더불어 살면서 삶의 의미를 구현할 수 있는 능력의 함양으로 나뉠 수 있지만 이 두 목표는 매우 긴밀하게 연계되어야 마땅하다. 왜냐하면 각각의 목표를 독립적으로 달성하는 일이 쉽지 않을 뿐만 아니라, 설사 그렇게 되었다고 해도 둘이 통합되어 보다 상위의 목표, 즉 '인간다운 생존'에 기여하지 못하면 무의미해지거나 왜곡될 가능성마저 있기 때문이다.

우리는 그러한 왜곡의 사례를 단순한 생존능력의 향상을 위해 무모한 경쟁을 감행해내고 있는 우리의 학부모들에게서 쉽게 찾아볼 수 있다. 인간으로서 살아가는 것이 무엇인지에 대한 비판적 검토의 과정 없이 단지 영어회화 능력을 길러주거나 세계인으로서의 안목을 길러줄 수 있을 것이라는 막연한 기대로 자신의 삶을 채우며 불안한 만족감을 과장하고 있는 학부모의 모습은 어쩌면 우리 자신의 자화상 그 자체인지도 모른다.

이와는 반대되는 지점에서 우리는 이 시대에 누구나 직면해야 하는 결정적 장벽인 생존의 문제를 배제한 채 오직 완전한 삶을 향한 열망만을 교육의 목적으로 설정해야 한다고 말하는 시대착오적인 엄숙주의자들을 발견하기도 한다. 그들은 마치 발이 땅에 닿지 않아도 살아 있다고 말할 수 있는 우리 전통 설화 속의 귀신처럼 느껴지기도 한다. 우리 시대에 대한 깊은 성찰 없이 선비처럼 살아야 한다고 강변하는 사람들 중에도 이런 엄숙주의자들이 포함되어 있다.

---

10. 경북대)을 참고할 수 있다.

도덕교육은 '인간다운 생존'의 핵심을 이루는 '인간다움'을 그 내재적 목적으로 지닌다. 그 인간다움이 쉽게 정의될 수 있는 개념이 아니기 때문에 도덕교육을 하고자 하는 모든 사람들은 우선 자신의 삶 속에서의 인간다움을 포함하여 동서양의 윤리사상 속에서 다루어진 논의들을 살펴볼 필요가 있다. 그러나 그런 고찰을 통해 온전한 답을 얻는 것은 불가능하고 어쩌면 더 큰 의심을 갖게 될 가능성도 있으므로 우리는 그 과정 자체를 도덕교육의 과정으로 삼아 자신의 학생들과 함께 끝없는 탐구의 과정 자체를 즐기는 것으로 만족해야 하는지도 모른다.

한국 윤리사상도 그러한 탐구과정 속에서 만날 수 있고 또 반드시 만나야 하는 사유체계이다. 한반도를 중심으로 수천 년을 살아오면서 축적해 온 일종의 '도덕적 실천 전통(moral practices)'으로서의 한국 윤리사상은 하나의 역사이면서 동시에 이 시대에 살아 있는 실천 전통이기도 하다.[2] 그런 이유로 우리는 스스로 의식하는가의 여부에 관계없이 어떤 방식으로든지 한국 윤리사상과 만나고 있고, 또 무의식중에 그것을 옹호하거나 거부하기도 한다.

한국 윤리사상은 그 내포와 외연에서 많은 것을 공유하는 동양 윤리사상과 더불어 우리의 도덕교육에 깊은 영향을 미치고 있다. 우선 그것은 교육의 도덕적 본질에 주목하게 하는 전통으로 작동하고 있다. 한국인이라면 누구나 교육을 정의하면서 '인적 자원의 개발'과

---

2 '도덕적 실천 전통'이라는 개념은 맥킨타이어(A. MacIntyre)의 것으로 도덕적 관행으로 번역될 수 있는 여지도 있지만, 우리 논의의 맥락에서는 실천 전통으로 해석하는 것이 적절하다고 판단되어 이 번역어를 채택하고자 한다.

같은 방식으로만 정의하는 것에 대한 일정한 반감을 가진다. 물론 최근에 미국적 실용주의 전통에 어설프게 물든 교육관료나 교육학자들 중에서는 가끔 그 최소한의 반감마저도 갖고 있지 않은 것은 아닌지 하는 의구심을 불러일으키는 경우가 없지는 않지만, 상식적인 한국인이라면 누구나 교육은 본질적으로 도덕과 관련되는 것이라는 생각을 하기 마련인데, 그 배경에 바로 한국 윤리사상과 교육의 전통이 자리 잡고 있다고 볼 수 있다.

이러한 생각은 도덕교육을 교과화하는 데에도 결정적인 영향을 미쳤다. 윤리와 그 윤리를 이끌어내는 배경 논의로서의 철학에 관한 공부(工夫)를 교육의 모든 것으로 생각했던 서당과 향교, 성균관, 서원에서의 교육 전통이 이른바 개화와 함께 교과목 사이의 순서를 근본적으로 역전시키는 서구식 교과목 체제로 전환되는 과정을 겪으면서 우리의 조상들은 『수신(修身)』이라는 수양론(修養論)으로 보완해 보고자 했다. 물론 이러한 노력은 부분적으로만 성공을 거두었고, 오히려 그 이후의 근현대사 속에서 일제와 독재자들에 의해 악용되는 부정적인 결과를 낳기도 했지만 그렇다고 해서 그 과목을 설정하고자 했던 충정이 과소평가될 수는 없다.

이와 같이 한국 윤리사상은 교육의 도덕적 본질에 지속적으로 주목할 수 있게 하는 사상적 원천으로 작동하고 있다는 점과 도덕교육의 교과화를 지지하는 강력한 실천 전통으로 자리하고 있다는 점에서 도덕과 교육과 긴밀한 연계성을 지닌다. 따라서 도덕과 교육에 관한 논의의 장에서 한국 윤리사상의 비중이 그에 맞게 확보되어 있어야 하지만 현실은 상당한 괴리감이 느껴진다. 우선 서구적 담론이 지배하고 있는 도덕교육론과 윤리학 영역에서 한국 윤리사상은 이중적 차별을 받고 있다.

한국 윤리사상은 동양 윤리사상의 한 하위 영역이거나 동일한 개념으로 다룰 수 있다는 편견이 서양 윤리학자들 뿐만 아니라 특히 유교를 전공한 동양 윤리학자들 사이에서도 퍼져 있다. 한국 윤리사상을 '주자학(朱子學)'과 동일한 개념으로 생각하는 고루한 동양철학자들의 편견은 한국 윤리사상에 대한 이중적 차별을 불러일으키는 원천이 되고 있지만, 더 근원적인 문제는 소위 '정통(正統)'을 자부하는 그들조차도 배제되는 서구식 패러다임 안에서의 소외 문제이다. 한국 윤리사상에 관한 논의는 이러한 이중적 차별을 넘어서야 하는 어려움 속에서 전개될 수밖에 없다. 따라서 한국 윤리사상의 쟁점들에 관한 논의도 이러한 이중적 차별의 문제에서 시작해 보고자 한다. 그 시작은 한국 윤리사상의 정체성을 묻는 물음이기도 하다.

2. 한국 윤리사상 논의를 둘러싼 쟁점들

1) 한국 윤리사상이 무엇인가?

이 질문은 단순하지 않다. 한편으로 그것은 정의의 문제이기도 하고 다른 한편으로는 정체성의 문제일 수도 있기 때문이다. 또 어찌 보면 그 내용의 실체를 묻는 물음으로 보이기도 한다. 먼저 정의의 문제로 보고 논의를 전개해 보자. '한국 윤리사상'은 어떻게 정의될 수 있을까? 한국 윤리사상은 '한국인'을 전제로 하여 성립될 수 있는 개념이다. 즉 그것은 한국인의 윤리사상이라고 정의될 수 있다. 그렇게 정의하고 나면 이 한국인의 범주 안에는 우리의 조상들은 물론 나 자신도 당연히 포함되고, 그렇게 되면 한국 윤리사상은 역사적 전통일 뿐만 아니라 지금 나 자신을 포함하는 현재 한국인들의 가치관 구조에 작동하고 있는 윤리사상까지도 포함하게 된다.

조선이 외세의 침략에 의해 서서히 무너지고 그 위기를 '대한제국'이라는 입헌군주 체제를 도입하여 극복해 보고자 힘겨운 노력을 했던 개화기의 지식인과 우리 자신의 가치관 구조를 비교하는 사유실험을 해보도록 하자. 아마 그 시대의 지식인들은 먼저 한문을 사용하는 데 자유로웠을 것이고, 대부분 선진유교와 성리학의 경전들을 암송하고 있었을 것이다. 그리고 일부이기는 하지만 그 공부의 과정에서 불경(佛經)을 읽고 소극적이나마 동경의 마음을 가졌거나, 아니면 정도전의 『불씨잡변(佛氏雜辯)』 같은 불교 비판서를 읽고서 불교를 폄하하는 편견을 갖고 있었을 것이다. 또 상당수의 선비들은 서학(西學)으로 통칭되는 천주학(天主學) 중심의 서구 사상과 과학기술에 관한 상당한 식견을 갖고 있었을 것이다.

우리들 자신을 포함하는 이 시대의 지식인들은 어떤 사상적 배경과 경향을 갖고 있는가? 우선 우리는 한문에는 대체로 두려움을 갖고 있는 대신에 영어 문장은 어느 정도 해석할 수 있다는 자신감을 갖고 있다. 물론 그것도 문장에 한정될 뿐 회화와 같은 영어에 자신감을 가질 수 있는 사람은 극히 일부에 불과하다. 대학을 졸업했을 것으로 추정되는 우리 시대의 지식인들은 교양과 전공 학점 이수를 통해 서구 사상과 철학, 과학적 사고에 익숙해져 있을 것이고, 그 결과 삶의 원칙으로 도덕성보다는 합리성(合理性)을 더 신봉할 가능성이 높다. 그들에게 우리의 전통은 대체로 박물관에서나 볼 수 있는 다른 세상의 것이고, 대신에 서구식 침대와 식탁, 의자 등에 익숙해져 있어서 어쩌다 '템플 스테이(temple stay)'에 참석해 발우공양과 참선을 하고자 할 때 심한 고통을 먼저 견뎌내야만 한다.

이 지점에서 우리는 개화기의 선비들을 주체로 하는 한국 윤리사상과 우리 시대의 지식인들을 주체로 하는 한국 윤리사상이 단순한 외연(外延)에서 뿐만 아니라 그 핵심적인 내포(內包)의 측면에서도 사뭇 다를 것이라는 생각에 이르게 된다. 그 중에서 어떤 것이 진짜 한국 윤리사상인가? 한국 윤리사상을 정의하는 방식과 관점에 따라 각각 다른 논의가 펼쳐질 수 있겠지만, 확실한 것은 그것이 '살아있는 실천 전통'으로 해석될 수 있을 때에야 비로소 실천적 함의를 지닐 수 있고, 따라서 우리 자신을 주체로 삼아 한국 윤리사상을 정의하고 그 의미를 해석하는 방식을 택하는 것이 바람직하다는 사실이다.

그렇게 본다면 현재의 우리들에게 한국 윤리사상은 한편으로 샤머니즘과 불교, 유교로 상징되는 전통 윤리사상임과 동시에 서구식 합리주의 전통과 그리스도교적 전통까지도 포함하는 개념일 수밖에 없다. 현재 우리 한국인들의 의식구조와 가치관 구조 속에서 작동하고 있는 모든 사상들은 한국 윤리사상의 외연 안에 포함된다는 것이다. 사실 서구식 합리주의 전통과 그리스도교가 우리 한국인들의 삶 속에 밀려오기 시작한 것은 결코 최근의 일이 아니다. 짧게 잡아도 200년 정도의 시간을 축적하고 있고, 이 시간은 단순한 외래사상의 범주를 넘어서는 질적인 전환을 가능하게 할 수 있는 충분한 시간이기도 하다.

우리 국민의 30% 정도가 그리스도교인이라는 사실은 그리스도교 사상이 단지 외래사상에 머물지 않고 있다는 명백한 증거이고, 대부분의 사람들이 판단과 결정의 상황 속에서 이기적 합리성을 준거로 삼고 있다는 점은 서구 계몽주의 이후의 사상이 단지 사상적 논의의 차원에 머물지 않고 있다는 증거이다. 물론 그렇다고 해서 우리 철학계에서 논의되고 있는 모든 철학적 사조가 한국 윤리사상의 범주 안에 들어오는 것은 결코 아니다. 그런 점에서 한국인에 의해 논의되고 있는 모든 사상은 한국 윤리사상이라고 정의하는 것은 외연의 지나친 확장으로 받아들일 수밖에 없다.

문제는 내포이다. 한국 윤리사상의 외연을 샤머니즘, 불교, 유교, 서구식 합리주의, 그리스도교 사상 등으로 확장하는 데 동의한다고 해도 최소한 그러한 외연을 묶을 수 있는 내포적 요소가 있어야만 합당한 정의가 될 수 있다. 그것이 무엇일까? 우리의 고민은 바로 이 지점에서 증폭된다. 한국 윤리사상은 '한국' 윤리사상으로 확인할 수 있게 해주는 내포가 과연 무엇일까? 이 질문은 본질적으로 열려 있는 질문일 수밖에 없다. 그럼에도 우리는 그 최소한의 내용에 대한 동의를 원한다. 그 최소한의 내용은 아마도 다음의 두 가지로 요약될 수 있을지 모르겠다.

하나는 현재의 한국인들 사이에서 통용될 수 있는 최소한의 보편성 차원이다. 현재를 살아내고 있는 한국인이라면 누구나 그럴 것이라고 동의할 수 있을 정도의 윤리사상이어야 한다는 요건인데, 이 문제도 생각보다 간단치 않다. 예를 들어 샤머니즘이 한국 윤리사상 속에 유기적으로 포함될 수 있기 위해서는 모든 한국인들이 자신의 의식구조 속에도 샤머니즘이 일정하게 작동하고 있다는 데 동의해 주어야 한다는 것인데, 아마도 대다수의 교육받은 한국인들은 고개를 저을 것이다. 그럼에도 샤머니즘을 포함한 민속신앙은 한국 윤리사상의 범주 안에 포함될 수 있을 것인가?

두 번째 내포의 요건은 첫 번째 것보다는 완화된 것인데, 그것은 학문공동체 내의 최소한의 합의의 요건이다. 그들의 전문성을 인정한다는 전제를 가지고 학자들 사이에 합의가 가능한 사상들은 모두 한국 윤리사상이라고 인정한다는 것인데, 이 요건도 유사한 어려움을 갖고 있다. 우선 우리 학계에 한국 윤리사상의 전문가 집단이 제대로 존재하고자 있는지 하는 의문을 던질 수 있고, 그들이 존재한다는 사실을 받아들인다고 해도 자신들의 배경 학문에 따라 민속신앙은 한국 윤리사상에 포함되지 않는다는 확신을 갖고 있는 전문가들이 실제로 주변에 있기도 하다. 마찬가지로 서구식 합리주의 사상과 그리스도교 사상을 한국 윤리사상 속에 포함시켜서는 안 된다고 생각하는 학자들의 수는 더 많을 수 있다. 그럼에도 우리는 우리의 정의를 계속 견지할 수 있을까? 이 질문에 대한 답은 각자의 사유영역 속에 남겨두고자 한다.

2) 우리의 전통 윤리사상은 살아 있는가?

한국 윤리사상을 현재적 관점에서 받아들여야 한다는 우리의 논의를 이으면서 한 가지 더 정리하고 넘어가야 하는 문제는 그 한국 윤리사상 중에서 전통적 영역에 속하는 사상에 대한 평가의 문제이다. 물론 우리의 정의(定義) 안에서 한국 윤리사상 자체가 하나의 전통이면서 현재에도 최소한의 보편성을 확보하여 살아 있는 것이기 때문에 전통 윤리사상을 따로 떼어내는 일이 쉽지 않고, 또 꼭 그렇게 해야 할 필요가 있는지에 대해서도 의구심을 가질 수 있다. 그렇지만 다른 측면에서 보면 그런 엄격한 정의 안에 포함되기 어려운 전통 윤리사상이 분명히 있고, 그것들은 단지 역사적 유물처럼 느껴지기도 한다. 역사적 유물이라면 박물관적 존재형식을 지니고 있는 것에 불과한 것임에 틀림없다.

'우리의 전통 윤리사상은 살아 있는가?' 라는 질문은 그러한 박물관적 존재형식에 대한 비판적 물음에 속한다. 만약 살아 있다고 인정할 수 있게 되면 다음 단계로 그 살아 있음 자체에 대한 규범적 평가를 할 수 있는 가능성도 열린다. 따라서 우리는 이 질문에 대한 해답을 두 단계로 나누어 모색해 보고자 한다.

한국 윤리사상 중에서 전통 윤리사상에 속하는 요소들이 우리의 삶 속에 살아 움직이고 있는지를 판단하는 일은 기본적으로 현상에 대한 분석과 기술(記述)의 문제이다. 우리의 전통 중에서 살아 있다고 판단할 만한 구체적인 증거물들로 전국 곳곳에 산재해 있는 절집과 점집을 생각해 볼 수 있다. 향교나 서원도 아직 건물로 존재하고 있고 그 중 일부는 실제 서당으로 활용되고 있기는 하지만 대체로 온전히 살아 있다기보다는 박물관적 존재형식에 가깝다. 먼저 점집을 생각해 보자. 우리 국민의 상당수가 아직도 중요한 일이 있을 때는 점집에 가서 점을 쳐본 후에 결정하고 있고, 그것을 기반으로 그 많은 점집들이 여전히 존재하고 있다고 판단된다. 그러나 그것이 한국인의 윤리사상과는 얼마나 밀접하게 연계될 수 있을까?

샤머니즘에 토대를 두고 불교적 색채를 부분적으로 받아들여 정착한 점의 문화는 귀신의 존재를 전제로 한다. 곳곳에 존재하는 귀신들을 모시고 그 귀신들의 힘을 빌려 액운을 피하고 복을 구하는 점은 그 자체로 윤리사상으로 편입되기는 어렵다. 그렇지만 윤리가 자신의 삶을 이끌어가는 내적 기준의 문제이고, 점을 치고 귀신에 기대는 행위도 일종의 내적 판단 기준으로 작동할 수 있다는 점에서 현실적인 차원의 윤리적 기준이라고 판단할 수 있는 여지도 없지 않다. 물론 이러한 수준의 기준은 도덕성 발달 단계론에 근거하면 극히 낮거나 초보적인 수준의 것에 불과한 것이라고 볼 수 있지만, 그 수준에 있는 사람들에게는 핵심적인 삶의 원칙 중의 하나로 작동할 수 있다는 사실까지 부인하기는 어렵다.

우리의 전통 중에서 가장 강력하게 살아남아 있는 것은 절집으로 상징되는 불교 윤리사상이다. 샤머니즘과 비교하면 불교 윤리사상은 보다 완전한 체계를 갖추고 있다. 공(空)과 연기(緣起)의 철학과 자비(慈悲)의 윤리로 상징되는 불교 윤리사상은 역사적 유물의 존재형식이 아니라, 현존하는 실존의 존재형식을 갖추고 있는 거의 유일한 전통이라고 평가받을 만하다. 그 상징으로 우리는 전국 곳곳에 위치한 사찰과 그 사찰을 움직이고 있는 조계종단 중심의 승가공동체를 들 수 있다. 전 인구의 4분의 1이 불교신도인 것도 불교가 단지 역사적 유물일 수 없음을 보여주는 징표이다.

유교 전통의 경우에는 성균관이나 서원, 향교 등이 살아남아 있고 그 건축물들을 관리하는 사단법인 유도회(儒道會) 같은 주체들이 있기는 하지만 거의 역사적 유물의 존재형식을 벗어나지 못하고 있다. 대신 유교 전통은 우리들의 가치관 속에 좀 더 강하게 뿌리를 내리고 있어 눈에 보이지 않는 무형의 존재형식을 동시에 지니고 있다는 평가가 가능하다. 이러한 유교적 가치관은 우리들의 삶의 목표나 의미, 인간관계의 기본 원칙을 정하는 데 여전한 영향력을 행사하고 있다. 그 영향력의 비중은 각 개인의 상황에 따라 다를 수 있고 가문이나 세대에 따른 차이가 있겠지만, 한국인이라면 누구나 최소한의 영향력을 받지 않을 수 없다는 사실이 실증적인 연구결과들을 통해서도 밝혀지고 있다.[3]

이제 이렇게 현재에 살아 있는 전통 윤리사상에 대한 평가를 해볼 차례이다. 점집으로 상징되는 샤머니즘적 전통에 대해서는 이미 평가를 했고 남은 것은 불교와 유교이다. 먼저 불교에 대한 평가를 해보면 현재 우리의 불교는 자본주의적 삶의 양식 속으로 급속히 편입되는 경향을 보이면서 윤리사상으로서의 위상과 힘을 상당 부분 상실하고 있다고 말할 수 있다. 무소유(無所有)와 최소한의 소비를 바탕에 깔고 공동체적 삶의 지향을 강하게 지니고 있는 불교적 삶의 양식 자체가 자본주의적 삶의 양식과는 양립하기 어려운 본질적 속성을 갖고 있다. 그렇지만 자본주의적 삶의 한계가 속속 드러나고 있는 후기 산업사회 이후의 단계에 이르면 이러한 한계를 보완할 수 있는 대안적 삶의 방식으로 불교가 부상할 수 있는 가능성도 높다는 점에서 여전한 가치를 지닌다. 그런데 현재의 한국 불교는 그러한 가치를 스스로 포기하는 듯한 부정적인 모습을 자주 보여주고 있다.

---

3 한국인의 의식구조 속에 존재하는 이중성의 한 측면이 주로 유교적 가치관에 기인한다는 가설이 조사 연구를 통해서도 일정 부분 검증되고 있다. 그러한 실증적 연구의 한 예로 김경동, 『한국사회변동론』(나남, 1993), 제2부 '한국 사회의 전통적 요소와 사회변동'을 참고할 수 있다. 김경동은 전통적 요소를 '위계서열적 권위주의', '연고 위주의 집합주의', '인정주의', '의례주의적 도덕성' 등으로 규정하고 있다. 같은 책, 135-142쪽 참조.

'고급 승용차를 타는 주지 스님들'이라는 일부 언론의 폭로가 과장과 의도성을 포함하고 있지만 그렇다고 해서 전혀 없는 사실을 근거로 한 것은 아니라는 것이 중론이다. 불교가 곧 스님들과 동일시될 수 있는 것은 아니고, 오히려 전 국민의 네 명 중 한 명꼴이라는 불교 신도와 불교적 삶의 양식 자체가 불교의 상징이라고 볼 수도 있지만, 그럼에도 불교를 이끌어가는 스님들의 위상도 결코 낮게 평가될 수 없다. 이러한 극단적인 예를 가지고 평가해 보면 이미 불교 윤리사상은 그 정당화 근거와 현실적 권위를 상실하고 있다고 말할 수 있다.

그러나 아직 두 차원의 가능성은 여전히 남아 있다. 하나는 불교 윤리사상 자체가 지니는 이론적 완결성과 실천력 차원의 가능성이고, 다른 하나는 승가공동체 내부와 불교도들 사이의 공동체 안에 유지되고 있는 수행(修行) 차원의 가능성이다. 전자에 대해서는 그다지 많은 논의가 필요한 것 같지는 않다. 왜냐하면 불교 윤리사상이 이미 다양하고 심오한 형태로 정립되어 있고, 그것이 우리 한국 윤리사상에서 차지하는 비중도 만만치 않기 때문이다. 다만 우리의 불교가 주로 선불교적 전통으로 이어지면서 참선을 중시하고 경전이나 계율을 경시하는 경향이 있다는 사실과 참선의 과정 자체에도 계(戒, sila)로 상징되는 내면적이고 자율적인 윤리가 필요하다는 점이 경시되는 경향이 있음을 지적할 수는 있다.

수행 차원의 가능성은 주로 서구의 불교에서 정착하여 역수입된 것이라고 볼 수 있는 독특한 가능성이다. 서구의 불교가 단순히 동아시아 불교를 모방하는 차원을 넘어서서 자신들만의 삶의 국면에서 마음공부의 방법으로 재해석되면서 정착한 수행의 전통은 그들에게는 자신들의 전통인 명상(meditation)과 다른 것이 아니다. 주로 가톨릭의 묵상에 기반한 명상의 전통이 북방불교의 참선 또는 남방불교의 위빠사나 수행법과 결합하면서 일상 속에 뿌리내기기 시작했다. 그러한 서구의 명상문화가 역수입되면서 우리나라에서도 템플스테이로 정착했다는 해석도 가능하고, 다른 한편으로는 그러한 서구불교의 영향에 자극을 받은 우리 불교계 스스로가 수행의 대중화에 보다 적극적인 관심을 갖게 되었다는 해석도 가능하다. 이전에는 결제와 해제라는 과정을 통해 주로 스님들의 수행법으로만 인식되어 온 참선, 특히 간화선(看話禪)이 일반 대중들도 참여 가능한 프로그램으로 정착한 것이다.

'살아 있는 불교'의 이런 모습과 함께 조선 성리학을 이끌어 왔던 향교과 서원의 변신 노력도 함께 주목해 볼 만하다. 실질적인 스승을 모시면서 그들의 정신을 이어받고자 노력했던 전통적인 제사의 공간이자 실천적 교육의 공간이기도 했던 서원이나 향교가 방학 등을 활용하여 한문공부와 예절교육의 장으로 전환하는 경우가 점차 더 늘어가고 있다. 이러한 노력들은 아직 괄목할 만한 성과를 거두지 못하고 있지만 남명의 덕천서원이나 퇴계의 도산서원, 율곡의 자운서원 같은 곳은 이제 단순한 관광지의 모습을 벗어나 그들의 선비정신을 되살리고자 노력하는 실천적 교육의 장으로 상당 부분 되살아나고 있다.

3) 우리 도덕교육의 목표로서 시민과 선비의 만남은 가능한가?

한국 윤리사상의 전통이 이 시점에도 살아 있다는 이야기를 진행하면서 우리는 한편으로 다행스러움과 기대를 가지면서도 다른 한편으로는 무언가 불편한 감정이 함께 일어나곤 하는 경험을 한다. 그 불편함은 과연 그러한 전통들이 우리가 사는 이 시대와 부합될 수 있는 것인가 하는 의구심에서 비롯되는 것이다. 향교나 서원의 부활을 통해서 다시 조선 시대와 같은 계급적이고 차별적인 양반사회를 부활하자는 것인가? 불교적인 좌선의 대중화를 통해서 민주자본주의 사회를 구성하는 핵심 요소이기도 한 인간의 정당한 이기심과 욕구를 부당하게 억압해 보자는 것인가?

이 질문들은 최소한 현재적 시점에서는 당연한 것이다. 우리는 이 시대를 자유와 권리를 누리는 시민사회의 구성원으로 살고 있고, 또 더 나은 시민사회를 지향하는 것이지 과거로 회귀해서 선비나 보살처럼 살고자 하는 것은 아님이 분명해 보이기 때문이다. 시민사회는 기본적으로 인간의 이기심을 정당한 것으로 보면서 그것에 근거한 합리적인 이익추구를 핵심적인 권리로 받아들이는 사회이다. 이 시민사회를 이끌어가는 시민은 그 사회가 유지되기 위해 필요한 최소한의 도덕성만을 요구받을 뿐, 선비나 보살과 같은 최대 도덕적 차원의 요구는 각 개인의 사적 공간의 문제, 즉 프라이버시의 문제일 뿐이다. 그럼에도 우리는 이 시대에 보살과 선비가 이상적인 지향이라고 계속 주장할 수 있는가?

도덕교육에 관심을 갖고 있는 우리들에게는 이 질문이 더욱 절박한 것으로 다가온다. 우리가 도덕교육을 통해서 길러내고자 하는 인간이 시민이라면 과연 한국 윤리사상은 왜 가르쳐져야 하는가? 단지 시민들의 교양을 위해서 필요하기 때문이라고 답할 수도 있겠지만 그것으로 만족할 만한 답이 주어지는 것은 아니다. 왜냐하면 한국 윤리사상은 근본적으로 최대 도덕적 요구를 담고 있는 담론이어서 한국 윤리사상에 관한 논의를 해가면서 도덕교육을 향한 최대 도덕적 차원의 요구를 하지 않는 것은 불가능하거나 최소한 의미 없기 때문이다. 우리는 이 질문에 대한 답을 다음과 같이 주로 선비와 시민의 만남 가능성을 주제로 삼아 찾아보고자 한다.[4)]

시민사회도 인간이 사는 사회인 이상 윤리가 필요할 수밖에 없다. 윤리(倫理)를 문자 그대로 '사람이 무리지어 살면서 지켜야 하는 이치 또는 원칙'이라고 정의할 경우, 시민사회에도 그 나름의 윤리가 있어야 한다는 당위(當爲)는 자연스럽게 이끌려 나온다. 시민사회를 연구한 많은 학자들이 그러한 윤리들을 시민윤리(civic ethics) 또는 시민성(citizenship)이라는 이름으로 규명하고자 했고, 그 구체적인 내용들은 주로 공정성(公正性)과 배려(配慮)라는 핵심 덕목을 통해서 사회교육과 도덕교육의 장에서 강조되어 왔다.

시민윤리로서의 공정성(fairness)은 주로 경쟁의 공정성을 의미한다. 자원이 희소한 사회에서 그 자원의 획득을 둘러싼 경쟁은 피할 수 없기 때문에 그 과정에서의 공정성을 전제로 해서 자유경쟁을 한 결과를 기꺼이 수용해야 한다는 것이 논의의 핵심이다. 이러한 시민

---

4 이하의 내용은 졸고, 「선비정신과 시민윤리」, 남명학연구원, 『선비문화』, 15호(2007. 12)에서 가져온 것임을 밝혀둔다.

윤리를 사회가 무너지지 않기 위해 필요한 최소한의 윤리라는 의미에서 흔히 최소의 윤리라고 일컫는다. 배려(caring)는 나와 관계를 맺고 있는 사람에 대한 적극적인 보살핌과 특별한 관계가 없는 다른 시민사회의 구성원들에 대한 소극적 고려인 에티켓을 모두 포함하는 보다 넓은 도덕 개념이다. 사회가 단순히 공정한 경쟁만으로 유지될 수는 없다는 자각에서 찾아낸 자유주의자들의 고육책인 셈이지만, 그 출발이 개인주의라는 점에서 본질적인 한계를 지닐 수밖에 없다.

이러한 시민윤리 논의를 우리 사회에 적용해 볼 경우 공정성은 조금씩 강화되고 있지만 아직 부족하고, 배려의 덕은 관계를 맺고 있는 사람에 대한 지나친 관심과 관계없는 사람에 대한 무관심과 무례가 공존하는 상황이라는 진단이 가능하다. 도시에서 처음 만나는 사람에 대한 무서운 표정과 지하철 자리를 놓고 벌이는 무례한 다툼이 그러한 진단의 근거일 것이다. 물론 지하철 안에 '경로 우대석'이 마련되어 있고 특별한 상황이 아니면 그 자리를 비워둔다는 점에서 '전통적 덕목이 살아 있는 나라'라고 감동하는 외국인들의 시각도 이해할 만하지만, 다른 한편 점점 연세 드신 분이 앞에 서 있어도 일어나는 사람이 줄어들고 있는 현실도 무시할 수 없다. 이런 혼란상으로 미루어 볼 때 어떤 측면에서 보든지 우리의 시민윤리 수준이 높다는 평가에 이르기는 쉽지 않다.

시민윤리의 문제는 시민 모두가 이 사회를 이끌어가는 주체라는 점에서 더욱 중요해진다. 우리 사회를 이끌어가는 주체가 따로 있는 것이 아니라 우리 모두가 주인이고, 대통령이나 국회의원은 일상에 바쁜 우리들을 대신해 일해주는 심부름꾼일 뿐이라는 의식은 시민의식의 핵심이다. 이러한 시민의식은 자신의 역할을 제대로 수행해내야 한다는 시민윤리적 요구로 이어지고, 만약 시민윤리가 확보되지 못한다면 시민사회 자체의 존립이 위협받을 수밖에 없음을 우리는 독재와 민주화의 역정을 통해 충분히 경험했다.

그런데 서구의 시민사회 전통에 바탕을 둔 시민윤리적 덕목인 공정성과 배려만으로 우리의 모든 문제가 해결될 수 있다고 기대할 수 있을까? 아마도 상당한 부분에서는 해결이 가능할 것이다. 우선 공정성이 확보되면 경쟁에서 승자와 패자가 모두 결과를 받아들일 수 있게 될 것이고, 최소 윤리로서의 배려의 덕이 발휘되면 공공장소에서의 불쾌감을 상당 부분 피할 수 있을 것이기 때문이다. 그럼에도 우리는 그 수준에 만족하기 어려운 어떤 미진한 느낌을 공유한다. 그 미진한 느낌을 분석해 들어가다 보면 결국 그것이 서로 어울려 살면서 인간다운 삶을 추구해 왔던 우리의 전통에 뿌리를 둔 '관계적 삶에의 지향' 을 포기할 수 없기 때문이라는 결론에 도달하게 된다.

이 시대의 선비정신은 바로 이 '관계적 삶에의 지향' 이라는 우리 모두의 열망으로부터 살려내야 한다. 상품이 아닌 어떤 인격체와 관계를 맺는 가운데서 삶의 의미를 느끼고자 하는 욕구를 공유하게 된 우리들에게 자신의 내면적 수양을 출발점으로 삼아 인간적인 관계망을 토대로 교육과 정치를 바람직한 방향으로 이끌고자 했던 선비는 시민이 지향해야 할 하나의 모범이 된다. 자신의 정체성을 확립하는 과정에서 관계를 중심에 두었던 선비들은 자연스럽게 그 관계를 어떻게 이끌 것인가를 삶의 핵심 과제로 삼았고, 그 결과물로 분명한 출처의식(出處意識)과 삶의 윤기(潤氣)라는 수준 높은 문화의식을 선비정신으로 만들어내는 데 성공할 수 있었다.

그렇다면 어떻게 해야 시민들이 선비정신과 만날 수 있을까? 먼저 선행되어야 할 일은 선비정신의 구체적인 내용이 무엇인지에 대한 정리와 시민사회론적 재해석이다. 지금까지 적지 않은 수의 서적과 논문이 선비정신을 다루었지만, 일반 시민들이 접근하기에는 어려움이 많을 뿐만 아니라 선비정신의 핵심 내용에 관한 합의나 현대적 관점에서의 재해석은 미흡하기 짝이 없다. 조선을 대표하는 선비로 평가받는 남명과 퇴계, 율곡의 선비정신에 대한 현대적 해석과 함께 그것이 어떻게 시민윤리와 만날 수 있는지에 관한 논의조차 이제 막 시작된 상황이다.

학문적 차원의 논의와 함께 학교 교육의 차원에서 실천적 노력이 병행되어야 한다. 학교 교육에 앞서 가정에서 이러한 교육이 실시되는 것이 더 바람직하겠지만, 생존의 기본 단위로 내몰리고 있는 우리의 가정에 기대하기는 어렵기 때문에 시민교육을 주된 목표로 삼는 초등학교와 중등학교에서 보다 적극적인 선비정신 교육이 실시되어야 한다. 시민성 또는 시민윤리가 공정성과 배려라는 자유주의적 덕목을 벗어나서 인간다운 삶을 영위하고자 하는 열망과 실천능력까지 포함해야 한다는 교육적 요구를 도덕이나 사회교과와 같은 관련 교과 속에 적극적으로 담아야 하고, 교사들 스스로도 삶 속에서 선비적 모습을 보여주고자 노력할 수 있도록 교사 교육기관에서의 사범교육(師範教育)도 강화되어야 한다.

이 시대의 시민은 자신의 생존을 스스로 책임져야 하는 생활인임과 동시에 자신의 삶의 차원을 스스로 높여야 하는 정신적 과제를 부여받은 고귀한 존재자들이기도 하다. 첫 번째 지점에서는 선비들의 생활과 차별화되지만, 두 번째 지점에서는 선비들의 삶과 만나는 것이 가능할 뿐만 아니라 그렇게 해야 마땅하기도 하다. 그런 점에서 시민의식과 시민윤리의 영역에 선비정신이 포함되어야 하고, 그렇게 포함된 선비정신은 물질과 쾌락으로 상징되는 우리들의 삶의 지향을 근원적으로 바꾸게 하는 원동력으로 작동할 수 있을 것이다.

3. 도덕과 교육에서 한국 윤리사상을 어떻게 가르칠 것인가?

이제 우리의 논의를 구체적인 도덕과 교육의 장으로 가져올 시간에 되었다. 도덕과 교육에서 한국 윤리사상을 어떻게 가르칠 것인가 하는 문제는 지금까지 살펴본 한국 윤리사상 논의를 둘러싼 세 가지 쟁점들을 통해서도 상당 부분 암시된 바 있다. 우리는 한국 윤리사상을 가르치기 전에 먼저 그 정의가 무엇인지를 분명히 해야 하고, 현재 우리의 삶 속에서 그 사상적 뿌리를 발견하고자 하는 실천적 노력을 기울여야 하며, 우리 도덕교육의 목표인 시민과 전통적인 인간상들인 보살과 선비가 어떻게 만날 수 있는지를 모색해 보아야 한다.[5]

이러한 원론적인 차원의 논의를 바탕으로 삼아 여기서는 좀 더 구체적인 논의를 진행시켜 보고자 한다. 먼저 강조하고 싶은 것은 도

5 불교와 유교에서 말하는 이상적 인간상의 최고 단계는 물론 붓다와 성인(聖人)이다. 그러나 우리의 논의가 도덕교육임을 감안한다면 이러한 최고 단계는 지나치게 높은 이상일 뿐이기 때문에 그러한 완전한 인간상을 향한 지향과 열망을 멈추지 않는 다음 단계의 실천적 인간상들인 보살(菩薩)과 선비(또는 君子)를 목표로 설정해 본 것이다. 보다 자세한 논의는 졸고, 「보살과 선비, 그리고 우리 시대의 시민」, 한국윤리학회, 『윤리연구』, 65호(2007. 6), 1-29쪽을 참조할 수 있다.

덕과 교육에서 한국 윤리사상의 위상에 대한 정당한 인식과 균형 잡힌 시각의 문제이다. 우리의 상황 속에서 도덕과 교육의 배경을 이루는 윤리학은 주로 서양 윤리학을 지칭하는 개념으로 사용되고 있고, 그 서양 윤리학을 중심으로 삼아 동양 윤리사상과 한국 윤리사상이 장식품처럼 나열되고 있는 것이 현행 윤리 교과서의 한계이다. 이러한 교과서의 한계는 곧 학계의 한계이기도 하지만, 다른 한편으로는 도덕 교사들의 한계로 이어질 수 있다는 점에서 심각한 문제점을 지닌다.

물론 개화기 이후에 한국의 학계가 전통에서 일탈하여 급속한 서구식 재편으로 이어졌고, 그것은 문사철(文史哲)로 상징되는 인문학의 경우도 예외가 아니라는 역사적 맥락을 무시하자는 말은 아니다. 그후로도 100여 년 이상 일제 식민지와 미국의 점령, 문화식민지 경험 등으로 이어지면서 일본 유학파와 미국 유학파가 지배층을 형성해 온 우리의 역사는 '한국 윤리사상'은 말할 것도 없고 '동양 윤리사상'마저도 변방의 학문으로 취급해 온 자기 부정의 역사였다. 그 후 1970년대 박정희 독재정권에 의해 자행된 이른바 '유신혁명'의 부산물이었던 한국학 진흥의 기이한 열풍과 1980년대 대학생들을 중심으로 하는 주체적인 지식인들에 의해 주도된 주체사상 열풍의 교차적인 혼란상을 겪으면서 최소한 외면적 차원에서는 서양 윤리사상의 비중만큼 한국 윤리사상과 동양 윤리사상을 다루어야 한다는 합의가 가능해질 수 있었다.[6]

6 박정희의 유신정권에 의해 주도된 전통에 대한 왜곡된 강조는 철학자 박종홍이 주도한 '국민교육헌장' 제정과 대학 '국민윤리교육과' 설치 및 '국민윤리' 과목의 교양필수화, '한국정신문화연구원'의 설치 등으로 이어졌다. 한국정신문화연구원은 현재 '한국학중앙연구원'으로 명칭을 바꿔 한국학 연구의 중심

그러나 실제적인 논의 속에서 동양 윤리사상과 한국 윤리사상의 비중은 축적된 연구량의 부족과 현대적 재해석 등을 이유로 서양 윤리학 중심의 교과내용 조직 속에서 겉돌고 있을 뿐이다. 그나마 동양 윤리사상을 주도하는 학자들이 주로 '주자학을 전공한 소위 정통 동양 윤리학자' 라는 시대착오적 중화주의(中華主義)에서 벗어나지 못하고 있어 논의가 '유교와 동양' 에 초점이 맞춰져 있는 경우가 대부분이다. 한국 윤리사상이 동양 윤리사상과 그 내포와 외연 모두의 차원에서 공유할 수 있는 지점이 많다는 사실을 부정하고 싶지 않지만 그렇다고 동일한 것도 아니다. 예를 들어 불교는 중국 불교의 천태와 화엄, 선이 우리 불교의 근간을 이루고 있음을 인정해야 하지만, 우리의 경우는 그 중에서도 선불교를 중심으로 하여 구체적인 삶의 영역에서 살아 있는 전통으로 남게 된 반면에, 중국의 경우는 거의 대부분의 불교 전통이 국가적 수준의 지원에 의해 간신히 지탱되고 있을 뿐이다.[7]

으로서의 위상을 새롭게 정립해 가고 있는 중이고, '국민윤리교육과' 는 대부분의 대학에서 '윤리교육과' 로 명칭을 바꿨으며, 교양 '국민윤리' 필수는 거의 폐지되고 현재는 주로 응용윤리나 직업윤리 선택과목으로 바뀌어 운영되고 있다.

7 최근 중국에서는 자본주의적 경제 운용 방식 도입으로 인한 혼란을 최소화하기 위한 전략으로 유교와 불교를 되살리는 정부 차원의 노력을 하고 있다고 한다. 그 결과 전 인구 중에서 불교도의 비율이 8.5%에 달하고 있다는 보고도 있지만 동원의 결과에 불과한 것이라는 해석이 가능할 만큼 실제 불교 전통은 살아나지 못하고 있고, 단지 국가 수준에서 사찰과 문화재를 관광자원 삼아 관리하고 있다는 것이 필자의 생각이다. 이러한 생각은 2007년 7월 말부터 8월 초까지 대한불교 조계종 총무원장 가산 지관 스님을 모시고 함께 했던 당나라 수도였던 장안(현 서안)의 종남산을 중심으로 한 '중국 불교성지 순례' 과정에서 더욱 굳히게 된 것이다. 중국의 불교 인구에 관한 통계는 『내셔널 지오그래픽-한국판』, 2008년 5월호 특집 '중국의 오늘', 4쪽에서 인용한 것이다. 이

두 번째로 강조하고 싶은 것은 **한국 윤리사상의 실천적 함의**에 관한 주목이다. 한국 윤리사상을 단순한 역사적 유물이 아닌 현재적 전통으로 보고자 한 우리의 논의 속에서 그것은 우리의 삶의 의미와 방향을 결정짓는 핵심적인 요소로 작동할 수 있다. 우리가 의식하든 그렇지 못하든 어떤 방식으로든지 한국 윤리사상에 근거한 가치관의 영향으로부터 자유롭지 못하다. 그 영향은 정도의 차이가 있겠지만 우리가 교실에서 만나고자 하는 인격체들에게도 마찬가지로 나타날 수밖에 없음을 인식한다면, 한국 윤리사상을 죽어 있는 지식이 아니라 현재에 되살릴 수 있는 실천적 지식으로 재구성해내는 일이 도덕수업의 주된 과제가 되어야 마땅하다.

예를 들어 선비정신을 도덕수업의 내용으로 삼고자 할 경우에는 선비정신에 관한 연역적 추론 과정을 중시하기보다는 남명과 퇴계, 율곡으로 대표되는 조선 선비의 삶과 학문을 구체적으로 고찰하여 귀납적으로 그 정의를 내린 후에 이 시대의 시민과 만남이 가능한지, 또 가능하다면 어떤 방식으로 또는 어떤 지점에서 가능한지에 관한 논의를 전개해 가는 방식을 택하는 것이 바람직하다. 이 과정에서 '우리 시대의 시민에게 그 옛날 선비에게 요구되었던 최대 도덕을 요구할 수 있는가?', '시민은 이기적 합리성만을 갖고 있으면 충분한가?', '우리 시대의 바람직한 시민상은 무엇인가?' 등과 같은 질문들을 화두(話頭)로 삼아보는 것도 도움이 될 것이다.

도덕교육의 본질 자체가 그러하듯이 한국 윤리사상에 관한 논

통계에 따르면 종교를 갖고 있지 않은 사람이 50% 정도이고, 토속신앙 신봉자 28%, 그리스도교도 8.4%, 기타 5% 정도이다.

의와 수업은 그 자체로 학생들을 대상으로 한 것임과 동시에 교사인 우리 자신을 향한 것이기도 하다. 자신의 정체성을 규정짓는 핵심 요소로서의 한국 윤리사상에 관한 충분한 관심과 정당한 인식, 실천적인 재해석 능력 등을 갖추고 있을 경우에만 화두를 중심에 두고 만나는 수업의 장에서 교사와 학생 모두에게 의미 있는 깨달음의 가능성이 주어질 수 있을 것으로 믿는다. 우리들의 오늘 인연(因緣)도 그러한 깨달음의 가능성을 여는 시공간(時空間)이 될 수 있기를 기대해 본다.

2부

불교 도덕교육론의 현대적 해석

제4장

불교는 철학인가?

1. '불교는 철학인가?'라는 질문

우리는 때로 그다지 쓸모없는 주제를 가지고 말싸움을 벌이기도 하고, 유희의 차원에서 말장난을 하기도 한다. 후자는 우리 문화 속에서 개그라는 말로 정착해서 몸짓을 섞은 말장난으로 사람들의 일상을 상당 부분 지배하면서 그 일에 종사하는 이 시대의 광대들을 최고의 연봉을 받는 인기인으로 만들어 놓고 있다. 그들은 때로 터무니없는 말로 우리를 웃기기도 하지만, 때로는 다른 담론을 통해서는 쉽게 접어들기 어려운 삶의 핵심 문제를 한두 마디의 진솔한 언어로 파고들며 우리의 가슴을 서늘하게 해주기도 한다.

우리 사회에서 철학(哲學, philosophy)은 개그에 비해 인기가 없는 편이다. 물론 아직도 많은 사람들이 찾는 '동양 철학관' 들이 있고, 그들 중의 일부는 가상공간과 현실공간을 넘나들면서 개그맨 못지않은 인기를 누리며 상당한 정도의 부(富)를 축적하고 있지만, 우리 철학계가 '그런 철학' 을 철학의 외연(外延)으로 쉽게 포함시키려고 하지 않기 때문에 철학 전반의 인기를 평균적으로 끌어올릴 수 있는 요소가 되지는 못한다. 그나마 일반인들의 철학에 대한 요구가 강단 철학계가 지배하는 대학의 철학에 대한 수요보다는 나은 편이라는 점이 철학계에 종사하는 사람들에게는 위안이 되기도 하는 모양이다.

왜 이렇게 우리 사회에서 철학이 인기가 없는 것일까? 이 질문 자체가 포괄적인 성격을 갖고 있어서 답변도 포괄적인 것이거나 초점에 따라 다양한 형태의 것으로 전개될 수밖에 없겠지만 대체로 두 가지 정도의 답변을 생각해 볼 수 있다. 하나는 철학이 이 시대 사람들의 철학적 요구에 제대로 응답하지 못하고 있다는 철학 자체의 한계를 이유로 제시하는 방식의 답변이고, 다른 하나는 거꾸로 이 시대 사람들이 철학을 필요로 하지 않는 삶을 살아가고 있다는 시대의 한계 또는 특징을 이유로 제시하는 방식이다.

각각의 답변 모두가 일정한 적절성과 한계를 동시에 지닌다. 첫 번째 방식의 답변은 우리의 철학자들이 우리 자신의 생활세계와는 동떨어진 철학적 담론 안에 매몰되어 있거나 자신들의 철학을 우리의 삶과 연계시키는 노력을 제대로 하지 못하고 있는 현실을 일정 부분 적시해 주는 데는 유효하지만, 이 시대를 살아가는 사람들이 과연 그런 노력을 받아들일 수 있는 능력과 자세를 갖추고 있는지와 관련된 문제에 대해서는 등한시하는 한계를 지닌다. 두 번째 방식의 답변은 거꾸로 시대의 흐름을 관조하여 반영하는 장점과 함께 철학을 이끌고 있는 주체들의 책임에 눈감는 한계를 지닌다.

이런 한계들에 유의하면서 '우리 시대의 철학'이라는 다소 광범위하고 모호한 주제에 관한 이야기를 계속하기 위해서는 초점을 점진적으로 분명히 해가거나 미리 논의의 한계를 어느 정도 규정해 두는 일이 필수적이다. 오늘 우리의 이야기도 몇 가지 한계와 함께 제한된 초점을 전제로 해서 전개된다. 한계의 첫 번째는 물론 이야기하는 사람 자신의 학문적·인간적 한계이다. 철학과를 나와서 철학박사 학위를 받아야만 통하는 이른바 우리 철학계의 '정통'에 속하지도 않고, 윤리학 분야를 제외하고는 서양 철학의 대부분의 영역에 관한 논문도 없으며 동양 철학도 도덕교육적 관점에서 선비[士]와 보살(菩薩)을 이 시대의 시민 개념과 비교하는 공부에 관심을 갖고 있는 정도에 불과하다는 한계는 과연 철학에 관한 이야기를 제대로 할 수 있는 자격이 있는지 하는 비판을 받을 만하다. 그럼에도 감히 이런 이야기를 하고자 하는 것이 인간적 한계로 부각될 수 있을 것이다.

두 번째 한계는 초점의 문제에서 비롯되는 것인데, 화자(話者)의 초점이자 이 장의 주제이기도 한 불교(佛教, buddhism)의 관점에서 철학을 바라보고자 한다는 점이다. 우리 사회에서 불교는 기독교와 함께 대표적인 종교로 받아들여지고 있고, 그런 전제에서 본다면 기껏해야 불교라는 종교를 철학적 분석의 대상으로 삼는 종교철학 이상의 논의를 하기 어렵지 않겠느냐는 비판을 감수해야 한다. 그러나 오늘 우리의 이야기가 종교철학의 범위 안에 머물거나 불교철학(佛教哲學)에 관한 논의에 한정되지 않을 것이 분명해 보이기 때문에 이 또한 한계로 비판받을 수 있다.

'불교는 철학인가?'라는 제목은 사실 식상한 느낌을 주는 주제이다. 서양 철학이 세계 철학계의 주도권을 확보한 이래로 오랜 시간 동안 '불교는 철학인가, 아니면 종교인가' 라는 주제가 계속적으로 다루어져 왔고, 대부분의 사람들은 자신이 처한 상황이나 관점에 따라 철학 또는 종교의 한 분야로 기울거나 '철학이기도 하고 종교이기도 하다' 는 두루뭉실한 답변에 동의하고 있는 상황이기 때문이다. 그럼에도 이 주제를 화두(話頭)로 삼겠다고 생각한 이유는 당연히 그런 답변에 쉽게 만족하지 못하기 때문이기도 하고, 쉽게 답변할 수 있는 질문이 아니라 이 시대 화두로서의 성격을 간직하고 있는 질문이라고 판단하기 때문이다.

우선 이 질문은 최소한 두 가지 개념에 관한 논의를 요청한다. 불교와 철학이 그것인데, 우리 모두 알고 있는 것처럼 이 두 개념 모두 그렇게 쉽게 정의될 수 있는 개념들이 아니다. 불교에 대해서는 '붓다의 가르침' 이라는 비교적 명쾌한 정의가 가능하지만 이 붓다가 고대 인도 사회에 존재했던 역사적 존재자인 고타마 붓다에 한정되는지, 아니면 대승불교권에서 일정한 신격화의 과정을 거친 상징적 존재자로서의 붓다를 가리키는지에 따라 각각 다른 외연(外延)뿐만 아니라 내포(內包)를 달리하게 될 수도 있다. 또한 그 가르침의 성격이 이른바 철학적인 것인지, 아니면 한 종교 지도자의 종교적인 것인지 하는 초점에 따라 각각 다른 답변 또는 전혀 다른 차원의 정의가 가능해진다.

철학이라는 개념은 더 혼란스럽다. 이 땅에서 활동하고 있는 어떤 철학자는 '철학이 무엇인가?' 라는 질문이 '이미 학문편제 속에서 하나의 학문분과로 정착해서 더 이상 묻지 않거나 철학개론 정도의 수준에서 논의되는 정도의 질문에 불과하다' (홍윤기, 2007, 158)고 말하지만, 대부분의 철학자들은 여전히 이 질문이 자신의 실존적 삶의 영역 속에 살아 있다고 고백한다. 예를 들어 박이문은 "40년 가까이 철학을 공부했고 적지 않은 수의 논문과 저서를 낸 논자 자신도 아직까지 철학의 의미에 대한 위와 같은 의문에서 완전히 자유롭지 못하다. … 철학의 정체성과 그 가치가 적어도 내 자신에게도 아직까지 확실치 않다"라고 고백하기도 한다(박이문, 2002, 13-14).

물론 철학 자체가 끝없이 물음을 던지는 학문이고 그 물음의 대상으로 자신을 배제하지 않는다는 점을 감안하면 박이문의 철학의 정체성과 의미에 관한 실존적 물음 자체가 철학의 핵심 내용과 철학함의 과정이라고 말할 수 있다. 쉽게 답을 찾을 수 없는 화두로서의 성격을 갖는 철학적 질문들은 그 자체로 철학의 정의를 내포하고 있다는 해석도 가능한 지점이지만 바로 이러한 철학의 성격 때문에 우리의 질문, 즉 '불교는 철학인가?' 라는 질문도 쉽게 그 답을 찾을 수 없는 화두로서의 성격을 지니게 된다는 점도 확인할 수 있는 지점이기도 하다.

2. 불교란 무엇인가?

우리는 시간과 공간의 제약으로 주어지는 일상을 연속적으로 또는 불연속적으로 경험하면서 살아가고 있다. 어제의 삶이 기억의 형태로 오늘에 이어지기도 하지만, 온전하지 못하거나 부분적으로만 이어진다는 점에서 연속성과 불연속성 모두를 지니고 있다. 한편 오늘의 삶은 이 순간의 느낌으로 우리에게 주어지고 있고, 이 느낌은 아마도 특별한 일이 없으면 내일로 단절적인 방식으로 이어질 것이다. 우리 삶의 구성요소로서의 시간이 지니는 이러한 연속성과 불연속성은 고타마 붓다의 핵심적인 고민거리이기도 했지만, 아리스토텔레스의 고민거리이기도 했고 하이데거(M. Heidegger)의 핵심적인 관심사이기도 했다.

하이데거에게 시간은 양적인 확장이라는 의미에서의 길이가 아니라 일종의 지속(Dauer)으로 이해되고 있다(마르틴 하이데거, 2001, 149). 하이데거에게 있어서 이 지속이 지니는 의미는 다층적이겠지만, 그 핵심적인 지향은 공간과의 연계성 속에서의 점유의 지속성일 수밖에 없다. 공간과 시간을 동시에 점유해야만 비로소 존재할 수 있는 존재자로서의 인간은 그 조건으로 지속을 담보하고 있어야만 하고, 그것은 곧 점유의 지속성이다. 그러나 그 점유의 지속성은 그 자체로 온전한 지속성이 아니라 지속과 변화의 공유과정이라는 특성을 지닌다. 일정한 지속과 변화의 공존은 인간을 포함하는 모든 존재자들의 삶을 설명하는 존재론적 개념으로서의 유효성을 지닌다.

인간의 삶은 특별한가? 시간과 공간을 그 구성요소로 삼는 삶을 전제로 해서 지속과 변화의 요건을 문제 삼을 경우에 그 특별함은 부각되지 않는다. 인간이나 동물, 식물, 광물 모두에게 존재함으로서의 삶은 지속과 변화라는 동일한 과정을 의미하기 때문이다. 가까운 산에 있는 바위도 어제와 오늘의 시간을 지속과 변화를 내적 속성으로 삼아 역시 동일한 차원의 공간적 의미를 지니면서 그 자리에 머물며 다른 한편 움직이고 있다. 이러한 존재의 속성을 발견한 붓다는 왜 그런지를 설명하는 틀로 연기성(緣起性)이라는 개념을 동원했다.

고타마 붓다가 발견했다는 진리를 궁금해 하는 사람들은 그것이 한 마디로 무엇인지 늘 알고 싶어했고, 이 자리에 있는 우리도 어쩌면 그런 궁금증을 남들에 비해 더 갖고 있는 사람들인지 모른다. 고타마는 그 궁금증을 한편으로 귀찮아하기도 했고 말로 쉽게 풀릴 수 있는 것이 아니라는 사실을 걱정하기도 했지만, 다행히 자비심을 발휘해서 우리들에게 반복해서 말로 설명해 주었다.

> "내가 깨달은 이 가르침은 심원하고 보기 어렵고 이해하기 어렵고 평온하고 숭고하고 생각의 범위를 초월하며 미묘하여 지혜로운 사람이나 알 수 있다. 그런데 지금 사람들은 감각적 쾌락에 빠져 즐거워하고 기뻐한다. 이렇게 감각적 쾌락에 빠져 있는 사람들은 모든 것은 원인에 의해 일어난다는 연기의 가르침을 보기 어렵다. 또한 모든 형성을 고요히 함, 모든 집착을 버림, 갈애의 부숨, 욕망의 버림, 번뇌의 소멸, 열반의 진리를 알기 어렵다. 만일 내가 이 진리를 가르친다고 하더라도 사람들이 알아듣지 못한다면 내 몸만 피로하고 괴로운 일이다" (쌍윳다 니까야 : 6).

> "비구들이여, 나의 통찰력으로 깨달은 진리를 그대들에게 자세하게 설명해 왔다. 그대들은 청정한 삶이 오랜 세월 동안 이어지고 머물게 하기 위하여 그것을 철저하게 배우고 닦고 연마하고 수행하여야 한다. 그렇게 하는 것은 중생의 이익과 행복을 위한 것이며, 세상에 대한 자비심으로 간곡히 이르나니, 모든 형성된 것들은 무너지게 마련이다. 부지런히 정진하라. 여래의 마지막 열반할 날도 멀지 않았다" (디가 니까야 : 16).

"아난다, 그대들은 이렇게 생각할지도 모른다. '스승의 가르침은 이제 없구나. 우리의 스승은 이제 계시지 않는다' 라고. 그러나 그렇게 생각해서는 안 된다. 아난다, 내가 지금까지 가르치고 규정한 가르침과 계율이 내가 열반한 후에 그대들의 스승이 될 것이다. 아난다, 내가 열반한 후에 승가는 원한다면 사소하고 덜 중요한 계율들을 폐지해도 좋다."

그런 후에 부처님은 제자들에게 말씀하셨다.

"그대들에게 간곡히 이르나니, **모든 형성된 것들은 무너지게 마련이다**. 부지런히 정진하라."

이것이 여래의 마지막 말씀이었다. 그리고 여래는 선정에 드셨다. 그리고 열반에 드셨다(디가 니까야 : 16).[1]

'세상에 존재하는 모든 것들은 영원하지 않다.' 이 명제를 붓다는 '모든 형성된 것들은 무너지게 마련이다'라는 말로 반복해서 표현하고 있는데, 어찌 보면 상식적인 명제이다. 우리 눈과 같은 감각기관을 활용하여 경험적으로 확인하고 있는 진리이기도 하고, 분석적인 측면에서 '죽은 사람이 하나도 없는 집안'이라는 개념적 설명틀을 확인하여 검증할 수도 있는 진리이기도 하다. 그런 점에서 고타마의 발견은 새로운 것이 아니고, 다만 그를 특별하게 만들어 준 것은

1 이 부분에서의 니까야 인용은 일아 역편, 『한 권으로 읽는 빠알리 경전』(민족사, 2008), 54, 99-100, 106쪽에서 각각 재인용한 것이고 강조는 필자의 것임을 밝혀둔다.

그럴 수밖에 없는 이유와 근거를 탐구해서 우리에게 설득력 있게 제시해 놓은 것뿐인지도 모른다. 그것은 바로 모든 존재하는 것들이 자성(自性)을 독자적으로는 가질 수 없고 반드시 다른 것들에 의존해서만 가질 수 있다는 또 다른 과학적 통찰의 결과물이다. 바로 그 이유 때문에 '모든 형성된 것들은 무너지게 마련인 것이다.' 이것을 우리의 동아시아 불교 전통에서는 연기성과 공(空)의 개념으로 이해하는 한편 마음[心]이라는 또 다른 개념을 활용하여 정착시켜 오늘에까지 이어오고 있다.

> 이 청정하고 비고 고요한 마음은 삼세의 모든 부처님들의 청정하고 밝은 마음이며 중생들의 근원인 깨닫는 본성이니, 이것을 깨쳐 지키는 자는 진여에 앉아 움직임 없는 깨달음을 얻을 것이며, 깨닫지 못하고 어긋나는 자는 육취에 거주하면서 오랜 시간 윤회의 굴레에서 벗어나지 못한다. 그런 이유로 한 마음이 미혹해서 육취에 머무는 사람은 오락가락하며 흔들리고 진리를 깨달아 하나의 마음으로 돌아온 사람은 본원으로 돌아와 고요함을 얻는다고 말하니, 비록 미혹과 깨달음이 다르지만 그 근원은 하나, 즉 중생심이라고 한다(而此淸淨空寂之心 是三世諸覺 勝淨明心 亦是衆生 本源覺性 悟此而修之者 坐一如而不動解脫 迷此而背之自 往六趣 而長劫輪廻 故云迷惑一心而往六趣者 去也動也 悟法界而復一心者 來也靜也 雖迷悟之有殊 乃本源卽一也 所以云言法者衆生心, 「牧牛者修心訣」, 『한국불교전서』 권 4, 710 하-711 상).

어떤 사람이 "진심은 평상하여 모든 인과가 없는데 어찌 부처는 인과와 선악의 응보를 말씀한 것입니까?" 라고 물었다. 나는 이 질문에 대해 다음과 같이 답했다. "허망한 마음이 갖가지 경계를 좇으면서 그 경계를 알지 못하고 온갖 마음을 일으키기 때문에 부처는 인과법을 가지고 그 허망한 마음을 다스릴 수 있게 하기 위해 인과를 말씀하셨을 뿐이다. 진심에 초점을 맞추면 그것은 온갖 경계를 따르지 않기 때문에 갖가지 마음을 일으키지 않고 그런 이유로 부처께서 인과법을 특별히 말씀할 필요도 없어지는 것이다" (或曰 眞心平常 無諸異因 奈何 佛說因果善惡報應乎 曰 妄心遂種種境 不了種種境 遂起種種心 佛說種種因果法 遂伏種種妄心 須立因果也 若此眞心 不遂種種境 由是不起種種心 佛卽不說種種法 何有因果也,「眞心直說」,『한국불교전서』 권 4, 722 중).

> 자기 불성을 보고자 하면 마음을 밖에서 구하지 말라. 오직 안으로 비춰보라. 범부는 경계에 취하고 도인은 마음을 취하나니, 그 이치는 공산명월(空山明月)과 같으니라. 깨치고 깨치지 못함은 그대들 자신의 문제일 뿐, 낸들 도리가 있겠는가?(청담, 2002, 71)

3. 철학으로서의 불교

불교, 즉 붓다의 가르침의 핵심 내용을 '모든 형성된 것들은 무너지게 마련'이라는 연기(緣起)와 공(空)으로 파악하고, 그것을 마음[心]의 개념으로 전환시켜 정착한 동아시아 불교의 전통을 계승하고 있는 우리에게 누군가 '그것이 과연 철학인가 또는 철학일 수 있는가?' 라고 묻는다면 어떻게 답변해야 할까?

한편으로 우리 삶과 너무 가까운 곳에 있기도 하고 다른 한편으로는 두려움과 '떳떳하지 못함'의 대상이기도 한 불교는 바로 그런 이유들로 인해 그 정체성이 분명치 않아 보인다. 특히 불교를 지탱해 온 중심축의 하나인 절을 중심으로 생각해 보면 석가모니 붓다와 산신(山神)이 함께 모셔져 있기도 하고, 곳곳에 산재한 점집들도 절집과 같은 상징물을 사용하거나 아예 특정 보살상을 모시는 경우가 많기 때문에 어디까지가 우리 불교의 외연(外延)일 수 있는지를 규정하는 일이 결코 쉬운 작업이 아니다. 그렇다고 해도 절집을 중심으로 불교를 평가해 본다면 '철학'을 점치는 일 정도로 정의하지 않는 한, 그것이 철학이라는 규정을 내리기는 어렵다는 곤혹스러움과 만나게 된다.

그러나 바로 앞에서 함께 살펴본 초기 경전에 나타나 있는 고타마 붓다나 지눌, 청담의 생각에 초점을 맞춰보면 과연 이런 생각들이 유일신을 전제로 해서 형성된 종교(宗敎, religion)라는 개념 속에서 완전히 포용될 수 있는지에 대해서도 동일한 의구심을 갖게 된다. 우선 고타마는 "내가 열반하고 나면 나의 가르침과 계율이 너희들의 스승이 될 것이다"라고 말하고 있는 점에 주목해 보자.

> 아난다야, 누구든지 지금이나 내가 열반에 든 후 자신을 등불(dīpa)로 삼고 자신을 귀의처로 삼아라. 다른 것을 귀의처로 삼지 말고 가르침을 등불로 삼고 가르침을 귀의처로 삼아라. 다른 것을 귀의처로 하지 않는 수행자는 열심히 정진하는 최상의 수행자가 될 것이다(쌍윳따 니까야 : 47).[2)]

'자신과 가르침을 등불로 삼고 수행하면 누구나 깨달음에 이를 수 있다는 믿음을 갖는 것'이 불교적 믿음의 본질이라고 말하기도 한다. 그러나 이것을 과연 서구적 종교의 개념 속으로 쉽게 포함시킬 수 있을까? 그리스도교와 이슬람으로 대표되는 서구의 종교들은 유일신의 존재 자체에 대한 믿음을 전제로 해야만 성립되는 종교들이다. 불교는 창립자인 고타마 붓다의 신격성(神格性)에 대한 믿음을 전제로 하지 않아도 성립될 수 있다는 사실에 유념한다면 최소한 그러한 종교의 범주에는 쉽게 넣기 어렵다는 사실도 받아들여야만 한다. 그렇다면 불교는 종교가 아니고 철학인가?

이 질문에 대해서도 두 가지 정도의 논의가 추가되어야만 답을 모색해 갈 수 있다. 우리는 먼저 종교를 어떻게 정의할 것인가를 물어야 하고, 두 번째는 과연 초기불교만을 불교의 외연으로 삼을 수 있는가라고 물어야 한다. 대승불교의 핵심적인 축이 자력(自力)에서 타력(他力)으로 옮겨왔고, 우리 불교에서도 이미 원효부터 타력적인 신앙의 세계를 열어놓는 데 기여했다는 역사적 사실을 공유하고 있기 때문에 과연 그런 불교들을 제외한 초기불교만을 온전한 의미의 불교라고 주장할 수 있는지에 대한 논박이 가능해진다. 그렇다면 타력신앙을 받아들인 대승불교 이후의 흐름은 종교이고 그 이전의 초기불교는 철학인가?

이쯤해서 우리는 다시 '철학이란 무엇인가?'라는 질문을 더 이상 뒷전에 놓을 수 없을 것 같다는 불편함을 느낀다. 도대체 우리에

2 이 부분의 니까야 역시 일아 역편, 앞의 책, 99쪽에서 재인용한 것이고 강조는 필자의 것이다.

게 철학이란 무엇인가? 이 질문은 우리에게 철학이 어떤 형태로 받아들여지고 있고 그 핵심 쟁점은 무엇인가와 같은 학문적 차원의 논의와 함께 우리의 일상 속에서 그것이 어떻게 받아들여지고 있는가를 묻는 다층적 성격의 질문이다. 이미 앞에서 우리가 공유한 것처럼 학계의 철학에 관한 인식과 일반인들의 철학에 관한 인식은 그다지 일치하지 않는다. 우선 외연(外延)의 경우에 일반인들은 자신의 생활 속에서 지키고자 하는 어떤 원칙 또는 원리를 철학이라고 부르기도 하고, 점집에서 점쟁이들이 하는 예언을 동양 철학의 범위 안에 포함시키기도 한다. 그러나 철학계에서는 후자는 말할 것도 없고 전자에 대해서도 그것이 철학의 범위에 속하는지에 관한 많은 논란의 대상이 될 수 있을 뿐이다.

'철학(哲學)'이라는 개념 자체는 백종현의 지적과 같이 서양 학문의 한 분야로 개화기 이후에 수입된 것이다(백종현, 1998, 24-25). 그것도 직수입된 것이 아니라 일본을 거쳤기 때문에 일정한 왜곡의 과정을 피할 수 없었고, 그것은 다시 일본 제국주의 식민지와 미 군정 통치기를 거치면서 '태양의 나라 일본(日本)'과 '아름다운 나라 미국(美國)'이라는 환상 속에서 끝없는 열등감을 전제로 하여 받아들여야 했던 수입품일 수밖에 없었다. 그런 과정에서 철학은 곧 서양 철학과 동일시되는 역사를 감내해야 했고, 현재도 서양 철학은 그대로 '철학'이지만 동양 철학 또는 한국 철학은 '동양'과 '한국'을 붙여야만 통용되는 일상적인 어색함이 크게 나아지지 않은 채 유지되고 있다.

물론 이런 현실을 '동양' 철학자 이강수의 지적과 같이 '우리 민족은 지난 한 세기 동안 일제의 식민통치와 6·25 전쟁을 겪으면서 온갖 고난 속에서 오로지 생존을 위해 몸부림쳤다. 이런 악조건 속에서 어느 겨를에 제대로 철학공부를 할 수 있었겠는가?' 라고 진단할 수도 있고, '서양' 철학자 정대현과 같이 '20세기 철학이 현상학은 인간 이해를, 비판철학은 역사변화를, 구조주의와 후속 유파가 문화 담론을 주도하였다면, 분석철학은 프레게의 언어 계산성으로써 정보사회를 산출하여 사람들을 연결했고 비트겐슈타인의 언어 게임 이론으로 다원화를 도입하여 사회가 너그러워지도록 도왔다' 고 진단하면서 '20세기 한국 철학도 그런 세계사적 흐름에 들어 있었다' 고 '제 논에 물대기' 식으로 평가하는 일이 불가능한 것은 아니다(이강수, 2000, 13, 정대현, 2000, 31).

정대현은 더 나아가 20세기 한국 철학이 이룩한 성과를 '전통 철학 사유와 현대 철학 사유가 만날 수 있다는 믿음을 주었고, 개과천선(改過遷善)과 실험논리, 비판정신, 합리성 등의 개념들이 언어로 이루어지는 토론의 매력과 비판행위의 불가피성을 보였다는 점' 등으로 구체화하는 노력을 하고 있다(정대현, 2000, 32). 실제로 정대현의 주장은 일정한 전제 안에서는 충분히 주목할 만하다. 1980년 광주 민주화 운동을 계기로 촉발된 미국에 대한 정당한 인식을 바탕으로 하여 주체성이 대학생들을 비롯한 지식인들의 주된 화두가 되었고, 그것은 젊은 철학자들을 마르크스주의 중심의 사회철학에 몰두하도록 하는 결과로 이어졌다. 비록 현실 사회주의의 몰락으로 이러한 사회철학적 관심은 더 이상의 심도 있는 논의를 이끌어내지 못하고 급속히 몰락하는 상황으로 내몰리기는 했지만, 철학계 전반에 '현실' 과 '우리의 문제' 를 철학적 탐구의 일차적인 대상으로 삼아야 한다는 당위를 심어주는 데는 성공했다.

이 과정에 비교적 적극적으로 참여했던 우리 철학자 중의 하나인 소흥렬은 철학의 성격과 철학자의 임무를 다음과 같이 제시하고 있다.

> 철학자가 보는 현실은 구체적이기보다는 일반적이다. 개별 현상들을 보면서도 그런 현상들에 일반적으로 나타나는 구조의 문제, 체제의 문제, 조직의 문제, 인간적 요인의 문제들에 관심을 갖게 된다. 현실을 보면서도 현실과의 거리를 두면서 일반적이고 전체적인 현실을 보고자 한다. 나무 하나하나를 보면서도 전체 숲을 본다는 것과 같은데, 결국은 나무 하나하나를 제대로 보는 것으로부터는 멀어질 수밖에 없다는 것이다. 철학이 현실에 대해 비판적일 수 있는 것도 그런 거리감을 두면서 현실을 보기 때문에 철학 특유의 비판이 가능하다는 것이다. 말하자면 전체적인 변화를 필요로 하는 비판을 하게 된다는 것이다.
>
> 철학은 현실 문제를 근본의 문제나 본질의 문제로 본다는 말도 같은 맥락으로 이해할 수 있다. 그런 비판의 시각으로 볼 때 현실 속에서 종교나 예술이 하고 있는 역할도 철학자에게는 비판적으로 보일 수 있다. 잘못된 정치, 잘못된 언론을 비판하는 것은 문제가 되지 않는다. 현실을 지배하고 있는 권력체제 또는 지배집단이 철학자의 발언을 환영하지 않는 이유이다. 소크라테스를 정치적 재판으로 처형하게 되는 이유이다(소흥렬, 2009, 98).

이 인용문을 통해서 우리는 소흥렬이 철학을 주로 비판의 관점에서 바라보고 있음을 알 수 있다. 현실이라고 하는 나무 하나하나를 경시하지 않으면서도 철학은 주로 그 현실로부터 한 발짝 물러서서 총체적으로 비판하는 일이고, 그것이 바로 철학자의 주된 임무이지 현실을 직접적으로 개혁하는 일이 과제이기는 어렵다는 입장을 택하고 있다. 이러한 철학의 성격 규정에는 소흥렬 이외에도 이 땅의 많은 철학자들이 동의할 것으로 보인다. 철학의 본질을 '철학함'으로 정의하고자 하는 김상봉이나 홍윤기 등의 철학자들은 그 철학함의 본질을 '반성적 사고에 기반한 성찰(省察)'로 보고자 한다. 이 반성적 성찰은 근본적으로는 자신의 내면을 향하는 내향성을 지니는 것이지만, 동시에 자신이 머물고 있는 시간과 공간을 바탕으로 하여 의미를 묻는 작업이라는 점에서 비판과 상통하는 개념이라고 볼 수도 있다(김상봉, 2005, 121, 홍윤기, 2007, 165, 박병기, 2007, 76).

철학이 **'비판을 지향하는 철학함'**이라는 정의를 받아들인다고 해도 과연 이 정의만으로 충분한지에 대해서는 쉽게 동의하기 어렵다. 이러한 철학함의 과정은 우리가 거주하고 있는 공간과 시간을 끝없는 물음과 비판의 대상으로 내놓은 행위이지만 그것만으로 철학이 완성된다고 말하기에는 어딘가 아쉬움이 느껴지기 때문인데, 우리는 그 아쉬움을 의미 또는 가치의 차원으로 받아들일 수 있다. 하이데거의 존재론이 결국은 존재의 의미를 묻는 것으로 귀착되고, 니체의 서양 철학사에 대한 총체적인 비판이 '힘에의 의지(der Wille zur Macht)'를 바탕으로 하는 새로운 가치론의 모색으로 끝맺음하는 것도 바로 이런 차원에서 설명 가능한 일이다.

우리는 이러한 철학의 차원을 **세계관으로서의 철학**의 모색으로 설명할 수 있다. 철학이 끝없는 물음과 비판의 과정 자체로서도 일정한 완결성을 지닐 수 있지만, 자세히 들여다 보면 그 과정 자체가 이미 삶의 의미와 가치를 묻고 모색하는 하나의 세계관 정립의 과정임을 알 수 있다. 물론 이렇게 모색되고 정립된 세계관은 이미 그 정립의 순간부터 다시 비판적 검토와 성찰의 대상이 되어야 한다는 전제가 있을 때 비로소 철학으로서의 자격을 지닐 수 있다. 완결될 수 없는 잠정적인 세계관을 모색하면서 그 끝없는 아포리아를 포기하지 않는 작업의 과정 자체가 철학이라고 정의할 때, 그 철학은 일정하게 불교와의 연속성과 불연속성을 동시에 갖게 된다.

4. 우리 사회에서 불교의 위상과 미래

불교는 우리가 몸담고 있는 시간과 공간에 대한 반성적이고 비판적인 성찰의 과정을 포함하고 있는가? 철학을 정의하는 첫 번째 단계에서 우리가 도달한 결론을 토대로 하여 던질 수 있는 이 질문에 대해 아마도 고타마 붓다와 많은 조사들은 당연히 그렇다고 답할 것으로 보인다. 우리가 일차적으로 '붓다의 가르침'이라고 정의한 불교는 고타마 붓다의 현실에 대한 비판적 인식에서 시작해서 그것의 본질에 대한 '과학적 해명'을 시도하고 있기 때문에 그것을 반성적 성찰의 과정이라고 해석하는 데 무리가 따르지 않는다. 그런 점에서 본다면 불교는 당연히 철학이다.

불교는 고유의 세계관을 갖고 있는가? 이 질문에 대해서도 우리는 당연히 그렇다고 답할 수 있는 많은 근거를 떠올리게 된다. 연기(緣起)와 공(空), 마음[心]이라는 개념을 토대로 해서 인간을 포함하는 모든 존재자들의 존재성을 규명하고 있고, 그것을 깨닫기 위한 내면적 성찰의 과정과 관계 속에서의 자비(慈悲)를 명료하게 제시하고 있는 것이 붓다 가르침의 핵심이라는 점에서 당연히 그러하다. 그런데 문제는 이러한 세계관에 대한 비판적 성찰이 허용되는가 하는 점에서 생긴다. 초기불교적 연기관의 경우에는 그러한 성찰을 허용하는 전제를 갖고 있다고 볼 수 있지만, 윤회를 바탕으로 삼아 다음 생에서의 태어남을 믿는 종교적 세계관도 분명히 불교적 세계관의 한 부분이라는 점에서 과연 불교가 철학적 성찰의 과정을 온전히 허용하고 있다고 볼 수 있을지는 의문이다. 더 나아가 우리 한국 불교의 현실 속에서 신행의 주된 내용을 이루고 있는 기복행위에 대한 평가는 어떻게 할 것인가? 그것은 불교가 아니라고, 아니면 진정한 불교의 모습이 아니라고 말하는 것으로 충분한가?

불교가 고유한 세계관을 가지고 있지만 그 세계관을 구성하는 핵심 개념들을 결코 포기할 수 없다는 점에서, 또 합리적으로 설명될 수 없는 영역에 대한 일정한 믿음을 배제하지 않는다는 점에서 철학을 넘어서는 곳에 존재한다고 말할 수 있다. 온전한 철학이라면 의미와 가치의 문제를 배제할 수 없고 그것은 곧 고유한 세계관에의 지향과 그 세계관 자체에 대한 비판적 성찰의 가능성을 전제로 한다는 우리의 철학에 대한 정의를 받아들인다면, 불교는 철학에서 출발하지만 동시에 그 철학을 넘어서는 곳에 존재한다는 명제가 성립된다는 것이다.

이 지점에서 우리가 상기할 수 있는 또 하나의 명제는 선불교 전통의 살불살조(殺佛殺祖)이다. '깨침의 과정에서 부처를 만나면 부처를 죽이고, 조사를 만나면 조사를 죽여라' 라는 강한 외침은 연기와 공, 깨달음이라는 개념들로 이어지는 불교의 세계관 자체에 대한 비판과 부정의 의미를 지니는 것이라고 볼 수 있을까? 역시 쉽게 답할 수 없는 문제이기는 하지만 우리는 그것마저도 공의 논리의 일관성으로 설명될 수 있다는 입장에 설 수 있다. 아법양공(我法兩空)의 중관 논리(김성철, 1993, 499, '역자후기' 참조)로 설명이 가능하다는 입장인데, 그렇게 본다면 역시 불교는 자신의 고유한 세계관을 넓은 범위와 의미에서 포기하지 않는, '철학을 포함하면서 동시에 넘어서는 종교'로 해석될 수 있다.

물론 이러한 불교와 철학의 불연속 지점이 그 자체로 우리 사유의 지평을 온전히 제약하는 것은 아니다. 소흥렬과 같이 철학적 신학자인 폴 틸리히의 '궁극적 관심(the ultimate concern)'을 자신의 철학적 화두로 삼고 있는 경우에는 결국 인간은 이 궁극적 관심을 포기할 수 없는 존재이고, 그 관심은 인간의 인식능력과 논리의 한계를 넘어서는 곳에 있을 수밖에 없다는 사실도 받아들여야만 한다. 그것을 그는 '철학의 논리가 멈추어야 하는 한계'라고 표현하고 있는데, 이 지점이 바로 철학과의 연속성과 불연속성을 동시에 지니고 있는 불교가 자리하고 있고 또 자리해야 하는 지점이다(소흥렬, 2009, 83, 86).

이제 우리에게 남은 문제는 생멸적 차원(生滅的 次元)의 문제이다. 비판과 세계관의 차원에서 철학으로서의 속성을 지니고 있는 불교가 과연 우리의 현실 속에서 그러한 특성을 제대로 구현해내고 있는가? 이 질문 자체의 중층성 때문에 한 마디로 답할 수는 없지만, 그럼에도 우리 모두가 동의할 수 있는 긍정적 답변을 할 수 없는 것은 확실하다. 우리의 현실 자체에 대한 비판을 제대로 해내기는커녕 오히려 자본주의적 일상의 침윤(浸潤)으로부터 더 자유롭지 못한 모습을 보이고 있는가 하면, 연기적 세계관을 갖고는 살아내기 어려운 현재 우리의 삶 속에 불교의 세계관을 뿌리내리고자 하는 노력도 좀처럼 찾아보기 어렵다.

어쩌면 수경 스님의 절망적인 선언과 같이 조계종으로 대표되는 한국 불교에는 더 이상의 희망이 없는 것인지도 모른다는 생각이 들기도 한다(수경, 2007, 2009). 시민사회의 정착과정에서 불교계도 받아들인 본사 주지 선거 등의 과정이 금권으로부터 자유롭지 못하다는 비판은 말할 것도 없고, 무소유와 걸림 없음[無碍]을 가치론적 지향으로 삼아야 하는 불교계가 실제로는 끝없는 소유와 걸림의 잣대로 움직이고 있다는 사실도 더 이상 부정할 수 없는 현실이기 때문이다.

이런 현실이 불교만의 문제는 아니라고 변명하면서 문제를 회피할 수는 있다. 개신교로 대표되는 그리스도교의 타락이 불교보다 못하지 않고, 세속과 비교하면 그나마 승가공동체는 깨끗한 편이라고 말하면서 회피와 반격으로 일관할 수 있는 길이 여전히 열려 있고, 우리는 이 길을 손쉽게 택하는 경우를 심심치 않게 목격하고 있기도 하다. 물론 불교를 비롯한 모든 존재하는 것들이 생멸(生滅)과 진여(眞如)에 걸쳐 있는 한 일정한 타락과 어긋남은 피할 수 없다는 진리 자체를 부정하는 것은 아니다. 문제는 그러한 불일불이(不一不二)의 긴장을 넘어서고 있는 것이 아닌가 하는 절망감이다.

그런 절망감의 나락에 서서 다시 철학으로서의 불교를 떠올리게 된다. 철학으로서의 불교는 현재 우리 불교가 처해 있는 상황에 대한 처절한 비판에서 출발할 수 있는 가능성을 지니고 있기 때문이다. 우리 불교에 대한 처절한 비판은 당연히 그 중심에 있는 승가(僧

伽, saṅgha)에 대한 비판에서 시작되어야 한다. 계율의 전승과 수지를 소홀히 하면서 이해관계를 중심으로 이합집산하는 모습을 보여주고 있는 현재의 승가공동체를 철저하게 비판하고 극복할 수 있는 대안을 제시하는 것이 철학으로서의 불교가 지니고 있는 본질적 모습이자 희망의 씨앗이기도 하다.

그나마 우리의 현실은 두 가지 희망의 가능성을 보여주고 있다. 하나는 재가 신도를 비롯한 일반인들의 불교에 대한 기대가 커지면서 불교의 마음공부 과정에 동참하는 사람들이 늘고 있다는 점이고, 다른 하나는 결제철이 되면 아직도 선원(禪院)에 방부를 들이는 납자들이 적지 않다는 점이다. 이 두 가능성은 서로 유기적으로 연계되어 있다. 간화선(看話禪)은 물론이고 위빠사나 수행법까지 포함해서 승가공동체가 보여주는 수행의 모범은 재가 신도들과 일반인들의 명상 문화에 긍정적인 영향을 미치고, 거꾸로 일반인들의 마음공부에 대한 관심은 승가공동체의 수행문화 재정립을 자극하는 요인이 되고 있다.

이러한 긍정적인 상호작용의 과정에서 불교는 일차적으로 철학으로서의 역할을 수행하는 것이 바람직하다. 자신의 삶을 지배하는 일상에 대한 반성적인 성찰의 계기와 과정을 제공하면서 자신도 모르게 강하게 견지하고 있는 자본주의적 세계관을 비판적 성찰의 대상으로 삼게 하는 것이 우리 불교가 우선적으로 해야 할 일이다. 그런 후에는 불교적 세계관을 대안으로 제시하면서도 그 세계관 자체에 대한 비판을 허용하는 자세를 보여줄 때 불교는 비로소 우리 사회에 바람직한 지향성(指向性)을 제시하는 철학으로서의 역할을 다할 수 있게 될 것이다.

우리 사회에서 철학으로서의 불교가 제대로 정립되어 구체화될 수 있다면 그것은 그 자체로 우리 철학계의 식민성과 무력감을 비판하는 견제장치로 작동할 수 있다. 우리 철학계는 '철학함'의 본질인 비판과 세계관 정립의 과제 어느 것도 제대로 수행하지 못하는 불임성과 무력감을 보여주고 있다는 점에서 우리 불교계와 유사한 한계를 노정시키고 있다. 정대현의 주장과 같이 20세기 한국 철학이 우리 사회에 전통적 사유와 서구의 현대 철학적 사유가 만날 수 있다는 믿음을 주는 데 성공했다면, 이제 21세기 한국 철학은 그 구체적인 만남의 장은 물론 결과물을 만들어내고 그것이 우리 삶의 시·공간 속에서 어떻게 작동할 수 있는지를 보여주어야 하는 과제를 안고 있는 셈이다. 그 과정에서 당연히 '철학으로서의 우리 불교'와의 진지한 만남의 장이 마련되어야 하고, 이 장에서 나눈 우리의 작은 이야기도 그 장을 여는 촉발제가 되었으면 하는 바람을 가져본다.

제5장

불교의 교육철학과 마음공부

1. 머리말

모든 시민을 대상으로 삼는 현대의 학교 중심 교육은 교육대상의 범위를 획기적으로 넓혔을 뿐만 아니라, 시민 모두를 사회를 이끌어가는 주체로 상정한다는 점에서 민주주의적 정체성을 확고하게 정립하는 데 성공하기도 했다. 특히 우리 사회와 같이 광복 이후 대한민국 정부가 수립되면서 빠른 속도로 학교 중심의 시민교육 체제를 받아들인 곳에서는 이러한 교육의 성과는 문맹률을 낮추고 산업 발전의 주체들을 길러내는 데 결정적인 기여로 나타났다.

그러나 다른 한편으로 교육의 양적 성장은 교육의 본질적 역할을 소홀히 하는 결과를 빚었고, 그것은 다시 학교 교육의 질이라는 차원의 문제와 교육의 목적으로서의 도덕교육 또는 인성교육의 약화라는 차원의 문제로 나누어 생각해 볼 수 있다. 첫 번째 문제는 학교교육에 대한 학부모들의 신뢰가 무너지면서 사교육 시장이 급속히 팽창하는 현상으로 나타나 있고, 두 번째 문제는 앞의 문제와 연결되면서 학교의 본래 목적이 무엇인가 하는 정체성 위기 현상으로 구체화되고 있다.

그렇다면 학교의 본래 목적은 무엇인가? 학교의 목적은 교육이고, 교육은 모든 중생들이 혼자서 살아갈 수 있는 능력을 길러주는 일이다. 짐승들은 그 교육을 자신의 본능에 의거해서 철저하게 수행해서 대를 이어간다. 새들은 자신이 낳은 새끼 새들이 혼자서 살아남기 위해서는 날 수 있는 능력과 먹이가 될 만한 곤충들을 잡을 수 있는 능력이 필요함을 본능적으로 자각한 바탕 위에서 철저한 교육을 한다. 그런데 인간의 경우에는 소위 문명화 사회로 접어들면서 이 생존능력이 추상화되기 시작했고, 그 추상화된 생존능력을 교육과정으로 삼아 교과목 중심의 학교 교육 체제를 통해 교육을 하는 방식으로 전환했다.

인간의 생존능력은 짐승들의 그것과 어떤 차별성을 지니고 있을까? 그 차별성은 아마도 두 가지 점에서 돋보일 수 있을 것이다. 하나는 생존 그 자체만으로 온전히 만족할 수 없다는 초월의 측면이고, 다른 하나는 고립적인 생존이 가능하지 않은 연기적 생존(緣起的 生存)의 측면이다. 이 두 가지 차별성은 서로 영향을 미치면서 인간다운 삶을 향한 치열한 추구의 기본 출발점을 이룬다. 현재 학교 교육의 위기는 학교가 주로 인간의 생존능력을, 고립을 전제로 한 경쟁력을 어설프게 길러주는 방식으로 움직이고 있는 데서 비롯된 것이라고 말할 수 있다.

오늘 우리 학교는 더불어 살아갈 수밖에 없는 인간의 연기적 본성을 도외시한 채 급우를 경쟁자로만 인식하게 만드는 공간으로 작동하고 있다는 비판을 면하기 어렵다. 그나마 그 경쟁의 장으로서의 역할마저도 학원에 비해 심각하게 약화된 것이 아닌가 하는 비판을 받고 있는 것이다. 이런 상황 속에서 도덕교육이 설 수 있는 땅은 좁을 수밖에 없다. 초·중등학교의 도덕교과는 교과목이 많아 학생들의 학습 부담을 늘린다는 명분으로 계속적인 공격의 대상이 되고 있고, 모든 교과와 생활지도를 통한 도덕교육은 특별히 노력하는 교사들을 제외하고는 형식화되어 있거나 거의 포기되고 있다. 물론 이렇게 된 데는 도덕교과와 담당자들의 책임도 있다. 도덕교과를 부도덕한 정권의 홍보수단으로 삼은 독재자들에게 저항하기보다는 그들의 주구 노릇을 한 경우도 많았지만, 어려운 상황 속에서나마 도덕교육의 본질에 충실하고자 했던 교사들의 노력은 제대로 평가받지 못했다.

1980년대 민주화 이후 그러한 도덕교과에 쏟아진 비난은 어쩌면 당연한 것이었는지도 모른다. 도덕교과의 폐지나 전면적 전환 요구는 각 개인의 도덕판단을 그 개인의 몫으로 돌려야 한다는 자유주의자들의 당연한 요구이기도 했고, 다른 한편으로는 권위주의 정권 시절 행해진 도덕교과의 과오에 대한 책임 요구이기도 했다. 이러한 비판에 직면하여 도덕교육학계는 우선 젊은 학자와 교사들을 중심으로 자신의 과오에 대해 반성하는 자세를 취하면서 도덕교육의 본질을 구현하고자 이론적·실천적 토대를 쌓는 데 노력했다.

그러나 다른 학문영역과 마찬가지로 이러한 이론적 축적은 주로 서구의 도덕교육론을 적극적으로 수용하는 방향으로 이루어졌고,

그 결과는 도덕교육의 주된 목표를 합리적인 도덕판단 능력을 기르게 하는 것으로 모아졌다. 각 개인의 가치를 최대한 존중하는 것을 사회운영의 기본 원리로 삼는 시민사회에서 도덕판단 능력으로서의 도덕성은 물론 중요한 의미를 갖는다. 일상생활 속에서 직면하는 도덕적 갈등 사태에서 그 사태의 본질을 직시하는 올바른 사고와 판단의 과정은 도덕적 행동의 기반이 되어주기 때문이다. 그러나 그것만으로 도덕교육이 완성되는 것은 아니다. 오히려 사고와 판단을 아우르는 총체적인 도덕성을 길러주는 것을 목표로 삼아야 한다면, 불교는 도덕교육을 위한 교육철학 또는 도덕교육의 다양한 방법론을 함축한 이론이 된다.

2. 교육의 관점에서 바라보는 불교

불교는 여러 가지 모습으로 우리에게 다가온다. 한편으로 그것은 삶의 방향에 관한 고민을 담고 있는 철학으로 다가오기도 하고, 다른 한편으로는 어떻게 살아야 할 것인가에 관한 답을 담고 있는 종교로 다가오기도 한다.[1] 그런 점에서 불교는 철학이자 종교라는 정의

1 김형준은 '불교는 종교인가 철학인가?' 라는 질문이 서양 사상과의 만남에서 비롯된 물음이라고 전제하면서 철학과 종교를 분리하는 서구적 관점에서 보느냐, 아니면 목적에 대한 방법론에서 철학과 종교가 분리될 수 없다고 보는 인도적 관점에서 보느냐에 따라 답이 달라질 수 있다고 말한다. 김형준, 「불교의 현재적 의미를 찾아서」, 이효걸 외, 『논쟁으로 보는 불교철학』(예문서원, 1998), 290-299쪽 참조.

가 가능할 것이지만 실제로 많은 사람들은 그 중의 하나를 자신의 관점으로 받아들이고 있다.

불교는 또한 붓다의 가르침이라는 의미를 담고 있다는 점에서 교육에 관한 풍부한 암시를 지니고 있는 사상일 것이라는 짐작을 가능하게 해주기도 한다. 교육이 가르침과 배움의 문제라면 붓다의 가르침으로서의 불교(佛敎)도 가르침의 주체로서의 붓다와 배움의 주체로서의 제자라는 두 인격체를 그 안에 담고 있다는 점에서 교육자로서의 붓다, 교육학으로서의 붓다 등의 명제가 성립된다는 것이다.

교육학의 관점에서 불교를 바라보고자 하는 시도 중의 하나로 이홍우의 관심을 꼽을 수 있다. 그는 '석가모니가 왜 출가했는가?' 라는 물음을 던져놓고 그 질문에 대해 '교육학을 공부하기 위해서' 라는 독특한 답을 스스로 제안하는 방식으로 불교에 관한 교육학적 해석을 시도하고 있다.

> 저는 제가 쓴 다른 글에서 교육이론이 제기하고 해명해야 할 근본 문제를 '현재 우리가 살고 있는 이 세상에서 산다는 것은 어떻게 사는 것이며 그렇게 사는 것이 어떻게 우리로 하여금 본성 또는 심성을 갖추도록 하는가' 하는 것으로 규정한 바 있습니다. … 여기서 중요한 것은 그 글에서 말한 본성이나 심성은 앞에서 말한 삶의 형식이 내면화된 상태를 가리키며, 이 점에서 양자는 섞바뀌어 사용될 수 있다는 점입니다. 본성 또는 심성을 삶의 형식으로 바꾸어 그 글에서 제가 말한 것을 고쳐 읽으면 그것은 석가모니가 출가 당시에 품었던 질문과 완전히 동일한 것으로 됩니다. 교육이론은 앞에서 말한 것과 같은 의미에서의 '삶의 형식' 을 모든 가능한 맥락에서 탐구하는 것을

핵심 관심사로 삼습니다. 그리고 교육학은 일차적으로 이런 의미에서 의 교육이론을 중심으로 구성됩니다. 이 점을 기초로 하여 이 글의 제목으로 내건 질문에 대한 최종적인 대답으로 말한다면, 석가모니는 '교육학을 공부하기 위하여' 출가했다는 것으로 됩니다.[2]

이홍우의 이러한 불교 해석이 적절한 것인지를 평가하기 위해서는 우선 교육학이 어떤 학문인가에 관한 논의가 있어야 하고, 다음에는 불교가 무엇인가를 물으면서 이 둘 사이의 관계를 규명하는 논의 전개가 있어야 한다. 이홍우의 교육학에 대한 정의는 위 인용문의 맥락에 따르면 '삶의 형식을 모든 가능한 맥락에서 탐구하는 것을 핵심 관심사로 삼는 교육이론을 중심으로 구성되는 학문' 정도일 것이고, 불교는 '석가모니의 깨달음과 가르침' 정도일 것이다.[3]

이홍우는 교육을 학교의 맥락에서 정의하고자 하는 대부분의 교육학 개론서의 저자들과는 전혀 다른 관점을 택하고 있음을 알 수 있는데, 만약 그와 같이 교육학의 핵심 주제를 '삶의 형식을 모든 가능한 맥락에서 탐구하는 것'이라고 설정한다면 그것은 일반적인 교육학의 범주를 넘어서서 모든 학문, 그 중에서도 특히 인문학과 사회과학의 모든 영역을 포괄하는 결과를 빚게 된다. 교육학을 이전 서양에서 사용된 넓은 의미의 철학과 같은 외연을 갖는 것으로 정의하지

2 이홍우, 「석가모니는 왜 출가했는가」, 2007년 한국도덕교육학회 연차학술대회 자료집, 『불교의 교육이론』(2008. 1), 14쪽.

3 이홍우는 불교는 "석가모니가 출가한 후에 한 일을 통틀어 불교라고 부른다면 …"(위의 글 25쪽)이라고 전제하고 그가 한 일의 핵심은 깨달음과 가르침이라고 말하고 있다.

않는 한 쉽게 받아들일 수 없는 관점이다.

그럼에도 그의 논의가 갖는 의미가 있다면 불교를 이해하는 방식으로 단순한 붓다의 깨달음에만 초점을 맞추지 않고 동등한 영역 또는 초점으로 가르침도 함께 제시하고 있는 점이다. 실제로 불교는 가르침의 영역을 배제하고 나면 그 자체로 존립의 기반을 상실하게 된다. 붓다의 깨달음 이후에 만약 가르침에 나서지 않고 자신만의 열반의 영역에 머물렀다면 불교, 즉 붓다의 가르침은 성립되지 않았을 것이기 때문이다. 이런 관점에서 본다면 불교는 그 본질 속에 교육학적 요소, 특히 그 중에서도 교육철학적 요소를 강하게 내포하고 있다는 우리의 가설은 상당 부분 입증되는 셈이다.

3. 불교의 교육철학 또는 교육철학으로서의 불교

문 : 근본을 닦아야 한다고 말하는데 어떤 방법으로 근본을 닦아야 하는 것입니까?

답 : 오직 좌선을 통해서 선정(禪定)을 얻는 방법밖에 없다.

문 : 그럼 무엇이 선(禪)이고 무엇이 정(定)입니까?

답 : 쓸데없는 생각[妄念]이 일어나지 않도록 하는 것이 선(禪)이고, 앉아서 자신의 본성을 들여다 보는 것이 정(定)이다.[4]

4 大珠慧海, 『頓悟入道要門論』(중국 하북성 : 虛雲印經功德藏, 2003), 6-7쪽.

혜해선사가 깨달음에 이르는 방법으로서의 선정(禪定)에 관한 견해를 문답식으로 제시하고 있는 장면을 인용해 본 것인데, 이 인용을 통해서 우리는 불교의 교육철학 또는 교육철학으로서의 불교가 지니고 있는 중요한 요소를 읽어낼 수 있다. 그것은 바로 선불교의 핵심적인 교리를 스승과 제자의 관계를 바탕으로 하는 가르침과 배움의 과정을 통해 전하고 있다는 점이다. 이는 우리가 위에서 확인한 교육으로서의 불교를 다시 확인할 수 있는 근거이기도 하고, 특히 문답식이라는 구체적인 교육기법을 활용하고 있는 점이 돋보이는 부분이다.

이 대화를 통해서 우리는 특히 제자의 질문에 권위를 갖고 답변해 주는 스승의 존재를 발견하게 된다. 물론 스스로 공부해서 깨우칠 수 있는 독각승(獨覺僧)이 있을 수 있다는 가능성을 배제하지는 않지만 기본적으로 불교의 교육과정은 스승의 존재를 전제로 하여 전개된다. 그 스승은 일단 제자의 질문에 답할 수 있는 능력과 위치를 갖고 있는 존재로 그려지지만 더 넓은 차원에서 보면 깨달음의 도정에서 조금 더 앞서가고 있는 존재라고 할 수 있다. 이러한 점에서 스승이 갖는 권위는 한편으로는 절대적이지만, 다른 한편으로는 동시에 깨달음을 지향하는 과정에서 때로는 넘어서야 하는 존재이기도 하다. 우리는 이 사실을 '부처를 만나면 부처를 죽이고 조사를 만나면 조사를 죽인다' 라는 선가(禪家)의 명제를 통해 확인할 수 있다.

제자의 위치에 있는 자도 마찬가지로 과정적 성격을 지닌다. 그는 깨달음의 과정에서 스승에게 질문하거나 화두(話頭)를 받은 뒤에 화두공부를 하는 존재이지만 그렇다고 해서 늘 스승의 그늘에 가려 있어야만 하는 존재는 아니다. 어떤 국면에서는 스승과 동일한 경지 또는 더 넘어서는 경지에 오를 수 있는 가능성도 늘 열려 있다. 이러한 가능성이 현실로 구현되는 과정에서 우리는 또 다른 교육의 동반자, 즉 도반(道伴)을 만나게 된다. 넓은 의미의 도반은 스승을 포함하여 모든 깨달음의 과정을 함께 가고 있는 사람이지만, 좁은 의미에서의 도반은 대체로 같은 스승 밑에서 함께 수행하고 있는 사람들을 의미한다.

불교의 교육은 이와 같이 '깨달음의 지향을 전제로 하여 스승의 지도와 도반의 격려를 함께 받으면서 무명(無明)의 한계를 끊임없이 뛰어넘고자 하는 지난한 과정'으로 정의할 수 있다. 이러한 교육관 속에는 교육이 단순히 지식의 전달 차원에서 접근할 수 있는 대상이 아니라는 강한 전제가 숨어 있다. 물론 교육의 과정 속에서 지식의 전달이 배제되는 것은 아니지만 그것 자체가 중심이 될 수는 없다. 오히려 더 중심에 올 수밖에 없는 것은 마음의 문제이다.

> 만약 자신의 마음이 본래 청정하여 번뇌 없는 무루지(無漏智)의 성품을 스스로 갖추고 있었음을 깨닫게 되면 이 마음이 곧 부처이고, 따라서 이 마음을 떠나서는 다른 부처가 있을 수 없다. 이것에 의지하여 선정을 닦는 것이 최상승선이고 여래의 청정선이며 일행삼매이고 진여삼매라고도 하니, 이것이 일체삼매의 근본이 된다.[5)]

---

5 규봉 종밀, 원순 역해,『禪源諸詮集都序』(법공양, 2005), 26쪽, 번역은 필자가 다시 한 것이고 원문은 다음과 같다. 若頓悟 自心本來淸淨 元無煩惱 無漏智性 本自具足 此心卽佛 畢竟無異 依此而修者 是最上乘禪 亦名如來淸淨禪 亦名一行三昧 亦名眞如三昧 此時一切三昧根本.

지금까지의 고찰을 토대로 삼아 불교의 교육철학을 요약해 본다면 어떤 결론이 가능할까? 교육철학은 우선 교육관으로 표현될 수 있다는 점에서 불교의 교육관을 도출해 보도록 하자. 불교는 우선 교육을 깨달음의 과정으로 본다. 생멸(生滅)의 차원에서 누구나 빠져 있을 수밖에 없는 무명(無明)의 어둠 속에서 진여(眞如)의 빛을 볼 수 있도록 도와주고 이끌어주는 과정이 곧 교육이고, 그 과정에서 앞서가는 스승과 함께 그 진리를 향해 함께 걸어가는 동무, 즉 도반(道伴)이 요청된다.

교육을 깨달음의 과정으로 정의하고 나면 우리는 그 과정의 지난함을 충분히 짐작할 수 있기 때문에 석가모니 부처의 교육을 향한 망설임이 무엇을 의미하는 것인지를 생각해 보게 된다. 깨달음을 얻은 부처가 그 깨달음을 다른 존재자들에게 전하는 것을 망설이는 다음 장면을 보고 깨달음을 지향하는 교육이 얼마나 어려운 것인지 생각해 볼 수 있다.

> [세존] 내가 깨달은 이 진리는 심원하고 보기 어렵고 깨닫기 어렵고 고요하고 탁월한 것이다. 또 사념(思念)의 영역을 초월하고 극히 미묘하기 때문에 지혜로운 자들에게만 알려지는 것이다. 그러나 사람들은 욕망의 경향을 즐기고 기뻐하고 만족해 한다. 그런 사람들은 이와 같은 도리, 즉 조건적 발생의 법칙인 연기를 보기 어렵다. 또한 이와 같은 도리, 즉 모든 형성의 그침, 모든 집착의 버림, 갈애의 부숨, 사라짐, 소멸, 열반을 보기 어렵다. 더구나 내가 이 진리를 가르쳤는데 다른 사람들이 이 가르침을 이해하지 못한다면 그것은 내게 피곤한 일이 되고 내게 성가신 일이 될 것이다. … 이와 같이 세존께서

> 는 숙고해서 주저하며 진리를 설하지 않는 쪽으로 마음을 정하셨다.[6]
>
> [싸함빠띠] 세존이시여, 세상에서 존경받는 님께서는 진리를 가르쳐 주십시오. 올바른 길로 잘 가신 님께서는 진리를 가르쳐 주십시오. 본래부터 눈에 띠끌이 거의 없는 사람들도 있는데, 그들은 가르침을 듣지 못했기 때문에 쇠락하고 있습니다. 그들이 가르침을 들으면 알 수 있을 것입니다. 진리를 이해하는 자도 있을 것입니다.[7]
>
> 그러자 세존께서는 하느님의 요청을 알고 **뭇 삶에 대한 자비심**에서 깨달은 이의 눈으로 세상을 바라보았다.[8]

불교의 교육관이 잘 드러나 있는 부분이 바로 위의 '뭇 삶에 대한 자비심'이다. 교육은 기본적으로 자비심에서 비롯되는 것이라는 이러한 가르침은 교육을 연기에 근거한 동체자비(同體慈悲) 정신의 구현과정으로 정의할 수 있게 해준다. 교육은 깨닫지 못해 무명의 굴레를 벗어나지 못하고 있는 뭇 삶[衆生]에 대한 자비심을 구현하는 실천적 과정인 것이다. 이 자비심은 기본적으로 스승과 제자 사이의 수직적인 관계를 전제하는 것이지만, 다른 한편에서 석가모니 부처와 같은 깨달음의 경지에 오른 스승을 설정하기 힘들다는 점에서 근본적으로는 수평적 관계도 함께 전제되어 있다. 또한 자비심 자체가 동체의식(同體意識)에서 비롯된다는 점도 스승과 제자 사이의 근원적인

---

6 『쌍윳따니카야』, 1권, 전재성 역주, 『한 권으로 읽는 쌍윳다니카야-오늘 부처님께 묻는다면』(한국빠알리성전협회, 2005), 54-55쪽. 일부 번역문에 대해서는 뜻을 왜곡하지 않는 범위 안에서 필자가 윤문했음을 밝혀둔다. 아래 인용도 마찬가지이다.

7 위의 책, 56쪽.

8 위의 책, 57쪽. 강조는 필자가 한 것이다.

수평성을 지지해 주는 요건이 된다.

이러한 불교의 교육관과 교육철학에 토대를 두고 이제 다시 우리의 주된 관심사인 도덕교육의 문제로 돌아오기로 하자. 도덕교육의 목표를 주로 도덕판단 능력 향상에 두었던 콜버그적 패러다임이 한계에 봉착하면서 다시 관심을 모으고 있는 것은 도덕적 주체의 덕성 자체이다. 그런데 이 덕성을 바라보는 현대 학문의 관점이 자연주의적으로 전환되면서 과연 인간의 마음은 무엇이고 이 마음 속에서 덕성이 차지할 수 있는 위상이나 위치가 무엇인지에 관한 물음을 우리 도덕교사들에게 던지고 있다. 이 문제에 대해서 자연주의적 전제를 강하게 보이고 있는 현대 심리철학의 마음 개념과 불교의 전통적인 마음 개념을 대비시켜 가면서 이야기를 확장시켜 보기로 하자.

4. 마음을 바라보는 두 관점

1) 마음과 몸의 관계 : 현대 심리철학의 마음 개념

현대 심리철학의 마음 개념은 기본적으로 인간에 관한 과학적 지식의 축적을 기본으로 한다. 특히 그 중에서도 '물리주의'라는 하나의 과학적 형이상학의 영향을 받고 있다.[9] 물리적 환원이라는 말로

9 예를 들어 김재권의 심신수반론을 현대 심리철학을 대표하는 관점으로 보고자 하는 이주향은 "현대의 심리철학은 대부분 '물리주의'라는 과학적으로 편행된 형이상학의 영향을 받고 있다. 그 극단에 서 있는 현대의 심리철학자는

대표되는 물리주의는 모든 인간의 정신현상이 물리적으로 환원 가능하다는 입장을 택한다. 즉 인간의 정신도 뇌를 이루고 있는 단백질의 화학작용으로 환원해서 설명하는 것이 가능하다는 주장이다. 물론 현대 심리철학자들은 이러한 극단적 환원주의에 대체로 반대하는 입장이지만, 그럼에도 그들이 일정한 한계 안에서는 어떤 방식으로든지 이러한 물리주의의 영향을 받고 있다는 사실을 부정하기는 어렵다.

현대 심리철학을 대표하는 학자 중의 하나로 평가받는 퍼트남(H. Putnam)도 '통 속의 두뇌'라는 상징성 높은 개념을 사용하면서 "우리의 17세기 이래의 문화 전통에 물리학을 형이상학에 대치시키고 정밀과학만이 진정하고 궁극적인 우주의 알맹이를 기술할 수 있다고 보는 경향이 있듯이, 이로부터 나온 직접적인 결과로서 '물리적 가능성(physical possibility)'을 정말로 현실화될 수 있는 것을 가늠하는 시금석으로 보는 경향도 있다. 이러한 경향을 좇는 견해에 의하면 진리란 물리적 진리, 가능성이란 물리적 가능성, 그리고 필연성이란 물리적 필연성을 뜻할 뿐이다"라고 극단적 물리주의를 비판하는 입장에 선다.[10)]

이러한 심리철학 전반의 반물리주의적 경향에도 불구하고 인간의 뇌구조에 대한 자연과학적 분석을 시도하는 뇌과학의 진전은 다른 한편으로 인간의 마음을 뇌구조 분석을 통해 충분히 설명해낼 수

아마도 의식을 추체세포 작용과 동일시하는 블록(N. Block)과 스톨네이커(R. Stalnaker)일 것이다"라고 주장하면서 극단적 물리주의를 비판하는 입장을 취한다. 이주향, 『현대 언어 · 심리철학의 쟁점들 1』(철학과 현실사, 2005), 72쪽.

10 힐러리 퍼트남, 김효명 옮김, 『이성 · 진리 · 역사』(민음사, 2002), 41쪽.

있다는 입장을 강화하는 방향으로 전개되고 있다. 그러나 이러한 입장의 강화는 동시에 인간의 마음을 온전히 자연과학적 방법으로 설명해내는 일은 불가능한 것이 아닌가 하는 또 다른 형이상학적 믿음의 강화를 동반하고 있기도 하다. 현대를 살아가야 하는 철학자들은 누구나 물리주의의 영향으로부터 자유롭지 못하지만, 독일의 윤리학자인 한스 요나스의 경우처럼 물리적 환원이 불가능한 영역을 발견하고자 하는 노력 또한 더욱 강조되고 있는 것도 확실하다.

> 그러한 가능성의 적소인 도덕적 자유를 온전히 이해하기 위해 우리는 지적 자유의 또 한 측면을 추가해야만 한다. 그것은 자기 자신에게로 되돌아갈 수 있는 사유의 능력, 자신의 주체인 '자아'를 주제화할 수 있는 능력, 요컨대 반성의 자유이다. 이 반성의 자유 안에서 사유의 자유는 함께 작용한다. 우리는 또한 이러한 자유가 느끼고 욕구하고 감각적으로 지각하는 영혼에게는 아직 없고 오직 인간, 즉 정신에게만 있다고 생각할 만한 이유가 있다. 물론 모든 형태의 자유가 오직 인간에게만 있는 것은 아니다. 자유의 원리와 그것의 현실적인 양태들은 이미 신진대사를 하는 유기적 존재 그 자체, 즉 살아 있는 모든 것의 내부에서 인식될 수 있다. … 그러나 인간은 다시 한 번 이 모든 것을 어떤 **질적 비약**에 의해서 능가해 버린다. 그리고 반성의 자유는 이와 같은 소위 내재적 초월의 탁월한 양태이다.[11]

---

11 한스 요나스, 김종국 · 소병철 옮김, 『물질 · 정신 · 창조–우주의 기원과 진화에 관한 철학적 성찰–』(철학과 현실사, 2007), 57–58쪽. '질적 비약'에 대한 강조는 필자가 한 것이다.

한스 요나스는 생명의 문제와 관련하여 근대 다윈주의에 근거한 자연과학의 생명관과 대결하면서 '생명들의 고유한 소리'가 있음을 강조하는 철학적 생명학의 필요성을 강조한다. 그가 말하는 인간의 책임도 세계 안의 생명의 소리를 들을 수 있는 유일한 생명이 바로 인간이라는 명제에 근거해서 정초된 것이다.[12] 또 다른 인간중심주의로도 곡해될 수 있는 그의 생명관과 책임의 윤리가 그럼에도 의미 있게 다가서는 것은 바로 자연과학적 환원론으로 온전히 귀속되지 않는 생명의 소리, 즉 마음의 소리에 대한 적극적인 긍정 때문이다.

현대 심리철학의 마음 개념을 이러한 몇몇 학자들의 견해를 살피는 것으로 온전히 파악할 수는 없겠지만, 확실한 것은 그 마음을 물리주의적 환원의 문제와 관련지어 보고자 한다는 점이다. 그 환원에 온전히 동의하느냐, 아니면 부분적으로 동의하느냐, 전면 거부하느냐의 차이가 있음을 염두에 두어야 하고, 그 중에서 부분적으로 동의하는 김재권과 퍼트남 같은 입장이 심리철학의 주류를 형성하고 있다는 사실에 유의하면서 그들이 과연 마음 개념을 어떻게 정의하고 있는지를 살피는 일이 전개되어야 한다. 그러나 불행하게도 그들은 대부분 물리주의적 환원의 문제에 매달려 있어서 정작 마음을 어떻게 정의할 수 있는지, 그 핵심을 이루는 속성 또는 내용이 무엇인지에 대해서는 선언적 언급에 그치는 한계를 보여주고 있다.

이러한 한계를 인식하면서 성급한 일반화의 오류 가능성을 무

---

12 김종국, 「기술공학 시대는 새로운 형이상학을 요구하는가?」, 앞의 책, 역자 해제, 151-153쪽 참조.

릅쓰고 정리해 본다면 현대 심리철학의 마음 논의는 물리주의와의 긴밀한 연관성 속에서 마음의 작용이 지니는 인과성에 주목하고 그것이 과연 실재하는지, 또 실재한다면 육체와 어떤 관계 속에서 실재하는지 등의 문제에 집중하고 있다. 그들이 마음의 실체를 어떻게 규정짓고 있는지에 관한 본격적인 논의는 발견하기 어려운 상황이다.

2) 불교의 마음 개념과 성리학적 전환

우리의 사상적 전통 속에서 마음에 관한 고찰과 관련지어 먼저 떠올릴 수 있는 개념은 유식학(唯識學)으로 대표되는 불교의 마음 개념과 불교의 마음관에 영향을 받아 재구성된 성리학의 마음 개념이다. 성리학의 한 유형으로 분류되기도 하는 양명학에 이르면 불교의 마음 개념과 성리학의 그것을 온전히 구분해내는 일이 매우 어려워질 정도로 두 개념 사이의 친화력이 높다.[13)]

유식에서 마음은 식(識)을 의미한다. 이 식은 일체의 주관적 마음 상태라고 할 수 있고, 존재하는 것은 오직 식일 뿐이다. 이 식은 마음, 즉 심(心)과 심소(心所)라는 말로 대체되어 사용되기도 한다. 이러한 식과 심이 인식하고자 하는 대상을 경(境)이라 하는데, 우리는 이 경을 실재 존재하는 것으로 받아들이는 무명(無明)의 한계 속에 있

13 심학으로서의 양명학의 성격에 대해서는 아라키 켄고, 김석근 옮김, 『불교와 양명학』(서광사, 1993), 7장 '양명학 출현의 의의 : 새로운 심학의 탄생', 8장 '양명학의 성격'을 참조할 수 있다.

다. 유식학을 대표하는 논서의 하나로 꼽히는 『성유식론(成唯識論)』에서 호법은 다음과 같이 이러한 식과 경 사이의 관계를 분명하게 표명하고 있다.

> 심과 심소 이외에 경이 실재한다는 잘못된 생각을 떨쳐버리게 하기 위해서 오직 식만이 있다고 설한다.[14)]

> 바깥의 경계는 존재하지 않고 오직 안쪽의 식만이 있을 뿐이다.[15)]

두 번째 인용에서 알 수 있는 바와 같이 존재하는 것은 오직 식일 뿐이고, 그것 이외에 존재하는 모든 것들도 결국 그 식의 안에서만 있을 수 있는 것들일 뿐이다. 그런데 이 식도 그 자체로 존재하는 것이 아니라 오직 인연에 따라 존재하는 연기법칙의 범위 안에 있다.[16)] 결과적으로 오직 존재하는 것의 원천인 식(識)조차도 인연에 의존하는 것으로 규정되기 때문에 그 존재성은 결국 공성(空性)에 의해 드러날 수밖에 없을 것이다.

이와 같은 마음 개념이 선종(禪宗)에 와서는 선정(禪定), 삼매(三昧)와 거의 같은 의미로 사용되기도 했고, 그 구체적인 의미는 다른 생각을 하지 않고 오직 한 가지 일에만 마음을 모으는 경지 자체

---

14 爲遣妄執心心所外實有境故 說唯有識, 『成唯識論』 제2권(『대정장』, 권 31, 6 하).

15 實無外境 唯有內識, 위의 책 제1권(『대정장』, 권 31, 1 중).

16 內識必依因緣生故 非無如境, 위의 책, 같은 곳.

를 일컫는 실천적 개념으로도 정착된다.[17] 특히 하나의 마음(一心)은 이미 원효에 와서 적멸자(寂滅者)나 여래장(如來藏)과 동일시되기도 하면서 본래의 깨달음[本覺]을 함축하는 개념으로 자리 잡아 한국 불교의 상징적인 개념으로서의 위상을 확보하게 된다.[18]

지눌의 경우에도 일심의 개념은 깨달음의 대상이면서 중생과 부처를 가르는 핵심 요소로 남는다. 그는 자신의 '정혜결사문(定慧結社文)'을 '땅으로 인해서 넘어진 자가 그 땅을 짚고 일어서려고 하지 않고 다른 땅을 짚으려 하는' 어리석음을 범한다는 경고와 함께 '하나의 마음이 미혹하여 끝없는 번뇌가 일어나는 존재가 중생이고, 그 한 마음을 깨달아 끝없는 묘용(妙用)이 일어나는 존재가 곧 부처'라는 말로 시작하고 있다.[19]

이와 같이 전개된 불교의 심론(心論)은 송의 주희나 조선의 정도전 같은 성리학자들의 적극적인 비판과 극복의 대상이 된다. 주희는 마음과 본성, 즉 심(心)과 성(性)을 엄격히 구분하면서 지각하고 외물에 응할 수 있는 주체는 마음이지만 지각할 수 있고 외물에 응접할 수 있는 이치는 본성이라고 본다. 그에 따라 마음 그 자체는 기(氣)요, 본성 그 자체는 이(理)로 간주된다.[20] 이러한 논리 전개과정에 따

17 이라키 켄고의 경우에도 육조 시대 불교학 내부에서 마음 개념이 선정과 삼매와 동일시되는 경향을 보여주었다고 분석하고 있다. 위의 책, 49쪽 참조.

18 寂滅者名爲一心 一心者名如來藏, 원효, 「대승기신론별기 본」, 『한불전 권1』, 679 상, 중.

19 人因地而倒者 因地而起 異地求起 無有是處也 迷一心而起無邊煩惱者 衆生也 悟一心而起無邊妙用者 諸佛也, 지눌, 「권수정례결사문」, 『한불전 권4』, 658 상.

20 한정길, 「주자(朱子)의 불교비판」, 주자사상연구회 편, 『주자 사상과 조선의 유자』(혜안, 2003), 64-65쪽 참조.

라서 본성은 곧 이(理)라는 성즉리(性卽理)의 명제가 도출되고, 우리는 그에 따라 정주학을 성리학이라는 명칭으로 부를 수 있게 된 것이다. 주희는 아무리 마음을 갈고 닦아도 어디까지나 마음에 그칠 뿐 이(理)가 될 수는 없다는 논리로 불교의 마음론을 비판하고 있음을 알 수 있다.

그러나 이러한 주희의 비판은 일심의 개념을 작위적으로 해석한 데서 온 것일 따름이다. 일심은 외물을 인식할 수 있는 주체임과 동시에 그 자체로 이치이기도 하다. 마음은 깨달음의 대상이자 주체이기도 한 것이지, 그 중 어느 하나에 국한되거나 머무는 것이 아니라는 사실은 마음 자체가 인연의 산물이라고 보는 연기법칙에 의해서 분명히 드러날 수 있다. 어떻게 보든지 불교의 마음 개념은 원시유가의 윤리적 바탕에 철학적 자극을 부여하여 성즉리 또는 심즉리로 대표되는 성리학 내부의 철학적 논의를 이끌어냈다고 말할 수 있고, 이러한 논의들이 이어져 우리가 현재 사용하고 있는 마음 개념의 전통적 기반으로 작동하고 있다.

5. 마음공부로서의 도덕교육의 과제

지금까지 우리는 불교의 교육철학이 깨달음에 이르는 가능성을 모든 존재자들에게 개방한다는 전제 속에서 그 깨달음의 길을 함께 가는 도반과 앞서 걸으면서 제자에게 길을 제시하는 스승의 존재를 요청하는 방식으로 전개될 수 있다는 결론을 공유할 수 있게 되었다.

더 중요한 것은 진정한 의미의 공부란 그 깨달음에 이르기 위한 공부 자체를 의미하기 때문에 불교의 교육은 곧 도덕교육일 수밖에 없고, 그 구체적인 양상은 마음공부로 나타난다는 사실을 확인할 수 있게 된 점이다.

마음이 무엇인지에 대해서는 현대 심리철학의 마음 개념과 불교의 마음 개념을 대비시키면서 결국 인간의 마음이 지니는 자연주의적 속성, 즉 신경과 뇌세포의 영향으로부터 자유롭지 못한 마음의 한 영역을 인정하면서도 그것이 마음의 모든 것을 포괄할 수는 없다는 점과, 그 남은 영역을 바라보는 데 유식학으로 대표되는 불교의 마음관이 여전히 작동할 수 있는 여지가 남아 있음도 확인할 수 있었다. 이제 우리에게 남은 문제는 그 포괄적인 의미의 마음을 도덕교육적 관점에서 어떻게 접근할 것인가 하는 방법의 문제이다.

결국 도덕교육을 마음공부의 한 방법으로 정의하고 그 구체적인 방법을 모색해야 한다는 결론에 이르게 된 셈이다. 물론 이때의 방법은 어쩌면 교사 개개인의 삶의 지향과 선택 여하에 따라 무한히 열려 있는 것이어야 하겠지만, 불교에 한정지어 말한다면 불교의 수행법을 도덕교육의 장에서 활용할 수 있는 구체적인 방법과 기법을 마련하는 방향으로 실천적인 움직임이 가능할 수 있다. 남방불교의 위빠사나 수행이나 북방불교의 간화선(看話禪) 같은 수행법을 학생들의 발달 수준과 상황에 맞게 재구성하고자 하는 노력들은 이미 우리 도덕교사들에게서 구체화되고 있다.[21]

21 그 기초연구에 해당하는 사례로 이철훈, 「지눌 수행론의 도덕교육적 함의」, 한국교원대학교 윤리교육과 석사학위 논문(2008. 2), 여승민, 「원효 계율사상의 도덕교육적 함의」, 한국교원대학교 윤리교육과 석사학위 논문(2009. 2)

불교의 공부방법이자 교육방법이기도 한 삼학(三學)을 근간으로 삼아 마음공부로서의 도덕교육을 구현하고자 하는 도덕교육학계와 현장 교사들의 노력이 합해질 수 있다면 우리의 도덕교육은 보다 실천적인 지향을 지닌 교육의 중심축 역할을 제대로 해낼 수 있을 것으로 기대한다. 불교의 도덕교육 방법에 관한 보다 구체적인 논의는 2부의 다른 장들에서 이루어진다.

을 들 수 있고, 사띠 수행이나 참선의 방법을 중등학교 도덕교육 현장에 적용하고자 하는 현장 교사들의 구체적인 연구가 활발히 진행 중에 있다(2009년 8월과 2010년 2월 한국교원대학교 대학원 윤리교육과 석사과정 졸업 예정인 중등 교사 서세영, 신희정의 논문 참조 가능).

제6장

불교의 인성론과 도덕교육 방법

1. 불교와 인성교육

불교는 깨달음을 지향하는 철학이자 종교이다. 종교로서의 불교는 우리 삶이 보여주는 현상 자체에 주목하면서 그것은 곧 고통이라고 전제한다. 이 고통은 끊임없이 변화하는 현상의 본질을 제대로 보지 못하고 마치 그것이 그대로 고정되어 있는 것처럼 착각하여 매달리는 데서 오는 것이고, 그 결과는 어둠과 괴로움일 수밖에 없다고 설명한다. 이 고통을 벗어날 수 있는 유일한 길은 공(空)과 연기의 법칙을 깨우쳐 깨달음에 이르는 것이라는 강한 대안과 확신을 갖고 있다는 점에서 불교는 분명 종교로서의 특성을 지닌다.

그러나 불교는 다른 한편으로 현상에 관한 객관적이고 과학적인 분석과 진리에 관한 믿음을 전제로 하면서도 그 과정 속에 다양한 철학적 사유를 담고 있다는 점에서 철학이기도 하다. 물론 철학에 관한 정의를 어떻게 내리느냐에 따라 다른 입장이 있을 수 있지만, 철학에 관한 어느 하나의 정의만이 통용될 수 없다는 분명한 사실에 근거하면 인간과 삶의 본질에 관한 통찰에 근거해서 그 한계를 초극하고자 하는 불교도 철학의 범위 안에 충분히 속할 수 있다.

불교를 철학이나 종교로 보는 관점과 관계없이 그것이 인간의 보다 완성된 삶을 지향한다는 점에서 인성교육과 깊은 연관성을 지닌다. 불완전한 인연의 굴레에 매여 살 수밖에 없는 중생들의 고통을 직시하면서 그 안에 숨은 연기와 공의 진리를 찾고자 하는 끊임없는 공부의 과정이 불교에서 말하는 깨달음에 이르는 길이다. 이러한 깨달음은 궁극적으로는 자신이 스스로 해내야 하는 자율적 과정이지만, 동시에 스승과 도반(道伴)이라는 인연과 함께 하는 타율적 과정을 포함하기도 한다.

우리의 인성교육은 전통적 기반에만 근거할 경우 인간의 본성에 관한 믿음, 즉 성선설적 전제 위에서 이루어져 왔다. 불교의 경우에는 그것을 불성(佛性)이라는 개념으로 대체하여 모든 인간에게는 불성이 내재되어 있고 이것을 직시할 수 있으면 누구나 깨달은 자, 즉 붓다가 될 수 있다는 믿음으로 표현해 왔다. 인간의 본성에 관한 다양한 자연과학적 분석들이 대세를 이루고 있는 이른바 자연주의의 시대에 이러한 불성론이 어느 정도의 설득력을 가질 수 있는지에 대해서는 앞장에서 이미 살펴보았지만, 최소한 석가모니 부처 당시부터 인간의 본성과 삶의 본질에 관한 과학적 통찰을 배제하지 않았던 불교의 특징을 감안해 보거나 자연과학적 분석의 틀로 온전히 환원되지 않는 인간다움을 지향하는 인성교육의 장에서 우리 전통 인성론의 한 축을 이루는 불교의 인성론과 함께 인성교육의 불교적 전통에 대해 고찰하는 일은 충분한 의미를 갖는다.

이 장에서는 불교의 인성교육을 주로 불교의 인성론을 살피는 것으로 시작해서 불교에서 말하는 가르침의 방법을 인성교육적 방법으로 재해석하는 작업을 통해 그 목표와 내용, 방법의 문제를 아우르는 방향으로 제시하고자 한다. 실제로 불교의 교육은 모두 깨달음을 향한 교육이라는 점에서 그 자체를 인성교육 또는 도덕교육과 동일시할 수 있다. 다만 우리의 초점이 인성교육이라는 점을 감안해 불성론으로 대표되는 불교의 인간관과 인성론을 먼저 고찰한 후에, 그 불성을 구현할 수 있는 깨달음과 깨침의 방법을 인성교육의 방법으로 재해석하여 제시하는 순서를 택하고자 한다.

2. 불교의 인간관과 인성론

1) 연기적 존재(緣起的 存在)로서의 인간

불교의 인성론은 인간을 연기적 존재, 즉 인연(因緣)에 의해서 출생해서 생존하다가 병이 들어 죽는 과정을 반복하는 존재로 보는 데서 출발한다. 인연은 의존을 의미한다. 다양한 것들이 서로 모여서 한 순간 우리 눈에 보이는 어떤 존재로 태어나기 때문에 온전히 홀로 존재할 수 있는 것은 아무 것도 없다. 어렸을 때는 부모와 같은 주변 사람들의 도움으로 겨우 살아갈 수 있을 정도이고, 어른이 되고 나서는 이러한 의존성이 약화되는 것처럼 보이기도 하지만 실제 삶을 들여다 보면 전혀 그렇지 않다는 것이다. 오늘 우리가 먹은 아침밥도 언뜻 돈만 내면 사먹을 수 있는 것으로 보이지만 실제로는 그 밥이 내 입으로 들어오기까지의 과정은 의존의 과정 그 자체이다.

연기적 존재로서의 인간은 공성(空性)을 본성으로 갖는다. 공성은 고정된 본질이 없음 또는 고정된 실체가 없음이다. 단순히 '아무것도 없음'이라는 의미가 아니라 고정된 것이 없음을 강조하는 개념이라는 점에 다시 한 번 유의할 필요가 있다. 우리들에게는 늘 어떤 것들이 있게 마련이다. 사랑하는 사람이 있고, 재산이 있으며, 그보다 앞서 내가 여기 이렇게 있다. 그런데도 아무 것도 없는 것이라고 말할 수는 없다. 단지 그 모든 것들이 인연에 의해서 생겨난 임시적인 것일 뿐 고정된 것은 없다는 의미이다.

공성은 우리 눈에 보이는 것들의 실체를 파악하고자 할 때 사용될 수 있는 개념이다. 단순한 관찰을 통해서는 쉽게 알기 어려운 존재하는 것들의 속성이기도 하다. 인연에 의해 내가 생겨나고 바로 그 인연으로 내가 이 세상에서 없어질 것이라는 사실은 한편으로 두려우면서도 부인할 수 없는 엄연한 진리임에도 우리들은 쉽게 받아들이지 못하거나 받아들이지 않으려고 한다. 그것을 무명(無明), 즉 밝음이 없음이라고 하고 그 밝음을 구하는 일이 깨달음에 이르는 수행이다.

2) 고통스러운 존재로서의 인간

인간의 삶은 고통스럽다. 우선 먹고 사는 일이 만만치 않아 고통스럽고, 어떤 사람은 만나는 것만으로도 고통스럽다. 거기서 그치는 것이 아니라 누구나 얻고 싶어하는 사랑하는 사람도 만나고 싶을 때 만날 수 없어 괴롭고 그 사랑이 영원이 지속되지 않아 고통스럽다. 우리 주변의 그 많은 대중음악들이 헤어짐의 괴로움과 함께 사랑하는 일의 고통스러움도 절절히 묘사하고 있고, 예술작품의 상당수가 사랑과 이별의 고통을 아름답게 포장하려고 애쓰는 모습도 쉽게 볼 수 있다.

그런데 도대체 왜 그렇게 고통스러운 것일까? 사람은 물론 생명이 있는 모든 것들은 생겨날 때 이미 소멸의 싹을 그 안에 숨기고 있다. 태어나고 늙고 병들고 죽는 생로병사(生老病死)의 운명을 누구나 타고 나는 것이다. 병이 든다는 것은 어떤 생명체에게도 가능할 일일 뿐만 아니라, 온전히 건강한 생명체란 본래 존재하지 않는 것인지도 모른다. 자신의 몸속에 수많은 병원균을 갖고 살아야 하는 생명들은 다만 그들과 조화를 이루고 있을 때 건강한 것이고, 그 조화가 깨져서 병원균이 이상 증식하거나 본래 있던 곳에서 벗어나 예기치 않은 곳으로 옮겨가면 병들게 되는 것일 뿐이다.

불교의 인간관은 이러한 인간의 고통스런 삶을 인간 자체의 본질로 본다. 다시 말해 인간이라면 누구도 피해갈 수 없는 운명으로 고통을 전제한다는 것인데, 그렇다면 이 고통의 출발은 무엇일까? 결론부터 말한다면 고통은 마음에서 비롯되는 것이다. 사물의 고정된 본질이 없다는 공의 논리와 통하는 이 명제는 끝없이 변화하는 것만이 있을 뿐인데, 눈앞에 보이는 고정된 듯한 모습을 보고 영원할 것이라고 착각하거나 그것이 계속 그대로 있어주기를 바라는 마음이 빚어내는 고통스런 소리인 것이다.

고통을 소멸시키는 유일한 길은 그 공의 진리를 인식하고 있는 그대로를 바라보며 그에 따라 살아가는 것이지만, 인간이 갖고 있는 다양한 욕구들과 그에 따른 집착은 지속적으로 그러한 깨침과 실천을 방해하는 요인으로 작동한다. 이것이 우리들의 일상 속에서 그 결과로 따르는 고통이 지속적으로 출현할 수밖에 없는 이유이다. 그것이 곧 삶의 본질을 이루고 인간의 운명인 것처럼 받아들일 수 있지만 불교는 그 극복의 가능성을 동시에 제시하고 있다는 점에서 결코 비관론이 아니다.

3) 깨달음의 가능성을 지닌 존재로서의 인간

불교에서 인간은 깨달음의 가능성을 가장 많이 갖고 태어난 존재이다. 짐승과 같은 중생들도 물론 깨달음의 가능성을 갖고 태어나기는 하지만 그 가능성이 현실화될 수 있는 정도는 인간과 비교되기 어렵다. 인간에게 깨달음의 가능성이란 자신의 연기성에 대한 자각에서 시작된다. 스스로가 다른 수많은 물질이나 생명들과의 인연에 의해 이 세상에 왔다는 사실을 인식하는 것이 곧 깨달음의 가능성이다. 다른 말로 표현하면 자신이 홀로 존재하는 것이 아니라 수많은 의존의 산물이고 또 현재도 그러한 의존에 의해 살아가고 있다는 자각이 깨달음의 출발점을 이룬다는 것이다.

세상에 존재하는 모든 것들을 하나의 마음으로 파악하고자 하는 북방불교권의 일심론(一心論)에 의하면 하나의 마음이 다시 두 개의 문으로 나뉘는데, 그것이 곧 진여(眞如)와 생멸(生滅)이다. 진여는 본래부터 있는 그대로인 것인 반면에, 생멸은 우리 눈앞에 보여지는 모든 것들이 그런 것처럼 끊임없이 생겨났다가 사라지는 인연의 실상이다. 그런데 이 둘은 다시 일심으로 모여지기 때문에 결코 둘이 아니다. 그렇다고 해서 온전히 똑같은 것은 아니어서 하나이면서 둘이고 같지도 않고 다르지도 않은 관계라고 표현될 수 있다.

가을 금풍(金風)이 자리를 지나가니
진여본체(眞如本體)가 드러나고
산새울음 소리가 이 산중에 가득하니
법계(法界)가 일가를 이루도다.
산빛 물빛이 다른 물건이 아니요
두두물물(頭頭物物)이 시방법계(十方法界) 부처로다.[1]

어려운 말들이 튀어나와 주문처럼 느껴지기도 하는 이 법어(法語)에도 생멸과 진여 사이의 긴밀한 관계에 대해서는 쉽게 알 수 있는 구절이 포함되어 있다. 마음을 적시고 지나가는 가을에 부는 좋은

1 현 조계종 종정 도림 법전 스님의 법어(法語)이다. 조계종단의 세속화된 문제들을 근원적으로 성찰하고자 마련된 2007년 10월의 봉암사 결사 기념 법회에서 발표된 법어이다.

바람을 금풍(金風)이라고 표현하면서 그것이 지나가고 나니 진여의 본래 모습이 드러난다고 말하고 있다. 가을바람은 끊임없이 변화하는 자연의 상징이다. 이 바람은 겨울을 예비하는 차가움을 담고 있기도 하고, 지난 여름의 흔적을 보여주는 따스함을 담고 있기도 하다. 이 바람 속에 숨어 있는 진여가 바람이 지나감과 함께 드러나는 것이라고 이 법어는 시적으로 표현하고 있다.

이처럼 인간은 흘러가는 시간과 눈앞에 보이는 자연의 모습 속에서도 진여를 발견할 수 있는 가능성을 가진 존재이다. 짐승들도 시원한 바람을 좋아할 수 있고 실제로도 좋아하지만 그 뒤에 숨은 진여를 깨칠 수 있는 가능성은 희박하다. 인간의 중요한 차별성이 바로 이와 같은 깨달음의 가능성이고, 이 깨달음의 가능성은 불교의 인성교육을 이끌어가는 핵심 원리가 된다. 이제 불교의 인성교육론에 관한 본격적인 탐색에 들어갈 볼 차례이다.

3. 불교의 인성교육론과 도덕교육

1) 불교에서의 교육의 의미

불교에서 교육(敎育)이란 가능성을 가진 인간을 대상으로 하는 깨침의 과정과 자신의 삶 속에서 깨달음을 스스로 지향하는 수행의 과정으로 이해된다. 그 순서는 물론 일반적으로는 후자가 앞서고 전자가 뒤에 서는 것이지만 교육이 이루어지는 과정에 이르면 이 둘은 쉽게 분리되지 않는다. 자신이 깨달음을 향해 가고자 할 때 비로소 교육자로서의 자격과 권위를 갖게 되고, 그 과정 자체가 교육이 되기도 한다는 점에서 그러하다.

불교에서는 교육에 세 주체가 있다고 말한다. 첫째는 스승이고, 둘째는 도반(道伴)이며, 셋째는 제자이다. 특히 둘째가 다른 데서 찾아보기 힘든 주체인데, 깨달음에 이르는 과정에서 함께 할 수 있는 진정한 의미의 친구가 도(道, Dharma)의 반려자 도반이다. 참선의 과정을 혼자서 할 수도 있지만 함께 모여서 하는 이유도 도반의 필요성 때문이다.[2] 도반들이 함께 모여서 참선을 하는 과정에도 스승은 필요하고 그 스승을 조실(祖室) 또는 방장이라고 하는데, 조실 스님은 강의를 하기도 하고 참선과정에서 각각의 스님들과 만나 공부의 진도를 확인해 주기도 하는 포괄적인 의미의 스승이다.[3]

'불교가 무엇인가?' 라는 질문에 대한 답은 매우 다양할 수 있지만 '불교는 처음부터 끝까지 중생으로서의 인간에서 출발해서 도인으로서의 인간으로 끝납니다. 부조리한 백팔번뇌의 인간이 조화된 열반에 이르는 길이 바로 다름 아닌 불교이기 때문입니다' 라는 답에서 볼 수 있는 것처럼 불교는 곧 교육의 과정과 동일시되기도 한다.[4] 열반에 이르는 과정이 한편으로 보면 수행의 과정이지만 다른 한편으로는 자신과 도반, 제자 또는 스승이 함께 하는 교육의 과정 그 자

2 일정한 기간 동안 선방에 모여서 함께 참선하는 것을 결제(結制)라고 하고, 그것을 끝내는 것을 해제(解制)라고 한다. 지허, 『선방일기』(여시아문, 2000), 21-22쪽 참조.

3 위의 책, 26쪽 참조. 방장은 강원과 율원, 선원이 갖춰진 총림의 최고 어른 스님을 가리킨다.

4 위의 책, 138쪽.

체이기도 한 것이다.

이처럼 불교에서 교육이 지니는 의미는 깨달음의 과정과 동일시되는 수행이라는 점에서 부각될 수 있다. 물론 이러한 수행의 과정은 다시 계율을 준수하고 경전을 공부하며 참선을 하는 삼학(三學)으로 나뉘어 전개되고, 그 각각이 지니는 구체적인 의미가 다르게 규정될 수 있지만 궁극적으로 이 세 가지 공부가 지향하는 방향이 자신의 어리석음을 깨우쳐 중생이 처한 인연의 고리를 끊어내 열반에 이르는 길이라는 점에서 교육은 곧 깨달음을 지향하는 과정이라고 정의할 수 있다.

이러한 교육의 과정은 한편으로 깨달음의 지향이라는 수단적이고 단계적인 의미를 지님과 동시에 다른 한편으로는 그 과정 자체가 인간의 삶의 부분을 이룬다는 점에서 자족적인 의미를 지닌다. 실제로 선불교에서는 깨달음이 찰라에 이루어지는 과정임을 강조하는데, 이 찰라가 어느 순간일지는 자신도 알기 어렵다. 또한 수행의 공덕들이 쌓여서 그 깨침의 순간에 다가설 가능성을 높일 수 있다는 점에서도 교육이 과정이자 결과일 수 있다는 명제를 이끌어낼 수도 있다.

2) 불교 인성교육의 기본 원리 : 마음과 마음공부

불교의 교육이 인간 이외의 다른 존재자들을 배제하는 것은 아니지만, 기본적으로는 인간을 대상으로 하고 그것도 주로 인간의 마음의 문제를 건드린다는 점에서 곧 인성교육이라고 해석해도 무리가 아니다. 우리가 직면하는 모든 문제들이 결국 우리 마음이 지어낸 것에 불과하다고 보는 불교적 세계관은 마명 보살이 지은 『대승기신론』이라는 책을 통해서 널리 알려졌고, 이 책에 대한 주요한 주석서로 인정받은 원효의 『대승기신론 소 · 별기』에 의해 우리 불교의 핵심사상으로 자리 잡기도 했다.

우리의 사상적 전통 속에서 마음에 관한 고찰과 관련지어 먼저 떠올릴 수 개념은 유식학으로 대표되는 이러한 원효의 마음 개념과 불교의 마음관에 영향을 받아 재구성된 조선 성리학의 마음 개념이다. 성리학의 한 유형으로 분류되기도 하는 양명학에 이르면 불교의 마음 개념과 성리학의 그것을 온전히 구분해내는 일이 매우 어려워질 정도로 두 개념 사이의 친화력이 높다.[5)]

우리의 현대 불교 역사에서 이러한 마음에 관한 논의를 가장 적극적으로 계승한 사람은 청담이다. 불교개혁의 중심에 있기도 했던 그는 불교란 곧 마음의 가르침이라고 볼 수 있다고 말할 정도로 모든 생각과 논의의 중심에 마음을 두었다. 청담의 마음에 관한 통찰은 "처음 불교를 우연한 기회에 듣고 대강 불교를 안 뒤부터 팔만대장경 전부가 이 '마음' 두 글자로 되어 있기 때문에 이 마음 두 글자로써 남에게 불교를 이해시킬 수 있고 가르쳐 줄 수 있다고 생각했다. 그래서 나는 근 50년 가까이 이 마음이라고 하는 것을 가지고 공부에 노력해 왔다"는 자서전적 언급에서 알 수 있는 것처럼 한편으로는 깨침

5 심학으로서의 양명학의 성격에 대해서는 아라키 겐고, 김석근 옮김, 『불교와 양명학』(서광사, 1993), 7장 '양명학 출현의 의의 : 새로운 심학의 탄생', 8장 '양명학의 성격'을 참조할 수 있다.

이었고 다른 한편으로는 끈질긴 공부의 대상이기도 했다.[6]

청담은 마음 개념에 접근하면서 우리말의 마음을 분석하는 것으로부터 시작한다. 그것은 곧 '무엇을 생각할 수 있는 것' 이기도 하고, 좀 바꾸어 말하면 '살아 있다' 는 소리이며, '생명이 있는 것' 이 곧 마음이기도 하다고 본다.

> 우리말로써 제일 하기 쉬운 것이 마음이다. 나는 마음이 물질이냐 허공이냐 하고 항상 분간하려고 전심을 다하였다. 그것은 한 해결을 보기 위함인데, 즉 이 마음이 물질이냐 아니냐가 판가름만 나면 불교를 이해하기가 쉽게 된다. 왜냐하면 마음이란 외계에 있는 것도 아니고 진리도 아니며 밖에 있거나 높은 데 있는 것도 아니다. 마음이란 우리가 밥 먹고 옷 입고 하는 것이 아니라 배가 고프면 밥 먹을 것을 생각하고 또 우리가 일이 있어서 어디를 가려고 생각만 하면 이 몸뚱이는 자연 따라간다. 그러니 천지의 근본이 마음이고 만사의 주체가 이 마음이다.[7]

> 생명이라고 하는 것은 완전히 자유행동을 하는 것이다. 우리말로 생명을 마음이라고 한다. 이것만이 그저 남이 오라고 하면 '가볼까' 하고 생각할 수 있고 오라고 하든지 말든지 안 가겠다고 생각할 수 있다. 절대 자유행동을 할 수 있는 것이 생명이고 마음이다. 앞에서도 말했지만 물질이나 허공에서는 절대 생각할 수 없고 오직 마음

6 청담, 혜성 엮음, 『마음 속에 부처가 있다』(도서출판 화남, 2002), 84쪽.
7 위의 책, 84-85쪽.

> 에서만이 이런 생각을 낼 수밖에 없는 것이다. 그런데 마음 그것이 곧 나다. 마음 그놈을 빼놓고서는 나라고 할 수 없는 것이다. 왜냐하면 우리가 아무 것도 모르면서 어떤 문제가 일어나 그것을 골똘히 생각할 때 도대체 어떤 것이 그렇게 생각하느냐고 반문할 때는 내가 생각한다고 대답한다. … (중략) … 생각을 다 할 수도 있고 반만 할 수도 있고 시작하다 그 시작을 포기할 수도 있다. 그런데 절대 행동과 생각을 할 수 있는 자유의지가 마음이라고 하나 우리는 아직 모르고 있는 것이다.[8)]

청담에게서 마음은 자유의지이자 생명 그 자체임을 알 수 있다. 따라서 인간의 마음은 그의 모든 것이라고 볼 수도 있을 것이며, 마음이 없다면 살아 있다고 말할 수도 없을 것이다. 이러한 청담의 마음 개념은 물론 불교 전통 속에서 형성된 마음 개념, 즉 심과 식의 논의를 수용하는 것을 전제로 성립된 것임에는 틀림없지만, 다른 한편으로 우리의 삶과 현실 속에서 살아 있는 마음을 스스로 깨우쳐 새롭게 정립한 것이기도 하다.[9)] 이러한 청담의 독창성은 특히 그가 현대 한국의 현실과 한국 불교의 현실을 어떻게 인식하고 극복해 나갈 것

---

8 앞의 책, 89쪽.

9 이 독창성의 문제에 대해서 김용환은 "수행자로서의 수행과 체험을 통한 선사의 확신에 근거하고 있는 것으로 생각된다. 불교 이외의 다른 철학이나 종교에서 설하는 명칭과 개념을 달리하는 어떠한 형이상학적 원리라 하더라도 그것은 결코 '마음'을 벗어난 어떤 다른 존재일 수 없다는 생각이 전제되어 있다. 왜냐하면 철학, 종교, 법률, 윤리, 자연과학 등의 모든 학문과 문화현상이 모두 다 마음에서 만들어지는 망상의 소산이라고 보기 때문이다"라고 해석하고 있다. 김용환, 「청담선사의 마음-참나-생명의 시론적 연구」, 청담사상연구소, 『마음사상』, 제1집(2004), 149쪽.

인가를 고민하는 장에서 잘 드러난다.

> 이것이 한국 불교가 현대인에게 전해줄 수 있는 지도이념이고 현대의 위기를 구제할 수 있는 유일무이한 진리입니다. 우주의 원리인 마음자리를 한국 불교에서처럼 이렇게 확실하고 분명하게 설명하는 불교가 현재는 이 지구상에 없습니다. 정말 도인이 나올 수 있는 불교가 우리 한국에 있다는 것입니다. … (중략) … 이제 한국 불교의 불자들이 들고 일어나야 합니다. 이런 원을 성취하기 위해서 우리는 이 생각 저 생각 다 버리고 선악의 주체인 마음자리에 복귀해야 합니다. 참 나는 본래 아무런 일도 안 저지르니까 선도 악도 안 하고 또 내가 선악을 다 할 수 있지만, 선을 할지언정 악까지 할 것이 무엇인가 이렇게 깨우쳐야 합니다.[10)]

마음과 마음자리에 대한 깨침이 현재의 상황 속에서 우리 한국만큼 확실하고 분명하게 이루어지고 있는 곳이 없다는 청담의 인식과 세계의 비참한 상황에 대한 우려는 이제 본격적으로 마음공부의 방법을 제시하고 실천하는 단계로 이어진다. 그에게 마음공부란 '마음의 밝은 원리를 깨우치는 일'이고 그 방법은 수행인데, 이 수행은 다시 지혜를 닦고 복을 짓는 두 가지 방법으로 구체화된다. 마음의 밝은 원리를 깨우치는 일을 다른 말로 하면 육체와 현실이 다 꿈이고 착각이며 마음의 그림자에 불과할 뿐임을 깨닫는 일이다.[11)]

---

10 청담, 이혜성 찬, 『마음』(삼육출판사, 2002), 251-252쪽.
11 위의 책, 238, 241쪽 참조.

4. 불교의 도덕교육 방법 : 지혜 닦기와 도덕적 실천

1) 마음공부의 방법으로서의 지혜 닦기

청담의 마음과 마음공부에 관한 이상의 간략한 고찰을 토대로 현재 우리 인성교육의 핵심적인 통로를 구성하고 있는 도덕교육과 그 마음공부 사이의 관련성을 찾아보는 본격적인 논의의 장으로 들어서고자 한다. 현재 우리의 도덕교육은 도덕판단 능력이라는 인지적 목표를 중심에 두면서 도덕적 상상력과 태도, 실천을 포함하는 통합적 인격형성을 지향하고 있다. '2007 개정 도덕과 교육과정' 에서 명시하고 있는 교과목표는 다음과 같다.

> 자신과 타인 · 사회, 국가 · 민족 및 자연과의 관계에 대한 올바른 이해를 바탕으로 인간의 삶에 필요한 도덕규범과 예절을 익히며, 생활 속에서 제기되는 여러 가지 도덕 문제를 합리적으로 해결해 나갈 수 있는 도덕적 사고력과 판단력, 실천 동기 및 능력을 함양하여 자율적이고 통합적인 인격을 형성한다.[12)]

이러한 도덕교과의 목표 속에서 마음공부와 곧바로 연결지을

---

12 교육부, 2007년 개정 도덕과 교육과정, 교육인적자원부 고시 제2007-79호[별책 6], 2쪽.

수 있는 내용을 찾기가 쉽지 않음을 알 수 있다. '자신과 타자의 관계에 대한 올바른 이해' 나 '자율적이고 통합적인 인격형성' 과 같은 목표 속에서 마음공부가 일정 부분 포함될 수 있을 것 같다는 정도의 추론이 가능할 뿐이다. 이와 같이 우리의 학교 도덕교육이 마음공부와 일정한 거리를 유지하고 있는 점이 바람직하지 않다는 점은 분명해 보인다. 왜냐하면 도덕교육은 결국 인간과 삶의 본질에 대한 깨침을 토대로 하여 그 본질에 터한 의미를 추구하고자 하는 지속적인 열망을 길러주는 것을 목표로 삼을 수밖에 없기 때문이다.

도덕교육의 목표를 다른 관점에서 서술한다면 더불어 살 수 있는 생존능력을 길러주는 일이고, 이 '더불어 사는 것' 에는 자신과 인연으로 맺어진 존재자들에 대한 자각과 자비(慈悲)가 포함된다. 세상에 존재하는 모든 것들이 자신의 현재의 삶과 관련되지 않은 것이 없는데, 만약 자신만이 잘 살겠다는 욕망에만 충실하는 경우 결국은 자신의 삶의 본질을 해치는 결과로 나타날 수밖에 없다는 인식틀의 확보가 도덕교육의 일차적이자 핵심적인 목표가 된다. 그런데 문제는 어떻게 이러한 인식틀을 확보하게 할 수 있을 것인가 하는 점이다.

우리는 그 방법의 하나를 청담의 마음과 마음공부 개념을 재검토하는 것에서 찾을 수 있다. 청담은 마음을 모든 생각의 주체로 보면서 그것은 동시에 생명의 특징 그 자체라고 본다. "산 것이 있다고 하면 이 우주를 다 더듬어 보아도 없고 오직 내가 법문을 하고 여러분이 듣고 있는 주체인 마음뿐이다. 이것을 내놓고는 다른 생명이 있을 수 없고 있어질 수도 없는 것이다. 그러므로 우주 생명이 곧 나다. 거꾸로 '나는 곧 우주 생명이다' 라고 인정할 수도 있다. 이것은 다행히도 3천 년 전 인도에 실달다라고 하는 분이 그 진리에 대해 깊이 생각하였고 깨달으셨다."[13)]

오로지 산 것이 있다면 그것은 마음뿐이라는 통찰은 물론 석가모니 부처의 핵심적인 깨달음이지만, 그 진리를 찾아가는 방식에 있어서도 나의 내면과 내 주변의 상황을 직시하는 데서 출발해서 그 안에 숨어 있는 법을 찾아내 제시하는 순서를 택하고 있음을 알 수 있다. 이러한 통찰의 과정은 도덕교육의 장에서 각 발달단계에 있는 아이들에게 현실적으로 중요하게 다가오는 상황이나 사례를 중심으로 하여 그 안에 숨어 있는 진리를 스스로 깨달을 수 있게 하는 교육의 방법으로 활용될 수 있다. 이러한 도덕교육의 방법을 논자는 화두적 접근(話頭的 接近)이라는 말로 표현한 바 있다.[14)]

도덕교육의 화두적 접근은 진학이나 진로, 이성 등과 같은 학생들의 주변 관심사를 논의의 출발점으로 삼되 그것에 그치지 않고 왜 그런 문제들이 그렇게 문제시되어야 하는지를 계속적으로 물어감으로써 학생들로 하여금 쉽게 해답을 찾을 수 없다는 긍정적 혼란을 조성하는 방법이다. 이 긍정적 혼란의 과정 속에서 학생들은 그러한 생각을 전개해 가고 있는 주체가 누구 또는 무엇인지를 찾아보게 될 것이고, 결국 그것이 청담이 말하는 마음임을 알 수 있게 된다면 도덕교육은 깨달음의 지향이라는 본래의 목표를 훌륭하게 달성할 수 있게 된다.

이러한 화두적 접근은 청담이 제시한 마음공부의 두 방법 중에

---

13 청담, 혜성 엮음(도서출판 화남, 2002), 앞의 책, 92쪽.
14 박병기 · 추병완, 『윤리학과 도덕교육 1-개정증보판』(인간사랑, 2007), 463-464쪽 참조.

서 주로 지혜를 닦는 일에 가깝다. 수행을 통해 지혜를 닦는 일은 다시 삼학(三學)의 방법을 통해 이루어진다. 계율의 준수와 경전 공부, 참선의 세 가지 공부방법은 불교교육의 핵심적인 방법들이고, 이 셋은 항상 병행되어야 마땅하다. 이는 정혜쌍수(定慧雙修)라는 지눌의 수행론에서도 충분히 강조된 것이기도 하다.[15] 다만 정혜쌍수에서는 계율의 준수라는 기본적인 방법을 당연히 전제하고 있을 뿐이다.

2) 도덕적 실천을 통한 도덕교육과 자비행(慈悲行)

우리의 도덕과 교육은 흔히 그 실천능력의 측면에서 비판받는다. 이를 보완할 수 있는 방안으로 제시된 인성교육은 주로 '실천 위주의 인성교육'이라는 개념으로 제안되기도 했다. 그러나 인성교육과 도덕교육 사이의 차별성은 생각만큼 분명하게 부각되지 않는다. 오히려 우리 도덕교육의 한계 중에서 도덕적 실천의 문제를 해소할 수 있는 방안을 찾을 수 있다면 두 개념은 호환이 가능할 정도로 유사해진다.

이른바 도덕점수와 도덕적 실천의 괴리 문제는 도덕교육의 정당성 자체를 의심하게 만들고 있을 정도이지만 인성교육적 관점에서 보아도 그리 다르지 않다. 물론 도덕점수는 도덕교육론의 한 영역인 도덕과 평가론에서 그 타당도와 신뢰도, 객관도라는 기준을 가지

15 지눌의 수행론을 교육이론적 관점에서 조명한 시각으로는 김광민, 『지눌의 교육이론』(교육과학사, 1998)을 참조할 수 있다.

고 신중하게 논의해야 하는 전문적인 주제임에 틀림없지만, 그럼에도 도덕점수로 상징되는 인지적 영역의 도덕성이 도덕적 실천을 담보하지 못한다는 주장은 여전히 유효하다.

인지적 도덕성은 일상생활 속에서 도덕적 문제를 인지해내는 능력과 도덕적 가치를 도덕과 관계없는 가치와 분리해내는 능력, 그리고 도덕적 판단을 내리면서 그 판단을 정당화할 수 있는 근거를 제시하는 능력과 같은 일련의 논리적 과정 속에서 보다 명료하게 드러난다.[16] 이러한 능력들을 통칭하여 흔히 비판적 추론능력이라고 부르기도 하는데, 특히 도덕 문제와 관련지어서는 도덕적 추론능력이라는 개념으로 표현한다.

문제는 이러한 도덕적 추론능력이 도덕교육에서 궁극적으로 지향하고자 하는 마음의 문제와 얼마나 연계될 수 있는가 하는 점이다. 마음은 삶의 의미를 결정짓는 핵심 주체이기도 하고, 그 자체로 살아 있는 자유의 생명이라는 청담의 정의를 받아들인다면 도덕교육을 통해서 우리가 하고자 하는 일도 최종적인 국면에서는 결국 마음과 만나지 않으면 무의미해진다. 도덕교육의 목표는 자율적 도덕성을 갖춘 인격체의 함양이고, 그런 인격체는 당연히 자신의 마음을 인지하면서 스스로 지혜를 쌓고 자비행을 할 수 있는 능력과 준비를 하고 있을 것이다.

도덕적 추론능력이 도덕성의 한 구성요소를 이룬다는 점을 인

16 이러한 도덕적 추론과 관련성이 높은 인지적 도덕성의 구성요소에 대해서는 Anne Thomson, *Critical Reasoning in Ethics*(London & New York : Routledge, 2006), 1장 '도덕적 추론 분석하기(Analysing Moral Reasoning)'를 참조할 수 있다.

정한다면 그것은 일정한 한계 안에서라도 도덕적 실천을 담보한다고 보아야 한다. 그럼에도 만약 도덕적 추론능력이 뛰어나서 그 능력을 주된 평가의 대상으로 삼는 도덕시험에서 좋은 성적을 받은 사람이 그와 유사한 상황에 처했을 때 자신이 내린 도덕판단에 부합하는 행동을 하지 않았다고 가정해 보자. 그 이유는 각각의 상황과 그 개인의 특성에 따라 다를 수 있겠지만, 여기서는 일단 상황적 변인을 제외하고 나서 그 개인의 도덕성 차원에만 논의를 집중해 보기로 하자.

도덕적 추론능력과 도덕적 행동 사이의 거리를 설명할 수 있는 방법은 대체로 의지의 박약이라는 정의적 요인에 집중하는 방법과 도덕적 행동을 담보할 수 있는 도덕성의 실천적 요소에 집중하는 방법에 있다. 이 두 가지 방법 모두 아리스토텔레스가 유의했던 방법이기도 하다. 그는 '애크라시아'라는 의지박약의 문제를 도덕적 행동을 담보하지 못하는 핵심적인 요소로 생각했고, 이 의지박약의 문제를 해결할 수 있는 방법으로 덕 있는 행동의 실천을 제시했다.[17)]

그런데 차이는 아리스토텔레스가 이러한 도덕적인 덕을 선천적으로 주어지는 것이 아니라 후천적으로 획득될 수 있는 것으로 보았다는 데서 생긴다. 청담의 마음 개념에 근거하면 그것은 이미 모든 생명에게 주어져 있는 것이고, 그 마음이 있어야만 자유로운 사고와 행동을 할 수 있다. 이 두 관점 중에서 어떤 것을 택하느냐에 따라 도덕교육의 방법에 관한 선택도 달라지겠지만, 최소한 외형적으로는

---

17 아리스토텔레스의 덕교육론에 대해서는 데이빗 카, 김해성 외 역, 『인성교육론』(교육과학사, 1997), 2장 '품성으로서의 덕'을 참조할 수 있다.

'덕 있는 행동의 실천'과 '복을 짓는 일'로 상당한 유사성을 지닌다.

청담에게 있어서 '복을 짓는 일'은 단순히 '덕 있는 행동의 실천'이 아니다. 마음자리를 밝게 하기 위한 연기적 기반의 동체자비(同體慈悲)의 실천이다. 이미 모든 생명에게 주어져 있는 마음의 존재를 자각하기 위한 수행방법이기도 하고, 다른 한편으로 무명(無明)의 굴레를 벗어나기 위한 묵묵한 실천이기도 하다. 이러한 실천은 상황과 상대를 전제로 하기 때문에 늘 진여(眞如)보다는 생멸(生滅)의 차원에서 이루어지고, 그런 이유로 좋은 평가와 함께 좋지 않은 평가도 감수해야만 가능한 일이기도 하다.

도덕교육과 인성교육의 방법으로서의 자비행은 청담에게서 '남을 위해 살면 보살이요, 자기를 위해 살면 중생'이라는 분명한 명제로 제시되기도 했다.[18] 자비행을 통한 마음공부는 그 자체로 도덕교육의 실천적 방법으로서의 의미를 지닌다. 아직 도덕적 판단능력이 성숙하지 못한 아동들에게는 말할 것도 없고, 청소년이나 어른들이 실제로 복을 짓는 자비행을 함으로써 얻게 되는 마음의 정화와 감동은 이미 다양한 형태로 우리에게 보고되고 있다. 우리 도덕교육이 도덕교과를 통해서는 그러한 자비행의 바탕이 되는 다양한 연기적 진리에 다가갈 수 있게 하고 도덕교과 이외의 시간이나 공간에서는 다양한 방식으로 자비행을 할 수 있는 기회를 제공할 수 있게 된다면, 마음자리가 넓혀진 보살 같은 사람들을 만날 수 있는 기회가 그만큼 늘어나는 사회가 가능해질 것이다.

도덕교육에 관심을 갖는 도덕심리학자들은 도덕적 인격(moral

18 윤청광, 『큰스님 큰 가르침』(문예출판사, 2006), 144쪽.

chatacter)의 구성요소를 도덕적 의지와 의지력 또는 자기 통제 능력, 통합성 등 세 가지를 꼽는다.[19] 이 세 요소가 서로 긴밀한 관련성을 지니고 있음은 물론이고, 도덕적 판단력과 같은 인지적 요소와도 역시 깊은 친화력을 갖는다. 그런 점을 고려한다면 마음공부는 특히 통합성을 지향하는 방향으로 이루어져야 하고, 그것도 단지 인지적 영역에 그치는 것이 아니라 의지와 의지력을 기를 수 있는 다양한 실천의 경험을 포함해야 할 것이다.

개인의 생존 문제가 각 개인의 몫으로 돌려지고 교육이 이 생존의 문제에만 초점을 맞추는 시대를 살아야 하는 우리 아이들에게 자비행의 실천경험을 주고자 하는 시도는 늘 빗나가곤 한다. 그 대표적인 예가 봉사활동 학습과 체험학습인데, 봉사활동은 시간을 때우면서 점수를 얻는 수단으로 전락했고 체험학습은 공간이나 여건의 미흡 등을 이유로 상당 부분 표류하고 있다. 본래의 취지와는 벗어나 있거나 역행하는 경우마저 있는 것으로 보고되고 있기도 하다. 이러한 어려움을 충분히 염두에 두고 여건을 갖추어 가면서 점진적이지만 확고하면서도 분명하게 자비행의 감동이 가능한 도덕교육의 방법들을 찾는 노력을 지속시킬 수밖에 없다.

---

19 A. Blasi, "Moral Character–A Psychological Approach", D. K. Lapsley & F. C. Power, *Character Psychology and Character Education* (Notre Dame : University of Notre Dame Press, 2005), 95쪽 참조.

5. 맺는말

불교는 그 자체로 가르침의 종교이다. 붓다의 가르침이 곧 불교의 핵심 내용이라는 점에서도 그러하고, 붓다가 깨친 이후에 선택한 지난하면서도 다양한 교육방법을 통해서 그 이후 불교의 역사가 펼쳐졌다는 점에서도 그러하다. 이러한 불교의 교육은 근본적으로 인간의 마음의 문제와 다르마를 지향하고 있다는 점에서 도덕교육 또는 인성교육과 동일시될 수 있다. 이 장에서는 그런 점을 고려하여 인성교육과 도덕교육을 차별화하지 않고 서로 바꾸어 쓸 수 있는 개념으로 보고 불교의 인간관과 인성교육론, 그리고 그 방법에 이르기까지 간략하게 살펴보고자 했다.

불교에서는 인간을 고통 속에서 삶을 영위해 갈 수밖에 없는 가능성의 존재로 본다. 그 고통이 생겨난 원인은 자신이 인연에 의해 비로소 생겨난 존재임을 알지 못할 뿐만 아니라, 어떤 것도 고정된 실체가 없음에도 자신의 눈앞에 보이는 것들을 고정된 실체로 착각하여 붙들고자 하는 집착이다. 그런 점에서 연기적 존재로서의 인간의 실체를 제대로 깨닫는 일은 곧 공(空)의 진리를 깨닫는 일이기도 하다. 이러한 고통과 무명(無明)의 한계에도 불구하고 인간에게는 깨달음의 가능성이 주어져 있다.

불교의 인성교육은 이러한 바탕 위에서 자신의 실존이 담고 있는 고통의 본질을 들여다 보고 그 안에 숨은 다르마를 깨치는 깨달음의 과정과 일치한다. 그 깨달음의 과정에서 등장하는 주인공들은 스승과 제자, 도반(道伴)이지만 궁극적인 주체는 공부의 과정에 참여하는 자 그 스스로이다. 공부의 과정에서 다양한 방법들이 선택될 수 있고 크게 보면 남방불교의 위빠사나 수행법과 불방불교의 참선 수행법이 알려져 있지만 두 수행법 모두에서 출발점으로 삼고자 하는 것은 결국 마음이다.

하나의 마음[一心]이라고 정리될 수 있는 이 마음이 지어내는 현상들을 관찰하면서 그 안에 숨어 있는 다르마를 찾아내 열반에 이르는 것이 불교공부의 최종 목적이고, 그것은 곧 불교 인성교육 또는 도덕교육의 최종 목표지점이기도 하다. 그런 점에서 불교의 인성교육은 마음공부를 지향하고 그 마음공부를 통해서 현재의 삶 속에서 깨침의 단계에 오르고자 하는 궁극적 목표와 함께 각 단계의 공부를 제대로 이끌어갈 수 있게 하는 방법론적 차원의 목표들이 제시된다.

불교의 공부방법에도 여러 가지가 있지만 이 장에서는 주로 지혜 닦기와 도덕적 실천을 통한 인성교육의 방법을 제안해 보았다. 물론 이 방법들은 불교의 핵심 공부방법인 삼학(三學)의 방법들을 원용한 것들이기도 하고, 여기서 빠진 계율의 준수 문제도 각각의 방법이 실현되는 과정에 기본적으로 전제되어 있기도 하다. 지혜 닦기의 방법을 학교 인성교육 또는 도덕교육의 현장에서 활용하고자 할 때 화두적 접근, 즉 각 단계의 학생들이 직면하고 있는 문제들은 철학적 화두로 만들어 제시하고 학생 스스로 그 답을 찾아가는 과정을 도와주는 방법으로 재구성해 보고자 했다. 도덕적 실천의 경우에는 특히 계율의 문제와도 직결되는 방법인데, 타율적 규범으로서의 율(律)에서 출발하되 그것에 머물지 않고 자율적 규범으로서의 계(戒)를 지향하는 실천의 방법을 제안해 보고자 했다.

이런 구체적인 방법들은 도덕수업 시간에 활용될 수 있는 것일 수도 있고, 때로는 정해진 시간과 공간 때문에 적용이 어려운 것일 수도 있다. 그렇지만 본질적으로는 교사와 학생의 관계 설정에 따라 충분히 구현될 수 있는 방법들이기도 하고, 더 나아가 도덕수업과 일상생활 속의 실천을 연계시킴으로써 극복될 수 있는 문제이기도 하다. 그런 점에서 도덕수업을 중심으로 하는 도덕교육과 일상의 실천을 강조하는 인성교육은 유기적으로 연계되어야 마땅하고, 우리는 불교의 도덕교육을 통해 그 자연스런 연결고리를 확보할 수 있음을 이 장의 논의를 통해 확인하는 성과를 거둔 셈이다.

제7장

불교 도덕교육론의 쟁점과 현재적 의미

1. 우리 도덕교육과 불교의 만남은 가능한가?

시민사회는 기본적으로 탈종교성을 전제로 한다. 특정 종교에 근거해서 사회를 구축하고 이끌어가는 종교공동체의 시대가 지나고 동아시아에서는 신유학 중심의 세속사회가 등장했고, 서구에서는 근대 시민사회가 나타나 오늘까지 이어지고 있다. 물론 조선과 같은 신유교 사회가 과연 종교성을 완전히 벗어버렸는가에 대해서는 이견이 있을 수 있다. 어떤 점에서는 성현이나 조상신에 대해 제사를 지내는 일종의 '윤리적 종교'로서의 신유학 또는 성리학을 바탕으로 운영되었다고 보는 것이 더 적절할 것이다. 그렇다고 해도 그것이 이전의 고려사회와 비교해서 좀 더 세속화된 형태의 것이었다는 평가를 부정할 수는 없다.

시민사회에서의 도덕교육은 그 사회 구성원들이 보편적 또는 일반적으로 합의할 수 있는 가치나 덕목들을 대상으로 하는 교육이다. 합의를 이룰 수 없는 지점에서는 부모나 교사가 가치중립적인 자세를 취하면서 각 개인이 합리성을 전제로 한 가치 선택을 할 수 있도록 도와주는 것을 도덕교육의 중요한 다른 목표로 설정한다. 그런 도덕교육적 전제에서 본다면 만약 단일한 종교를 신봉하는 구성원들의 숫자가 많고 그들 대다수가 합의를 이룰 수만 있다면 특정 종교를 토대로 하는 가치나 덕목이 공적인 도덕교육의 장에서 배제될 이유는 없다. 이슬람 국가의 사례에서처럼 오히려 더 중심적인 위치를 차지할 가능성도 있다.

그러나 현대에 와서 어떤 국가라고 할지라도 모든 구성원들이 동일한 종교를 갖고 있으리라는 기대를 할 수는 없다. 설령 동일한 종교를 갖고 있다고 해도 이라크의 시아파와 수니파 사이의 갈등과 같이 미묘한 교리 해석의 차이 등으로 보편적 가치에 대한 완전한 합의는 불가능하다. 전형적인 다민족 · 다인종 사회인 미국은 말할 것도 없고 종교에 있어서는 비교적 단일한 전통을 유지해 온 유럽 국가들의 경우에도 그리스도교에 기반한 도덕교육 방법을 사회의 모든 구성원에게 강제하는 것은 불가능한 일이 되었다.

우리 사회는 어떠한가? 전체 인구의 절반 정도가 특정 종교를 갖고 있고 그 중 가장 많은 수가 개신교와 가톨릭을 포함하는 그리스도교인이고, 다음이 불교도인 전형적인 다종교 사회에 속하는 우리 한국에서 지배적인 종교란 아예 없다고 보아야 한다. 그런데 대체로 철학으로서보다는 종교로 받아들여지고 있는 불교의 도덕교육론이 우리의 공적인 학교 도덕교육과 만날 수 있는가? 불교 도덕교육론은 어떤 방식으로든지 붓다의 가르침과 연계될 수밖에 없고 그 가르침이 본래 종교성을 지닌다는 사실을 부정할 수 없는데, 어떻게 불교 도덕교육론이 우리의 세속화된 도덕교육과 만날 수 있는 것일까? 이 질문이 불교 도덕교육론에 관한 본격적인 논의의 장으로 접어드는 길목에서 우리를 기다리고 있다.

우리 시민사회를 지탱하고 있는 핵심 사상 중의 하나가 불교라면 생각보다는 쉽게 도덕교육과 불교의 만남이 가능할 수 있겠지만, 형식적으로 우리 시민사회는 그 이론적 뿌리를 전통적인 동양의 사회사상에 두고 있다고 말하기는 어렵다. 불교의 승가공동체나 유교의 대동사회와 같은 이상적인 공동체의 지향이 우리 시민사회를 지탱하고 있는 것이 아니라, 자유주의에 근거한 일종의 협약체로서의 사회이론이 바탕에 깔려 있기 때문이다. 그렇게 본다면 불교와 같은 종교는 개인적 차원에서의 합의 가능성은 물론 사회적 차원에서의 합의 가능성도 갖지 못한다. 그럼에도 우리가 우리의 도덕교육의 장에서 불교 도덕교육론을 중시해야 한다고 말할 수 있는 근거가 있는 것일까?

2. 도덕교과적 접근과 최대 도덕으로서의 불교윤리

우리 학교 도덕교육은 교과적 접근을 중심축으로 삼아 이루어지고 있다. 도덕교과를 중심으로 인성교육에 대한 포괄적인 접근을 꾀하고자 하는 이러한 시도는 주로 유교권 국가에서 채택하고 있는 도덕교육적 접근이다. 문제는 우리 학교의 교과에 시민교육을 주도하는 사회교과를 따로 설치하고 있는 데서 생긴다. 시민교육의 내용이 인지적 영역을 중심으로 이루어지는 경향을 인정한다고 하더라도 시민성 또는 시민윤리와 관련된 가치의 영역을 소홀히 할 수 없고, 어떤 점에서는 사회과의 궁극적인 목표는 시민과 시민사회와 관련된 인지적 영역을 출발점으로 삼아 바람직한 가치관을 가진 시민의 육성이라고 볼 수 있다는 점에서 늘 일정하게 다른 교과, 특히 도덕교과와 겹치거나 충돌할 수 있는 가능성이 열려 있다.

그렇다면 사회교과와 차별화될 수 있는 도덕교과의 정체성은 무엇이라고 말할 수 있을까? 이 질문은 도덕교과에 관심을 갖는 거의 모든 사람들이 각자의 입장에서 고민해야 하는 본질적인 질문이다. 이른바 '도덕교과의 정체성 논란'은 물론, 한편으로 도덕교과의 국민윤리적 역사라는 부정적이고 소극적인 차원에서 제기된 것이지만 다른 한편으로 적극적인 차원이 여전히 우리에게 열려 있다.[1] 우리가 사회교과 이외에 도덕교과를 독립시켜야 한다고 주장할 수 있는 학문적 근거와 실천적 지향점이 무엇인지를 진지하게 묻고 그 답을 구하는 것이 적극적인 차원의 논의 요청에 부합하는 태도일 것이다.[2]

---

1 도덕교과의 국민윤리적 배경과 역사에 대해서는 박병기 · 추병완, 『윤리학과 도덕교육 1-개정증보판』(고양 : 인간사랑, 2007), 66-71쪽을 참조할 수 있다.

2 홍정근도 2007 개정 교육과정을 동양윤리적 관점에서 평가하는 논문에서 이와 유사한 관점을 보여주고 있다. 즉 그는 '도덕과의 정체성은 타교과와의 비교 차원에서 도덕과 고유의 특징을 확립하는 가운데 이루어질 수도 있지만, 이런 방식은 자칫 피상적인 정체성에 머무르게 할 소지가 많다. 진정한 의미의 정체성은 현재의 한국인들 사이에 내재되어 있는 전통 도덕적 요소들을 심화

필자는 사회교과와 도덕교과의 차별성을 가치 문제에 있어서 최소 도덕과 최대 도덕의 구분을 통해 확보할 수 있다는 주장을 해오고 있다.[3] 도덕교과와 마찬가지로 사회교과도 가치 문제에 관심을 갖는 것이 당연하고, 또 사회교과의 목표를 온전히 달성하는 과정에서 필요한 것이라는 전제를 받아들이면서도 사회교과가 자유민주주의적 전제 위에서 협약체로서의 시민사회를 이끌어가는 주체인 시민의 자질과 능력을 특히 가치 문제와 관련지어서는 최소 도덕에 한정지어 다루는 교과라는 설정이 가능하다. 그 이상의 문제들, 즉 각 시민이 '어떻게 살아야 하는가?' 라는 윤리적 물음과 직면했을 때는 사적 영역의 문제(프라이버시)로 다루어 버리는 것이다.

관습적이고 타율적인 도덕과 자율적인 윤리를 구분하고자 할 때 우리 도덕교육은 이 두 개념을 발달단계적으로 포용하게 된다. 외부에 실재하는 타율적인 도덕을 준수하는 훈련을 통해서 도덕의 내용에 관한 수동적인 인식과정을 거치면서 궁극적으로는 그 도덕을 비판하고 넘어서는 수준에까지 이르게 하는 단계적이면서도 불연속의 지점을 동시에 포함하는 목표를 설정하고 있는 것이다. 결국 도덕

하고 외적으로는 타교과와 차별되는 특징적 요소들을 강조하는 입장을 취할 때 비로소 올바로 정립될 수 있다' 는 입장을 갖고 있다. 홍정근, 「중학교 도덕교육과 동양윤리」, 『도덕 · 윤리교육과 동양윤리-제8차 교육과정 개편과 관련하여-』, 동양철학연구회 · 한국동양철학회 · 한국교육과정평가원 연합 학술대회 자료집(2006. 5. 27), 성균관대학교, 108쪽. 참고로 자료집 제목의 '제8차 교육과정' 이라는 개념은 공식적으로는 '2007 개정 교육과정' 으로 확정되었음을 밝혀둔다.

3 이 주장과 관련된 가장 최근의 연구로는 졸고, 「도덕교육의 배경 학문으로서의 윤리학」, 한국윤리교육학회 『윤리교육연구』, 16집(2008. 8), 1-16쪽을 들 수 있다.

교육을 통해서 목표로 삼는 윤리는 자율성과 초월성을 동시에 지니는 것이라고 볼 수 있고, 그것은 우선적으로 각 개인의 실존적 삶의 영역 안에서 구현된다. 그러나 그렇다고 해서 이 모든 것들이 사적인 영역에 속하는 것은 아니다. 불교에서의 교육은 스승과 도반(道伴)을 전제로 해서 이루어지는 공동체적 과업이다. 스승에게 깨달음에 이르는 과정과 결과를 지속적으로 점검받으면서 도반들과 함께 치열한 공부의 과정을 함께 해나가는 것이 곧 교육의 본질이다.

우리는 이 지점에서 도덕교육이 최소 도덕의 영역에서 출발해서 최대 도덕적 지향을 가져야만 하는 것이라는 결론에 이를 수 있게 된다. 한 개인이 인연을 맺고 있는 공동체나 타자들과의 관계를 유지하지 위한 최소 도덕을 익히는 것이 도덕교육의 출발점이지만, 궁극적으로는 자신의 내면을 향한 보다 나은 삶을 향하는 열망을 갖고 실천하는 것이 목표라는 점에서 그러하다.

우리의 도덕교과는 그러한 보다 나은 삶을 향하는 열망을 간직할 수 있도록 교사가 중심이 되어 이끌어가는 것을 목표로 삼는 강화된 도덕교육의 형태이자 실천적 통로로 자리매김될 수 있다. 우리 학생들이 학급공동체 안에서 동료들과 일정한 시공간을 공유한다는 점에서 그 관계를 도반의 관계로 이끌어갈 수 있는 가능성도 여전히 열려 있다. 물론 이러한 가능성이 어느 정도 현실화될 수 있는지에 대해서는 이 땅에 살고 있는 대부분의 사람들은 부정적인 판단을 내리겠지만, 그 현실적 어려움이 가능성 자체를 봉쇄하는 것은 아니라는 점도 분명하다.

우리의 학교 도덕교육이 교과적 접근을 택하게 된 배경의 핵심은 이와 같은 불교공부의 전통과 그 전통을 유교적 관점에서 차별화하여 계승한 성리학의 공부 전통이고, 그것은 도덕교육의 외연을 최대 도덕으로 열어놓는다는 의미를 넘어서 그 지향으로 삼는다는 것을 전제로 하는 것이다. 우리의 도덕교과에 대한 비판이 지속적으로 제기될 수 있는 것은 그러한 불교와 유교를 지탱해 주었던 사회구조가 더 이상 존재하지 않는 시민사회로 전환되었기 때문이다. 시민사회가 학교라는 공적 기구를 통해서 공유하고자 하는 도덕은 최소 도덕이고, 그것을 다루는 데는 사회교과로 충분한 것 아닌가 하는 의문은 어떤 점에서는 당연한 것이라고 말할 수도 있다.

그러나 우리는 도덕의 문제가 본질적으로 최대 도덕의 범위를 포함할 수밖에 없고, 그런 점에서 아무리 유의한다고 해도 최소 도덕을 가르치는 데서 멈출 수 없을 뿐만 아니라, 어느 시대이든지 학교가 학원이 아닌 한 최대 도덕의 문제를 피해갈 수 없다는 사실에 주목할 필요가 있다. 결국 학교 교육의 목표는 '인간으로서 어떻게 해야 제대로 잘 살 수 있는가?' 라는 질문을 스스로에게 던질 수 있고, 그 과정과 결과에 따라 실천할 수 있는 성향과 능력을 가진 사람을 길러내는 것일 수밖에 없으며, 그렇게 본다면 우리의 '도덕적 실천 전통(moral practices of tradition)' 으로 살아남아 있는 불교와 불교의 도덕교육론에 주목하는 것 또한 당연하다는 결론에 이르게 된다.[4]

---

4 맥킨타이어는 관행(practices)은 '사회적으로 구축된 일관되면서도 복잡한 상호 협력활동' 으로 정의한다. 이러한 관행은 또한 좀 더 확대되고 포괄적인 전통(tradition)의 범위 안에 들어 있는 것이다. 그런 점에서 전통은 '일련의 사회적 관행들에 의해 구성되는 것임과 동시에 그 관행의 중요성과 가치를 이해하는 하나의 인식틀' 이 되기도 한다. 맥킨타이어의 주장을 원용하여 우리는 현재적 삶 속에 살아 있는 불교를 '도덕적 실천 전통' 의 하나로 규정해 보고자 한 것이다. A. MacIntyre, *After Virtue : A Study in Moral Theory*(London : Routledge

3. 도덕교육 이론으로서의 불교교육론

1) 붓다의 가르침으로서의 불교

'불교란 무엇인가?' 라는 질문에 대한 가장 단순하면서도 명료한 답변은 불교는 곧 붓다의 가르침이라는 답이다. 이 명제는 분명히 동어반복이다. 불교(佛敎)라는 말을 우리말로 풀어서 제시한 것에 불과하기 때문이다. 그렇기 때문에 틀릴 수 없는 명제이기는 하지만 더 이상의 어떤 내용을 우리에게 보여주지는 못하는 것이 아닌가 하는 생각을 할 수 있다. 한편으로 그럴 수 있는 가능성이 여전히 열려 있기는 하지만 우리는 '가르침(敎)' 이라는 개념에 주목하여 새로운 해석의 가능성도 열 수 있다.

가르침은 주체가 설정되어야 하고, 그 내용이 있어야 하며, 더 나아가 그 과정이 전제되어야 비로소 온전히 성립한다. 주체는 가르치는 자와 가르침을 받는 자로 다시 나뉘고 과정이란 이 두 주체 사이에 형성되는 일련의 관계라는 형태로 해석된다. 붓다의 가르침은 당연히 붓다라는 주체가 누군가를 향하여 일정한 내용을 전하는 과정으로 이루어진다. 붓다가 전하고자 하는 내용은 '깨달음' 이라는 개

& Kegan Paul, 1981), 175쪽. 또한 맥킨타이어의 관행 및 전통 개념에 관련된 보다 상세한 논의는 J. Horton & S. Mendus(ed.), *After MacIntyre : Critical Perspectives on the Work of Alasdair MacIntyre*(Indiana : University of Notre Dame Press, 1994), 1-15쪽을 참조할 수 있다.

념으로 요약될 수 있고, 주체들은 각각 붓다와 그 제자들, 또는 깨달음의 세계에 동참하고자 하는 우리들 모두로 설정될 수 있다. 그렇다면 그 주체들이 깨달음이라는 개념을 주고받으면서 깨달음의 세계를 향한 열망을 향해 나가는 과정이 곧 교육의 과정이 된다.

붓다의 가르침으로서의 불교는 그런 점에서 그 자체로 교육을 전제로 해서 성립되는 개념이다. 만약 붓다가 깨달음을 얻은 이후에 누군가에게 전하고자 하는 마음을 내서 행동에 옮기지 않았다면 불교 자체는 성립될 수 없었을 것이다. 이 점에 대해서 마스타니 후미오는 아함부 경전을 토대로 삼아 다음과 같이 주장한다.

> 이제 붓다는 가리는 것이 없는 눈으로 일체 만유의 진상을 꿰뚫어 보았다. 이것이 정각(正覺)이다. 그러나 이것은 아직 그 한 사람의 가슴 속에 간직되어 있을 뿐이다. 이른바 내증(內證)이다. 그 내증을 가만히 맛보고 고요한 즐거움에 잠기면서도 그는 갑자기 불안을 느꼈던 것이다. 만약 자기와 같은 깨달음을 얻은 사문이나 바라문이 어디엔가 있다면 그에게 찾아가서 살고 싶었을 것이다. 그러나 그런 사람은 아무 데도 없는 것을 어쩌랴. 그렇다면 이 세상에서 의지할 것이라고는 스스로 깨달은 법(眞理)밖에는 없지 않은가! 그것을 객관적으로 표현하여 누군가의 이해를 구하는 것, 그것만이 인간 고타마에게 남은 단 하나의 길이었다. 여기서 전도의 문제, 즉 설법의 문제가 떠오르게 되었던 것이다.[5]

5 마스타니 후미오, 이원섭 옮김, 『아함경』(서울 : 현암사, 2008), 31쪽.

스스로 깨달은 상태인 내증을 넘어서서 다른 사람에게 그 깨달음의 진리를 전하고자 하면서 비로소 불교, 즉 붓다의 가르침이 성립하게 되었다는 이 말은 교육 이론과 관련지어 몇 가지 중요한 쟁점을 제기해 준다. 그 중 하나가 교육은 곧 과정(過程)이라는 흐름으로서의 교육관이고, 다른 하나는 깨달음을 무엇을 매개체로 삼아 전하느냐와 관련된 교육방법론적 쟁점이다. 전자의 경우는 교육의 본질을 과정과 흐름으로 보는 관점의 정착과 관련지어 현실 속의 결과지향적 교육관을 비판하는 준거로 삼을 수 있고 실제로 일정 부분 작동하고 있기 때문에 일단 논외로 하고 여기서는 후자의 쟁점에 초점을 맞춰보기로 하자.

붓다가 전하고자 하는 가르침의 내용을 깨달음이라고 할 때 이 깨달음은 어떤 매개체를 통해서 교육받는 사람에게 전달될 수 있을까? 우리는 흔히 그 매개체는 곧 말이라고 생각한다. 말을 가지고 하는 '깨달은 진리를 전하고자 하는 교육활동'을 설법(說法)이라고 칭하는 데서도 드러나 있는 생각이다. 우리의 삶에서 말은 행동과 대비되기도 하고 실물(實物)과 대비되기도 한다. 그 중에서도 우리 동양의 교육전통에서 부각되어 온 것은 행동과 대비되는 개념으로서의 말이다. 말과 행동의 일치가 삶의 목표이자 교육의 목표로 설정되어 온 것이다.

행동은 일차적으로 구체적인 시공간 안에서 이루어지는 활동인 반면에, 말은 추상적인 시공간 속에서 이루어지는 인간의 활동이다. 물론 그 말을 뒷받침해 주는 신체기관의 구체적인 움직임을 배제할 수는 없지만 최소한 그 움직임이 인간의 말을 구성하는 본질적인 요소는 아닌 것처럼 보인다. 말이 교육의 장에서 의미 있게 활용되는 과정을 개념의 획득이라는 관점에서 접근하고자 하는 김광민은 말을 떠나 개념을 획득하는 일은 지눌의 말과 같이 땅에서 넘어진 자가 '땅을 떠나서 일어나려고 하는 것'만큼 그릇된 일이라고 단언한다.[6]

이러한 김광민의 생각은 말을 어떻게 정의하는가 하는 선행 문제 해결의 과제를 전제로 하고 있다. 그가 말을 실물과 대비시키는 입장을 택하고 있기 때문에 이런 단언이 가능할 뿐이고, 만약 말을 실천이나 행동과의 관계 속에서 파악하고자 한다면 말을 떠난 행동이나 실천을 통한 교육은 당연히 가능하고, 땅에서 넘어진 자가 딛고 일어서고자 하는 그 땅의 한 부분이 곧 행동이자 실천이라고 할 수 있다. 본래 지눌이 땅의 비유를 통해서 말하고자 했던 것은 당시의 불교가 안고 있는 수많은 문제들을 직시하면서 그 문제들을 해결하기 위해서는 바로 그 문제 자체에 대한 정확한 인식과 함께 붓다 가르침의 핵심에 대한 재고가 필요하다는 사실이다.

> 땅에서 넘어진 자는 바로 그 땅을 딛고 일어서야지 그 땅을 벗어나 일어서려고 하면 기댈 곳을 찾기 어렵다. 마음이 미혹해져서 끝없는 번뇌에 시달리는 자가 중생이고, 그 마음을 깨달아 가없는 경지에 오른 자가 곧 붓다이다. 미혹됨과 깨달음이 비록 다른 것 같지만 오직 같은 마음에서 일어나는 것이기 때문에 이 마음을 떠나 깨달음을 얻고자 하는 자는 의지할 수 있는 것이 없게 된다.[7]

---

6 김광민, 『지눌의 교육 이론』(서울 : 교육과학사, 1998), 131쪽.

7 지눌, 「권수정혜결사문」, 『한국불교전서』, 4권, 698쪽 상, 人因地而倒者 因地而起 離地求起 無有是處也 迷一心而起無邊煩惱者 衆生也 悟一心而起無邊妙用者 諸佛也 迷悟雖殊 而要由一心 則離心求佛者 亦無有是處也.

그런데 김광민은 말을 떠나 교육을 하고자 하는 것을 마음을 떠나서 깨달음을 얻고자 하는 것과 비교하면서 교육은 말을 떠날 수 없는 것이라는 결론에 도달하고 있는 것이다. 이러한 비교는 말을 떠나 교육이 가능할 수 있을 뿐만 아니라, 진정한 깨달음은 말을 떠난 곳에 있을 수 있는 것이라는 선불교의 핵심과 긴장관계를 유지한다. 물론 그와 같이 말을 실물과 대비시키면서 실천이나 행동까지를 포괄하는 개념으로 정의할 경우에는 이러한 주장이 성립될 수 있는 여지가 넓어지지만, 일상 어법에서 말 또는 언어는 실천이나 행동과 대비된다는 점에서 문제가 있는 비교이다.

이 지점에서 우리의 관심은 물론 불교가 붓다의 가르침 자체라는 점이고, 그 가르침의 본질이 무엇인가를 묻기 위한 토대로 가르침의 매개체로서의 말의 의미와 한계에 대해 부분적인 주목을 해본 것일 뿐이다. 우리가 지금까지의 논의를 통해 도달한 결론은 불교는 본래부터 가르침, 즉 교육으로 성립된 것이며, 그 가르침의 내용은 붓다가 깨달은 진리이고 그 매개체로 실천과 행동을 포함하는 넓은 의미의 말을 설정하고 있다는 사실이다. 이 결론에 동의할 수 있다면 불교는 교육일 뿐만 아니라 그 자체로 곧 도덕교육이 되는 셈이다. 왜냐하면 도덕교육이란 '어떻게 살 것인가?' 라는 질문을 화두로 던져놓고 교사와 학생이 각자의 답을 찾아가는 과정에서의 만남 그 자체로 정의할 수 있고, 불교는 석가모니 붓다의 해답과 그 가르침을 본질로 삼고 있기 때문이다.[8)]

---

8 도덕교육의 정의에 관한 이러한 관점의 보다 상세한 논의는 졸고(2008), 앞의 논문, 7-8쪽 참조.

2) 불교 도덕교육론의 기본 구조

(1) 이상적 인간상의 전제 : 붓다와 아라한, 보살

불교는 본래부터 가르침으로 형성된 것이고, 그 가르침의 핵심 내용이 깨달음이라는 점에서 도덕교육과도 동일시될 수 있다는 우리의 입장은 그러나 도덕교육의 구체적 맥락으로 넘어오면 보다 세밀한 논의를 필요로 한다. 도덕교육은 한편으로 교육의 심연을 겨누는 이론적 지향임과 동시에 구체적인 장에서 인격체들 사이의 만남을 매개로 하여 이루어지는 실천적 지향이기 때문이다.

동양의 도덕교육 전통 속에서 도덕교육 이론은 대체로 이상적인 인간상과 진리의 세계를 전제로 하여 그 인간상을 통해 진리의 세계를 현실 속에서 구현할 수 있는 수행과 수양의 방법을 중심으로 구성되었다. 유교의 경우 성인군자나 선비라는 인간상을 전제로 하여 천명(天命)의 담지자로서의 역할을 다할 수 있는 수양론(修養論)을 도덕교육론의 핵심으로 설정해 왔고, 불교의 경우는 붓다와 아라한, 보살이라는 인간상을 토대로 깨달음을 향한 지난한 몸짓을 멈추지 않는 수행론(修行論)을 그 핵심 축으로 설정해 왔다.

서양의 경우에도 물론 이상적 인간상에 대한 논의가 플라톤의 철인왕의 예와 같이 등장하고 로고스적인 질서를 구현할 수 있는 정치체(政治體)를 모색하는 과정에서 일정한 훈련 또는 교육과정을 요청하기도 한다. 특히 아리스토텔레스의 경우에는 실천을 통한 덕의 함양을 도덕교육의 주된 방법으로 제시하면서 아레떼를 구현하는 행복한 인간상을 이상적인 인간상으로 제시하기도 했다. 이러한 전통은 중세 그리스도교 사상이나 체제 안에서도 유지되었고, 근대 이후의 사상 속에서는 합리성을 추구하는 경제적 인간을 교육을 통해 구현해야 하는 새로운 시대의 시민상으로 구체화시키기도 했다.

그러나 다른 한편으로 서양 근대 이후의 도덕교육 전통은 이상적 인간상에 관한 기대와 논의 자체를 조금씩 포기해 가는 과정이기도 했다는 사실에 유념할 필요가 있다. 인간을 이기적 존재로 규정할 수밖에 없었던 자본주의적 삶의 지향이 자리를 잡기 시작한 이후에 교육은 점차 이기적 인간의 합리적인 계산능력을 길러주는 방향으로 그 목표를 전환할 수밖에 없었고, 이상적인 인간상이나 도덕교육에 관한 논의는 사적인 영역의 것으로 한정짓는 경향이 강하게 나타났음을 우리는 이미 전제한 바 있다.

이상적 인간상이나 그 인간상에 토대를 둔 적극적인 도덕교육에 관한 논의의 쇠퇴는 한편으로 자연스러운 것이었을 뿐만 아니라 당시 시대의 요청을 고려해 볼 때 바람직한 것일 수도 있었다. 서구의 근대 시민사회가 중세의 공동체적 굴레로부터 인간을 해방시키는 것을 주된 초점으로 갖고 있었고, 그 맥락에서 본다면 공동체의 간섭을 받지 않고 자유롭게 살 수 있는 권리 보장은 시민사회의 주된 목표가 되는 것이 자연스러웠기 때문이다. 더 나아가 이 시기에 가능한 범위 안에서는 최대의 자유를 보장하는 것을 목표로 삼는 새로운 시민권 개념이 등장하기도 했다.[9] 이 개념에서는 시민적 덕성이 최

9 데릭 히터는 이러한 새로운 시민권 개념은 이전의 '소수의 엘리트가 시민적 행동의 미덕을 갖추고 있다는 가정에 기초한 것'이라면, 이 개념은 모든 시민

소화되고 권리와 의무에 관한 법적인 규정이 주된 내용으로 부각된다.

이기성(利己性)과 합리성을 출발점으로 삼는 이러한 자본주의적 인간관은 자율성을 바탕으로 행복의 개념 자체도 완전한 인간적 삶의 열망이라는 아리스트텔레스적이고 전통적인 전제에서 각 개인의 소비를 통한 쾌락 추구라는 방식으로 다시 정의하게 하는 결과를 가져왔다. 이런 상황 속에서 도덕교육은 이기성을 인정하면서 전체의 이익도 고려해 보게 하는 정도의 합리적 이기주의라는 범위를 넘어서기 어렵게 되었다. 물론 최근의 서양 도덕교육론의 주류가 여전히 자율론적 접근이라고 보기는 어렵다. 나딩스(N. Noddings)의 지적과 같이 오히려 공동체적인 접근을 전제로 하는 인격교육론이 주도권을 잡고 있다고 보는 것이 현실과 더 부합하는 것이다.[10]

그러나 인격교육론이 인간의 공동체성을 바탕으로 그것에 필요한 덕을 직접적으로 가르치는 것을 주된 내용으로 하기 때문에 이 시대에 우리가 추구해야 하는 공동체의 구체적인 모습과 덕의 정당성 문제에서 끊임없는 도전에 직면해 있기도 하다. 과연 승가공동체

이 민주적 권리를 부여받는 대신에 국민국가에 대한 충성의 의무를 지는 '대중'에 대한 가정에 기초한 것이라고 분석하고 있다. 데릭 히터, 김해성 옮김, 『시민교육의 역사』(서울 : 한울아카데미, 2007), 137쪽.

10 나딩스는 '오늘날 인격교육이 도덕교육의 실천적 영역을 주도하고 있다' 라고 현재 미국의 도덕교육 상황을 평가하면서 그렇다고 해서 인격교육이 성공을 거두고 있다고 보기도 어렵다는 입장을 보이고 있다. 그는 오히려 사람들 사이의 관계를 중시하는 배려윤리적 접근이 이 시대의 상황과 더 부합하는 접근법이라고 주장한다. N. Noddings, *Educating Moral People : A Caring Alternative to Character Education*(New York : Teachers College Press, 2002), 서론(Introduction) xiii쪽 참조.

와 그것에 근거한 계율 및 덕이 인격교육론자들이 직면한 도전을 극복할 수 있는 대안이 될 수 있을까? 키온(D. Keown)과 같은 서구 불교학자는 불교윤리와 아리스토텔레스의 덕윤리를 비교하면서 '윤리적 완성(ethical perfection)'을 추구한다는 점에서 상당한 정도의 유사성을 지닌다고 분석하기도 한다.[11] 깨달음을 윤리적 완성이라는 개념과 동일시할 수 있다면 충분히 동의할 수 있는 주장이지만, 깨달음의 영역이 한편으로는 윤리적 차원을 넘어서는 곳에 있을 수 있다는 점을 고려한다면 조심스런 접근이 필요한 부분이다.

깨달음을 성취한 존재자는 붓다이고, 그 과정에서 일정한 성취를 이룬 또 다른 존재자는 초기불교의 아라한과 북방불교의 보살(菩薩)이다. 이러한 이상적 인간상들의 존재는 우리가 다가가야 하는 목표 지점을 알려주기도 하고, 그 과정에 이르는 수행의 방법을 구체화하여 제시해 주는 원천이 되기도 한다. 이와 유사한 구도를 갖고 있는 플라톤의 이데아론과는 달리 불교의 이상적 인간상들은 현실의 토대를 적극적으로 수용한다. 보살의 경우에도 세속의 진흙탕을 부정하지 않고, 붓다의 경우에도 현실에 뿌리를 두고 그 현실 속의 고통을 극복할 수 있는 실천적인 대안으로서의 수행과 자비행(慈悲行)을 강조할 뿐이다. 이러한 현실과의 긴밀한 연계성은 도덕교육의 실천적 과정을 뒷받침할 수 있는 이론적 기반이 되어주기도 한다.

지금까지의 논의를 통해서 불교 도덕교육론이 이상적 인간상을 전제로 하는 깨달음을 목표로 삼고 있고, 그것이 세속화된 시민사

---

11 D. Keown, *The Nature of Buddhist Ethics*(New York : Palgrave, 2001), 21–23쪽 참조.

회의 인간관과는 상당한 정도의 인식구조의 갈등을 빚을 수 있다는 사실을 확인했다. 다만 근대 서구 시민사회의 전개과정에 따라 최근에는 시민성 또는 시민윤리를 자율론적 범위를 넘어서는 관계 또는 공동체의 관점에서 재규명하면서 그것에 근거한 도덕교육이 새로운 조류이자 실천적 주도권을 확보하고 있다는 점을 고려해 볼 때, 우리의 도덕적 실천 전통으로 남아 있는 불교 도덕교육론이 새로운 대안이 될 수 있는 가능성도 여전히 남아 있다는 평가도 가능할 것이다.

(2) 수행과 삼학(三學)의 전통

그렇다면 이제 그 불교 도덕교육론의 기본 구조가 어떠한지에 관한 다음 논의를 더 심화시켜야 할 단계이다. 다음 논의는 어떻게 하면 무명(無明)의 현실 속에서 집착을 버리지 못하고 살아가고 있는 우리가 앞에서 논의된 이상적 인간상을 구현할 수 있을 것인가, 또는 다른 말로 표현해서 깨달음을 얻을 수 있을 것인가 하는 문제로 이어진다. 이 논의 전개를 위해서는 과연 깨달음이 무엇인가를 이해하는 것이 도움이 되겠지만 깨달음이 무엇인지를 이해하는 일은 그것을 얻는 일만큼이나 어렵다.

깨달음의 개념적 이해가 어렵다면 그것에 이르는 길이라고 붓다가 제시한 방법을 살피는 우회로를 생각해 볼 수 있다. 그 우회로는 바로 삼학(三學)이라는 세 가지 수행방법을 고찰하는 길이다. 삼학은 계 · 정 · 혜(戒定慧)를 의미하고 그 출발은 계, 즉 계율의 준수이다. 이 계율에 대해서 붓다는 다음과 같이 설하고 있다.

여기서 계를 지키는 것이 무엇을 의미하는지 개략적으로 설하고자 한다. 계는 해탈의 근본을 바르게 따르는 것이기 때문에 바라제목차라고 이름 붙인다. 이 계에 의지하면 모든 선정을 얻어 고통을 없애고 지혜를 얻을 수 있다. 그런 이유로 비구들은 마땅히 계를 청정하게 지켜야 하고 항상 계로부터 벗어나지 않도록 해야 한다.[12)]

계는 해탈의 근본을 바르게 따르는 것임과 동시에 이 계에 의지하면 선정과 지혜를 얻을 수 있다는 붓다의 가르침은 삼학의 시작이자 근본이 바로 계율임을 분명하게 보여주고 있다. 계율은 본래 승가 공동체의 수행풍토 유지를 위해 만들어진 타율적인 율(律)과 자신의 마음 속에 삼감의 원칙을 정하는 계(戒)를 모두 포괄하는 개념이다.

선정(禪定)은 흔히 주객이 사라진 상태라고 정의된다. 보리심을 일으키고 수행을 시작할 때는 외부에 사람과 사물이 존재함을 보고 느끼는 등 주관과 객관이 분명히 나뉘지만, 선정에 들면 자신의 몸과 외부의 존재 사이의 구분이 마음의 현상이 지나지 않음을 알게 된다는 것이다. 즉 마음 밖에 다른 어떤 것도 없음을 깨치게 되는 상태가 바로 선정이라는 의미이다.[13)] 선을 구분하는 방식에는 여러 가지가 있을 수 있지만, 부처님 교설에 근거하여 실천하는 선인 여래선(如來

12 「佛遺教經」, 『大正藏』 12권, 1111쪽 상, 此則略說持戒之相 戒是正順解脫之本 故名波羅提木叉 依因此戒 得生諸禪定 及滅苦智慧 是故比丘 當持淨戒 勿令毀缺.

13 선정에 대한 이러한 정의는 지운, 「계율과 수행, 그리고 깨달음」, 동화사 계율 수행 대법회 자료집, 『깨달음으로 가는 길』, 2005. 8, 97쪽에서 가져온 것이다.

禪)과 일상 속에서 마주치는 조사(祖師)들의 언행에 깨달음의 지표를 설정하여 그 깨달음을 얻도록 유도하는 조사선(祖師禪)으로 나누는 방식이 일반적이다. 전자의 경우에는 남방불교의 위빠사나 수행법이 오늘에 이어지고 있고, 후자의 경우에는 그 조사선의 내용으로 화두(話頭)를 제시하고 이를 궁구하는 수행법인 간화선(看話禪)이 대표적인 수행법으로 현재에 이어지고 있다. 한국 불교에서 전통적으로 채택해 온 수행법은 간화선이다.[14)]

지혜의 경우에도 선정과 분리되지 않는다. 지혜는 나와 나 이외의 것들 사이의 구분을 넘어서는 것이고, 다른 측면에서는 결국 모든 것들이 마음이 지어내는 것임을 알아가는 과정 그 자체라고 할 수 있다. 선불교를 중심으로 삼아온 우리 한국 불교에서도 경전을 중심으로 하는 지혜의 공부방법은 소홀히 다루어지지 않았다. 선불교의 일반적인 소의경전(所依經典)으로 꼽히는 금강경과 능엄경, 원각경, 대승기신론, 화엄경 등을 중심으로 승려교육을 실시해 왔고, 덧붙여 '선요(禪要)'나 '서장(書狀)' 같은 간화선과 관련된 경전들을 체계적으로 공부하는 전통을 이어오고 있다.[15)]

조사선의 전통에서 조사들의 어록과 같은 삶의 기록도 중요한 공부의 대상이 된다. 우리 불교의 전통 속에서는 예를 들어 보조 지눌의 제자였던 진각국사 혜심의 어록이 '한국 간화선 현존 최고의

---

14 간화선에 대한 초보적이면서도 심도 있는 소개서로 김영욱, 『화두를 만나다 : 깨달음을 부수는 선』(서울 : 프로네시스, 2007)을 들 수 있다. 여기서의 선의 구분도 이 책에서 빌려온 것이다. 같은 책 16쪽 참조.

15 이러한 전통은 현재 우리 불교의 강원에서도 거의 그대로 이어지고 있다. 강원의 교육과정에 관한 보다 상세한 논의는 이지관, 『한국불교소의경전연구』(서울 : 가산불교문화연구원, 2003)을 참조할 수 있다.

어록'으로 꼽히기도 한다. 그 한 부분을 보면서 조사어록을 매개로 하는 지혜의 공부과정을 생각해 볼 수 있다.

> 국사가 이어서 말했다. "성스러운 결제를 할 시기가 되었으니 때는 바야흐로 초여름이로다. 선수행자들이 이미 집합하여 깊은 뜻이 담긴 소리를 귀 기울여 들으려 한다. 바로 이러할 때 어떤 이야기를 화제로 삼는 것이 적당할까? 온갖 성인과 같은 경지의 눈이 활짝 뜨이면 대지에는 작은 티끌 하나조차 없고, 조사의 관문을 부수어 버리면 세상 어디도 특별히 수행하러 돌아다닐 길이 없을 것이다. 만약 이와 같이 할 수 있다면 많은 말이 필요없다. 그러나 아직 그렇지 못하다면 이 뜻을 전하는 게송 하나를 들어보라. '주장자를 던져놓고 쉴 일이며 이리저리 어지럽게 돌아다니지 마라. 창을 휘둘러 부처님의 태양을 돌지 못하게 하고 배를 두드리며 여유롭게 마구니의 군대를 물리치네. 한 생각에서 가을 달과 같은 안목을 밝히고 오음(五陰)에서 먹구름과 같은 장애를 떨어내라. 다만 여섯 나라를 평정하기만 한다면 누가 우리의 진실한 임금을 어지럽히겠는가?' 주장자를 높이 세웠다가 한번 내리치면서 말했다. 서서 법문 듣느라 고생했소. 안녕히들 계시오." [16)]

선방에 모여서 결제를 시작하면서 방장이나 조실의 말씀을 듣는 이러한 법문의 형식은 오늘날에도 이어지고 있을 뿐만 아니라, 화

16 혜심, 김영욱 역해, 『진각국사어록 역해 1』(서울 : 가산불교문화연구원, 2004), 64–65쪽.

두를 참구하는 것을 선수행의 핵심 과정으로 생각하는 간화선 전통에서 빼놓을 수 없는 공부과정이라고 볼 수 있다. 이 실참의 과정과 함께 강원의 교육과정도 주로 선종의 경전들이나 조사어록 등을 중심으로 구성한 것이 한국 불교 수행체계의 특징이기도 하다. 선 중심의 강원 교육과정은 선교 양종의 구분이 약화될 수밖에 없었던 조선 중기 이후에 현재와 같은 형태로 정착한 것이라는 의견이 우세하다.[17] 이 전통이 오늘에 이어져 각 총림의 방장 스님들은 결제와 해제 때 법어를 통해 수행과정을 안내하고 정리하는 역할을 하고 있다. 다음은 조계종 종정 법전 스님의 2008년 하안거 해제 법어이다.

> … 똥은 하찮은 것입니다. 그렇지만 그것이 하찮은 것인 줄 모를 때는 그것이 금인 줄 압니다. 똥도 누렇고 금도 누렇기 때문입니다. 공부를 하다 보면 금인 줄 알았는데 똥인 경우가 많습니다. 법은 금이지만 법에 대한 집착은 똥입니다. 그러나 안목이 열리지 않는 범부승은 '법'과 '법에 대한 집착'을 구별할 수가 없습니다. 그렇기 때문에 똥과 금을 착각하는 것입니다. 그러나 알고 보면 똥과 금은 둘이 아닙니다. 번뇌의 똥을 치우면 보리의 금이 나오기 때문입니다.
>
> 선림의 해제대중들은 만행길에 선지식을 만나거든 내가 지난 결제 동안 공부한 것이 금인지 똥인지를 제대로 점검받아야 할 것입니다. 그렇게 된다면 해제길이 또 다른 결제길이 되는 것입니다.

---

17 한국 불교의 교학체계와 수행체계에 관한 포괄적인 연구결과로는 종호, 「한국 불교의 교학체계와 수행체계에 관한 연구-조계종을 중심으로-」, 대한불교조계종 교육원 · 가산불교문화연구원, 『세계 승가공동체의 교학체계와 수행체계』(서울 : 도서출판 가산문고, 1997), 719-770쪽을 참조할 수 있다.

살시살요혼한사(撒屎撒尿渾閑事)라

호호수분후여향(浩浩誰分嗅與香)고

똥 오줌 뿌리는 짓거리는 모두가 부질없는 일이로다.

이는 끝이 없거늘 누가 향기와 악취를 구별해내겠는가.

2552(2008)년 하안거 해제일에[18)]

지금까지 우리는 한국 불교의 전통을 중심에 두고 삼학(三學)이 어떻게 유기적으로 연계되면서 깨달음을 향한 공부가 이루어지고 있는지 살펴보고자 했다. 비록 한국 불교가 간화선이라는 조사선의 한 형태를 수행의 핵심 방법과 과정으로 설정하고 있지만, 그렇다고 해서 계율과 경전 공부를 소홀히 하는 것은 아니라는 사실을 확인할 수 있었다. 물론 강원에서 공부하는 교과목들이 금강경이나 능엄경과 같은 선종 관련 경전들을 위주로 편성되어 있기는 하지만, 다른 한편으로 전형적인 동아시아 불교의 교학을 형성하고 있는 화엄경도 포함하고 있고, 또 선종 관련 경전들 자체도 문자로 이루어진 서책이라는 점에서 말과 글을 통한 공부과정이 경시되지 않았다는 평가가 가능하다.

더 나아가 율장이 강원의 교육과정에서 중시되지는 않았지만, 선원을 유지하기 위해서 제정된 선원청규를 바탕으로 하는 엄격한 계율이 준수되었다는 점에서 삼학의 출발점을 이루는 계율의 준수

---

18 조계종 종정 법전 스님은 해인총림의 방장을 겸하고 있고, 이 해제 법어는 해인총림을 비롯한 전국의 5대 총림과 선방에서 하안거에 참여한 조계종의 2,000여 납자들을 상대로 한 것이자 일반 대중들을 위한 수행 지침으로서의 역할도 배제하지 않고 있는 것이기도 하다. http://blog.daum.net/bominlove/6099764

도 강조되었다고 말할 수 있다.[19] 이렇게 본다면 한국 불교는 간화선을 위주로 하는 선수행을 근간으로 삼아 경전공부를 통한 지혜의 추구와 계율 준수를 통한 수행을 통합한 전형적인 삼학의 전통을 확립하여 현재에 계승하고 있다고 평가하는 것이 가능하다. 물론 이러한 전통이 현재 어느 정도로 내실 있게 이어지고 있는지에 대해서는 다른 평가도 가능하겠지만, 최소한 우리는 세 가지 공부방법 또는 수행방법 모두를 깨달음에 이르는 방법으로 설정했던 불교 전통의 도덕교육론적 모형을 확인하는 데는 성공한 셈이다.

4. 불교 도덕교육론 정립의 과제

불교의 도덕교육 전통이 유구함에 비해 '불교 도덕교육론'은 아직 낯선 개념으로 머물러 있는 수준이다. 불교 도덕교육론과 실질적인 내용을 함께 하면서도 개념적으로는 앞선 수준의 것이라고 볼 수 있는 '불교 교육론' 역시 아직 정착된 수준을 보여주지 못하고 있다. 물론 1995년에 처음 학술지를 낸 '한국종교교육학회'를 중심으로 하여 우리가 직면한 현재의 교육 문제를 해결하는 데 불교가 어떤 도움을 줄 수 있는지에 초점을 맞춘 '불교 교육학'에 관한 논의가 없

19 선원청규의 대표적인 사례로 백장청규를 들 수 있다. 그 백장청규의 여러 판본 중에서 중국 원나라 시대에 편찬된 『勅修百丈淸規』와 고려 시대에 편찬된 『고려판 선원청규』가 법혜 스님의 역주로 우리말로 최근 번역되었다. 최법혜, 『칙수백장청규 역주』(가산불교문화연구원, 2007).

는 것은 아니고, 오히려 몇몇 제한된 연구자들의 논의는 평가해 줄 만한 수준이다.[20]

그러나 논의의 초점을 불교 도덕교육론으로 맞추면 역시 교육학분야의 몇몇 시론적인 연구물을 제외하고는 본격적인 논의를 담고 있는 논문을 발견하기 어렵다. 도덕교육론 분야에서 전통 도덕교육론 자체에 대한 관심이 극히 저조했고, 그나마 주로 유교 도덕교육론에 초점을 맞추고 이루어진 것이 대부분인 현실을 그대로 반영하고 있다는 평가를 할 수밖에 없을 것이다. 불교에서 교육론과 도덕교육론의 엄격한 구별이 불가능하다는 점을 고려한다면 굳이 도덕교육학계와 교육학계 사이의 논의가 차별성을 지니고 있어야 한다는 가정도 성립되기 어렵다. 그런 점에서 이미 축적된 교육학계의 논의를 포함하여 도덕교육학계의 불교 도덕교육론에 관한 연구와 논의가 이제는 본격적으로 이루어져야 할 때라는 절박한 바람을 갖게 된다.

이 장에서는 우리의 도덕교육과 불교의 만남이 가능한가라는 질문을 던지는 것을 출발점으로 삼아 도덕교과적 접근을 택하고 있는 우리가 최대 도덕 패러다임이자 살아 있는 도덕적 실천 전통인 불교와 어떤 방식으로든지 만나지 않을 수 없다는 현실적 과제를 제시

20 그 대표적인 예로 박선영, 「현대 교육의 고민과 불교의 역할」, 『종교교육학 연구』 1권(서울 : 한국종교교육학회, 1995), 김용표, 「붓다의 교육원리와 수기적 교육법」, 『종교교육학 연구』 25권(서울 : 한국종교교육학회, 2007)을 들 수 있다. 박선영의 선구적 역할을 토대로 김용표의 논문은 붓다의 교육정신과 교육내용은 물론 대기설법을 '수기적(隨機的) 교수법'이라는 이름으로 재해석하여 다양한 해석과 함께 실천적 함의를 담아내는 데 일정한 성공을 거두고 있다. 같은 논문집, 9-22쪽 참조.

하고자 했다. 그런 후에 도덕교육론이라는 관점에서 보면 붓다의 가르침이라는 의미를 담고 있는 불교가 이미 그 자체로 교육 이론과 함께 도덕교육론이 될 수 있는 가능성을 내포하고 있음을 보여주고자 했고, 이러한 전제를 토대로 삼아 불교 도덕교육론의 기본 구조를 깨달음을 성취한 이상적 인간상을 제시하고 그 이상에 이르는 수행과정을 세 가지 공부방법, 즉 삼학(三學)으로 제시하는 구조를 지니고 있음을 규명해 보고자 했다.

논의를 전개하는 과정에서 처음부터 끝까지 일관성 있게 관심을 갖고 있었던 화두(話頭)는 이렇게 규명될 수 있는 불교의 도덕교육론이 현재의 우리 도덕교육의 이론과 현실 속에 어떤 흔적을 남기고 있는지, 또 현재적 시점에서 어떤 의미를 지닐 수 있는지 하는 것이었다. 우리 학교 도덕교육의 목표로 붓다나 보살이라는 이상적 인간상을 설정하는 일이 가능한 것일까? 일차적으로 종교로 분리되는 불교의 특성 때문에 불가능하다고 답해야 할 것이다. 그렇다면 성인군자나 선비가 우리 도덕교육이 지향해야 하는 이상적 인간상이 될 수 있는 것일까? 유교의 경우 종교성 논쟁으로부터는 비교적 자유롭지만 과연 우리 시대와 사회가 그런 인간상을 이상적 인간상으로 쉽게 합의해 줄 수 있는지는 의문이다. 그럼에도 우리가 전통 도덕교육론을 공부하고 논의의 주제로 삼아야 한다는 주장을 펼치고자 한다면 그 정당화 근거를 어디에서 마련해야 하는 것일까?

우리는 이 지점에서 동일한 질문을 우리 도덕교육론의 주류를 이루고 있는 서양의 도덕교육론에도 던져야 하는 것 아닌가 하는 불편한 느낌을 공유하게 된다. 서양의 역사와 전통을 바탕으로 하여 축적된 이론이기는 하지만, 근대 이후의 시민사회를 배경으로 하여 대두된 도덕적 문제들에 대응하기 위해 마련된 서양의 현대 도덕교육론은 최소한 우리 사회도 시민사회적 특성을 담보하게 되었다는 점에서는 보편적 적용의 가능성을 확보하고 있다는 평가를 해볼 수 있다. 그러나 과연 우리 사회에서 현재 살아 있는 도덕적 실천 전통이 시민사회적 배경만을 갖고 있다고 말할 수 있는 근거는 어디에도 없다. 우리들에게 남겨진 지난한 과제는 어쩌면 이 실천 전통의 존재 자체에 좀 더 많은 관심을 가지면서 주체성과 보편성을 담보한 새로운 도덕적 실천 전통을 만들어 가는 일인지도 모른다. 그 과정에는 당연히 우리의 도덕교육 전통에 대한 정당한 관심과 공부가 포함될 수밖에 없을 것이다.

제8장

불교 도덕교육론의 발달단계론적 해석

1. 도덕과 도덕성에 관한 교육적 물음

도덕교육의 핵심 개념 중에서 '도덕성(道德性, morality)'은 가장 많은 논의의 대상이 되면서도 여전히 쉽게 정리되지 않는 모호성을 떨쳐버리지 못하고 있다. 우리는 이 개념을 '도덕'이라는 개념과 혼용하기도 하고, 때로는 '덕성'이라는 개념과도 혼용하기도 한다. 특히 후자의 경우 현대 윤리학에서 새롭게 부각된 덕윤리학에서 강조하는 '덕(virtue)'과 혼재되면서 더 많은 혼란의 요인이 되기도 한다.

도덕교육의 장에서 이 도덕성은 교육의 내용이자 목표로 받아들여진다. 우리는 도덕교육을 통해서 도덕성을 길러내고자 하는 목표를 갖고 있고, 동시에 그 목표를 달성하기 위해 도덕성을 내용으로 삼아 수업을 하는 방법적 전략을 택한다. 이러한 도덕성 개념의 사용은 '도덕성을 기르기 위해 도덕성을 가르친다'는 동어반복적 혼란을 야기시킨다. 이 혼란은 도덕과 도덕성 자체가 추상적 개념이라는 점에서 비롯되는 어쩔 수 없는 영역의 것이라고 볼 수도 있지만, 그렇다고 해서 모든 혼란이 용인될 수 있는 것도 아니다.

도덕과 도덕성을 다른 개념으로 설정할 경우에 도덕성은 도덕이 한 인격체에게 내면화된 상태를 일컫는 개념으로 정의될 수 있다. 이 경우 도덕은 개별 인격체와는 상대적으로 독립성을 유지하는 추상적 규범이거나 관습적 형태로 주어져 있는 것을 가리키는 개념이 될 것이다. 도덕성은 이러한 도덕이 한 개인의 가치관 속에 내면화되어 도덕적 행동을 유도해낼 수 있는 잠재력을 가진 상태로 존재하는 것이지만, 그렇다고 해서 모든 실체적 도덕규범이 도덕성과 연계되어 있다고 볼 수는 없다. 우리가 도덕성이라는 개념을 사용하는 순간에 이미 현존하는 도덕규범을 준수하고자 하는 태도와 함께 그 규범에 대한 비판적 평가능력을 전제하게 되기 때문이다.

이런 점에서 어떤 방식으로 도덕성을 정의하든지 간에 확실한 사실 중의 하나는 그것이 일종의 사회적 규범으로 존재하고 있는 도덕과 관련성을 지니면서도 동시에 그 도덕과 일정한 거리를 유지하고 있는 개념이라는 점이다. 이런 점은 도덕철학 또는 윤리학에 관한 논의에서 대부분 서론을 차지하고 있는 내용이기도 하고, 다른 한편 도덕심리학에서 관심을 갖는 내용이기도 하다. 각각의 논의마다 특성이 있다는 점을 전제로 하고서 일반적인 평가를 내려본다면 대체로 도덕심리학에서의 도덕성 논의는 도덕철학 또는 윤리학의 논의를 인용하거나 원용하면서 이루어지면서도 다른 한편 분명한 정의 없이 도덕성을 다룸으로써 이후의 논의를 흐리게 하는 오류를 내포할 가능성이 높다고 할 수 있다.

이러한 오류를 넘어서기 위해서 대부분의 도덕심리학자들은 그 나름의 장치를 갖고 있었고 일정한 성과를 거둔 경우가 많지만, 그 중에서도 성과를 거둔 대표적인 학자를 꼽는다면 콜버그(L. Kohlberg)와 그의 제자인 레스트(J. Rest)를 들 수 있다. 콜버그의 경우에는 '도덕성 발달의 철학'을 화두로 삼아 도덕성 발달의 보편적 계열이 있음을 주장하기 위해 도덕단계의 설정과 교육목적으로서의 발달, 도덕발달 단계와 정의 관념 사이의 연관성, 이러한 차원을 넘어선 문제들의 순으로 자신의 주장을 펼쳐내는 데 성공했다.[1]

레스트의 경우에는 도덕이나 도덕성 개념보다는 도덕성 발달을 경험적으로 입증하는 일에 더 많은 관심을 보였는데, 그의 도덕에 대한 정의는 도덕의 영역이 독자성을 갖고 있다는 전제를 바탕으로 '사회상황과 인간 심리에 뿌리를 둔 사회적 가치 형태'라는 정도로 요약될 수 있다.[2] 그런 후에 그는 도덕성을 구성하는 네 가지 요소를 민감성, 도덕판단력, 의사결정력, 도덕적 의지의 차원으로 제시하면서 이들 요소 사이의 연관성을 함께 강조하고 있다.

이들의 노력과는 달리 주로 윌슨(J. Wilson)과 같은 교육철학에 관심을 갖는 학자들이 도덕성을 규명해 보고자 하는 시도를 했고, 그

1 로렌스 콜버그, 김민남 외 역, 『도덕발달의 철학』(교육과학사, 2000), 5-8쪽 목차 참조. 이 책의 원제목은 The Philosophy of Moral Development인데, 이때의 moral은 콜버그의 논의 전개과정을 분석해 볼 때 우리의 논의에서 유의하고 있는 도덕과 도덕성 개념을 모두 포함하는 광의의 것으로 해석될 수 있다.

2 제임스 레스트 편, 뭉용린 외 역, 『도덕발달 이론과 연구』(학지사, 2008), 21-23쪽 참조.

들의 노력은 도덕철학의 영역에서도 유념할 만한 수준의 지평을 확보하기도 했다. 특히 윌슨의 경우에는 도덕성을 한 사회가 가지고 있는 일련의 관습 또는 규범이라기보다는 '도덕적 문제에 대처하는 데 필요한 일련의 절차'로 보고 네 가지 범주의 열다섯 가지 구성요소를 제시하고자 했다.[3)]

도덕성을 발달단계의 관점에서 보거나 구성요소의 측면에서 보는가에 관계없이 이러한 노력들은 모두 도덕성의 본질을 규명하고자 하는 노력들임에는 틀림없다. 그 성패의 정도에 대해서는 다른 논의의 장을 필요로 하겠지만, 도덕성이 단계적으로 발달한다고 보는 시각과 도덕 문제를 해결하는 절차로 정의하면서 그 구성요소를 분석해내고자 하는 시도는 서로 만날 수 있는 지점이 있다. 후자의 입장에 서서 각각의 구성요소들도 단계적으로 발달할 수 있다고 하거나, 그것의 통합으로서의 도덕성이 단계적으로 발달하는 것으로 규정지을 수 있는 가능성이 열려 있기 때문이다.

이 장에서 관심을 갖고자 하는 주제의 주된 초점은 도덕성의 본질을 규명하고자 하는 이상의 노력들을 도덕성 발달론적 관점에서 재구성하고, 그것을 우리의 도덕교육의 현실과 접목시켜 보는 일이다. 이를 위해 먼저 도덕성을 어떻게 정의할 수 있는지에 관한 필자 자신의 의견을 밝히고, 그 토대 위에서 콜버그적 패러다임이 지니는

---

3 윌슨의 도덕성 개념과 구성요소에 대해서는 남궁달화, 『도덕성 요소와 도덕교육』(학지사, 2003), 45-65쪽을 참조할 수 있다. 우리 도덕교육학계에서 윌슨에 주목하여 독특한 성과물들을 내고 있는 원로학자인 그가 정리해서 제시하고 있는 윌슨의 도덕성의 네 범주는 각각 다른 사람을 나와 동등하게 고려하기, 사람들의 정서감정 인지하기, 사실적 지식과 사회적 기술 습득하기, 도덕적 문제를 인식·사고·판단하여 행동하기 등이다.

발달론 자체의 의미와 한계를 재음미해 보는 과정을 거치고자 한다. 이러한 일련의 작업을 통해서 도덕교육에 관한 요구와 경멸이라는 이중적 시각이 공존하는 우리 교육계에서 도덕교육이 지향해야 할 하나의 지점이 암시될 수 있기를 기대한다.

2. 도덕성의 본질과 발달의 문제

1) 마음과 도덕성

우리의 언어 전통 속에서 도덕성과 가장 관련이 깊은 말은 마음이다. 마음[心]은 물론 그 이론적 뿌리가 불교의 유식학과 성리학에 이르는 예사롭지 않은 개념이지만, 일상생활 속에서 이 개념만큼 자주 사용되면서도 그 의미의 외연(外延)이 넓은 것도 드물다. '마음이 아프다'라거나 '누구 또는 무엇에 마음을 빼앗겼다', '마음이 홀려서 …'라는 표현 등이 그러한 사례인데, 그때의 마음이 구체적으로 어떤 의미를 지니는지에 대한 합의가 없이도 우리가 쉽게 사용하는데 큰 어려움을 느끼지 않을 만큼 우리 문화 속에 정착해 있다.

남궁달화의 경우에도 도덕성을 정의하면서 '사람으로서의 도리를 다 할 수 있는 마음의 힘'이라는 의미를 지닌다고 비교적 쉽게 마음 개념을 사용하고 있다.[4] 그는 도덕도 역시 동일한 의미를 지닌

4 남궁달화, 앞의 책, 10쪽.

다고 보면서도 이 정의에 보다 부합되는 개념은 도덕보다는 도덕성이라고 덧붙여 도덕 '성'이 마음과 연관성을 지니는 개념임을 암시하고 있다. 그러나 그도 그 마음이 구체적으로 무엇을 의미하는지에 대한 논의는 생략하고 단지 일상 어법 속에서 도덕성이 지니는 의미를 지적하는 것으로 그치는 한계를 보여주고 있다.

우리가 현재 사용하고 있는 마음 개념은 이중적 배경을 지닌 것으로 보인다. 그 하나는 위에서 지적한 불교와 성리학적 전통의 기반 위에 있는 마음 개념이고, 다른 하나는 과학적 자연주의의 영향 아래에 있는 서양 심리학과 심리철학의 마음 개념이다.[5] 후자는 마음이 갖는 상대적 자율성을 부인하지 않으면서도 마음도 물리적 환원이 가능한 대상으로 본다는 점에서 특성을 드러낸다. 다시 말해 마음도 몸의 물리적 작용의 결과물이거나 그 과정과 동행하는 자연주의적 특성을 지니는 것으로 본다는 것이다.

그런데 이 두 마음 개념은 이미 우리가 5장에서 함께 살펴본 것처럼 상당 부분 충돌할 수밖에 없는 차별성을 지닌다는 사실이 우리의 명료한 논의 전개에 어려움을 가져다준다. 행위 주체의 가치관에 초점을 맞추고 도덕성을 보고자 하는 필자의 전제 속에서도 이러한 충돌은 여전한 형태로 나타날 수밖에 없다. 마음을 물리적 환원이 가능한 특수한 물리현상으로 보고자 할 경우에 그곳에 도덕성이 자리할 공간은 축소된다. 물론 그렇다고 해서 뇌과학이나 신경과학 등을 통해서 밝혀진 몸과 마음의 관계를 온전히 무시하고 마음에 완전한

5 이 두 가지 마음 개념에 관한 보다 상세한 고찰은 졸고, 「마음공부로서의 도덕교육」, 청담사상연구소, 『마음공부』, 5집(2007. 12)을 참조할 수 있다.

자율성을 부여하는 것도 적절한 논의 전개라고 보기 어렵다.

결국 마음과 도덕성 사이의 관계 설정은 이러한 두 측면을 모두 고려하는 가운데 이루어져야 마땅하고, 그런 전제를 수용하고 나서 유념해 볼 만한 마음 개념은 불교의 연기적 마음이다. 연기(緣起)를 바탕으로 하는 마음은 그 자체로는 온전히 존재할 수 없는 속성을 지닌다. 오히려 다른 모든 것들과의 의존관계 속에서 마음이 존재할 뿐만 아니라 연기성 그 자체가 마음의 핵심적인 속성이 되기도 한다. 그런 점에서 마음은 자신의 몸에 의존하기도 하고, 다른 사람과의 관계에 의존하기도 하며, 때로는 물질에 의해 지배받기도 한다. 마음과 물질의 관계에 대한 주목은 성리학의 마음 개념에서도 그대로 적용 가능하다. 성리학에서도 인간의 본성, 즉 마음은 본래 착하지만 물욕(物慾)에 의해 가리워져서 악한 행동이 가능해진다는 입장을 택하고 있기 때문이다.[6]

그러나 인간의 마음은 이러한 의존성을 근원적으로 뛰어넘을 수 있는 가능성도 함께 지니고 있다. 불교적 개념으로 깨달음의 가능성이라고 볼 수도 있고, 실존적 개념으로는 초월의 가능성이라고 부를 수 있다. 도덕성은 이러한 깨달음 또는 초월의 가능성과 긴밀한 연계성을 지닌다. 도덕성을 인간다운 삶을 지향하는 끝없는 추구의 과정 자체라고 정의할 때 그것은 곧 깨달음을 향한 추구이거나 초월을 향한 추구가 되고 도덕성은 그 과정에서 작동하는 어떤 요소이거

6 물론 이러한 성리학의 관점은 선진유교, 특히 맹자의 관점을 이어받은 것이지만 본성을 곧 마음(心卽理)라고 보았던 양명의 논제에서 보다 분명하게 표출되고 있다.

나 과정의 전개 자체일 수도 있다는 것이다.

결국 이렇게 볼 때 도덕성은 '마음의 한 부분이거나 일정한 영역을 차지하는 어떤 것'이고, 그것은 몸에 의존하기도 하고 사회적으로 실재하고 있는 도덕규범에 의존하기도 하면서 동시에 그것을 넘어설 수 있는 가능성을 지니고 있는 것이라고 정의할 수 있게 된다. 이러한 도덕성에 관한 정의는 관습적 차원의 도덕(道德) 개념을 배제하지 않으면서도 인간다운 삶을 향한 끝없는 추구로서의 윤리(倫理) 개념을 지향하는 생동감 있는 정의가 될 수 있다.[7]

2) 도덕성의 본질과 발달의 가능성

마음의 한 요소 또는 영역으로 도덕성을 정의해 놓고 나면 그것의 본질은 마음의 본질과 다를 바 없는 어떤 것이거나 그 본질은 다를 바 없지만 일정한 차별적 요소를 지니는 정도가 될 것이다. 그렇다면 우리는 도덕성의 본질을 고찰하기 위한 순서로 먼저 마음의 본질이 무엇인지 살펴볼 필요가 있다.

---

7 필자도 여러 번 유의한 바 있는 도덕과 윤리 개념 사이의 차별화 문제는 쉽게 결론낼 수 있는 문제는 아니다. 이미 우리의 일상 언어 속에서 두 개념이 혼재되어 있기 때문이기도 하고, 서양 윤리학 논의에서도 거의 동일한 개념으로 치환되며 사용되고 있기 때문이기도 하다. 그러나 우리 도덕교육학계에서는 대체로 도덕을 관습적 수준의 개념으로, 윤리를 학문적 수준의 개념으로 사용하는 데 익숙해져 있다. 필자는 이러한 논의를 발전시켜 도덕은 관습적 수준의 것으로, 윤리는 그 도덕을 배제하지 않으면서도 학문적이면서 동시에 '인간다운 삶을 향한 끝없는 추구와 지향'을 의미하는 열린 개념으로 사용하는 것이 좋겠다는 의견을 갖고 있다.

우리의 마음은 어떤 속성을 갖고 있을까? 나의 마음이 어떤 방식으로든지 존재한다는 사실을 부인할 수 있는 사람은 없을 것이지만, 그 마음이 구체적으로 어떤 형태를 갖고 있는지 하는 물음에 쉽게 답할 수 있는 사람도 거의 없다. 다만 우리는 어떤 상황 속에서 그 마음이 '아프다' 라든가 '마음이 놓인다' 라든가 하는 추상적인 언명을 할 수밖에 없는 것인지도 모를 만큼 마음의 실체는 쉽게 잡히지 않는다.

여기서 우리는 마음의 본질로 '끊임없이 변화하는 속성' 을 찾아낼 수 있다. 내 마음이 분명히 있기는 하지만 그것을 쉽게 붙잡거나 규명해내지 못하는 이유가 끊임없이 변화하기 때문이라고 볼 수 있을 것이기 때문이다. 이러한 속성을 불교적 개념으로는 공성(空性)이라고 하고, 이 공성은 마음뿐만 아니라 존재하는 모든 것들의 본질적 속성으로 받아들여지고 있기도 하다.

마음의 두 번째 속성으로 우리는 일정한 의존성을 생각해 볼 수 있다. 우리의 마음은 많은 부분 다른 사람의 시선과 마음의 움직임에 의존하고, 자신의 몸 상태에 의존하기도 하며, 심지어 날씨 변화와 같은 자연환경에 의존하기도 한다. 햇빛이 쨍쨍한 날에는 대체로 마음이 좋아지지만 흐리거나 비가 내리는 날에는 그 날씨와 함께 우울해지는 경험을 누구나 해보곤 한다. 그런 점에서 마음의 중요한 속성으로 의존성을 꼽는 일은 그다지 무리한 논의 전개라고 보기 어려울 것이다.

마지막으로 생각해 볼 수 있는 마음의 속성 또는 본질은 이러한 공성과 의존성을 뛰어넘을 수 있는 자율성이다. '변덕스러움' 이라는 표현이 어울릴 만한 끝없는 변화와 외부의 것들에 대한 의존이 모든 사람의 마음에서 발견되는 것임에는 분명하지만, 인간의 마음에는 이러한 것들로부터 자유로울 수 있는 가능성도 함께 내재되어 있다. 때로 자신의 마음의 평정을 유지하면서 주변의 변화뿐만 아니라 자신의 마음 자체를 관찰의 대상으로 삼을 수 있는 가능성을 우리는 전통적인 수행(修行)이나 수양(修養)의 역사에서 뿐만 아니라 명상과 같은 활동 속에서도 쉽게 확인할 수 있다.

이러한 마음의 세 가지 본질 또는 속성은 그 자체로 모두 도덕성의 본질이라고 볼 수도 있다. 우리의 도덕성이 마음의 한 요소라는 가정에 동의한다면 당연히 이끌려 나올 수 있는 결론이다. 우선 공성의 경우 인간의 도덕성도 고정된 형태로 존재하는 것이 아니라 일정한 일관성과 함께 변화가능성을 지닌 것일 수밖에 없다는 점에서 도덕성의 주요한 본질이라고 볼 수 있다. 물론 도덕성의 경우에는 최소한의 일관성을 보일 경우에 비로소 도덕성이라고 부를 수 있다는 점에서 변화가능성에 대한 초점이 조금 약화될 수 있는 가능성이 열려있기는 하지만, 그럼에도 그 일관성이 어떤 규범에 대한 집착으로 흐를 경우 도덕성의 본질에서 일탈할 수 있다는 점에서 공성(空性)을 도덕성의 핵심적인 본질로 규정하는 일의 유효성이 감소되지 않는다.

마음의 속성으로서의 의존성 또한 도덕성에도 적용이 가능하다. 도덕성은 우선 실재하는 사회적 규범으로서의 도덕에 의존한다. 도덕성을 마음 속에 존재하는 도덕과 관련된 기준이라는 관점에서 볼 때 이러한 의존성은 더욱 부각된다. 도덕성의 원천이 인간에게 본래적으로 내재해 있다는 이른바 성선설(性善說)의 입장을 택한다고 하더라도 그것이 구체적으로 작동하기 위한 전제조건으로 실재 도덕규범과의 만남을 상정할 수 있고, 이것을 유교 도덕교육론에서는 응대예절의 습관화라는 방법론으로 강조해 왔다.[8] 이러한 강조는 콜버그가 도덕성 발달의 첫 번째 단계로 처벌과 복종 지향의 단계를 설정한 것에서도 찾아볼 수 있다.[9] 도덕성이 발현되는 발달과정의 첫 단계는 외부의 처벌이라는 외재적 규범과 자신의 내면의 욕구가 만나는 과정이라고 본 콜버그의 전제가 바로 이러한 의존성을 상당 부분 보여주는 것이라고 해석될 수 있다.

마음의 속성으로서의 자율성은 도덕성의 본질 그 자체와 직접적으로 이어진다. 도덕성은 실재 도덕을 포함하면서도 궁극적으로는 그것을 넘어서는 초월의 영역을 지향한다는 점에서 근본적으로 자율적이다. 만약 자율적이지 않는 도덕성이 있다면 그것은 현실적 수준의 도덕을 도덕성으로 착각한 경우이거나 발달론자의 입장에서 어떤 과정적 개념에 그치는 잠정적인 도덕성일 뿐이다.

이러한 도덕성의 세 가지 본질에 유의하면서 이제 우리가 본격적으로 관심을 갖고자 하는 주제는 '도덕성 발달(道德性 發達, moral development)'이다. 도덕성을 마음의 한 요소 또는 영역으로 보고자 하는 우리의 논의 속에서 도덕성 발달은 곧 마음의 발달을 의미한다. 그런데 과연 마음이 발달한다고 말할 수 있을까? 마음이 변한다거나 마음에 감정적인 변화가 새겨진다는 표현에 대해서는 쉽게 동의해 줄 수 있지만 마음이 발달한다는 명제에는 쉽게 동의하기 어렵다. 그

---

8 유교 도덕교육의 방법론에 대해서는 박병기 · 추병완, 『윤리학과 도덕교육 1–개정증보판』(인간사랑, 2007), 470–473쪽 참조.

9 로렌스 콜버그, 앞의 책, 56쪽. 콜버그는 이 단계를 다음과 같이 묘사하고 있다. "행위의 물리적 결과로써 그 행위의 선함과 악함을 결정한다. 행위 결과의 인간적 의미나 가치에 대해서는 전혀 고려하지 못한다. 처벌 회피와 힘에 대한 맹목적 존경이 그 나름으로 가치화된다."

이유는 아마도 발달이 일정한 어떤 지점을 향해서 가는 것이라는 사실과 보다 나은 질 또는 양적인 증가를 내포하는 개념으로 받아들여지고 있기 때문일 것이다. 마음이 발달한다는 명제에 수긍하기 위해서는 그 마음이 지향해 가는 어떤 이상적인 지점이 전제되어야 하고, 그 과정도 역시 질 또는 양적인 증가를 내포할 수 있어야 한다.

마음의 발달을 도덕성 발달로 바꾸어 놓고 나서도 동일한 질문을 던질 수 있다. 도덕성 발달이 성립되기 위해서는 이상적인 지향점과 질 또는 양적인 수준의 차이가 가능해야 한다. 그런데 도덕성 발달론자들은 이 두 가지 요건이 성립 가능할 뿐만 아니라 경험적으로 측정 가능하다고까지 주장해 왔다. 그 주장의 보편성 영역이 확대되어 이제 도덕교육에 관심을 갖는 사람들 거의 모두가 도덕성 발달이라는 개념 자체를 하나의 공리처럼 받아들이고 있는 상황이다. 그러나 그 보편성 영역이 진정한 보편성을 담보하고 있다고 받아들일 만한 증거들은 그렇지 않다고 주장할 수 있는 반증가능성의 수준을 넘어서지 못하고 있다.

그럼에도 '도덕성 발달론' 이라는 패러다임은 유효한 것으로 받아들여야 하는가? 논리학에서 반증가능성의 원리는 그 자체로 진리의 유효성을 검증하는 원리이지만, 그것은 다른 한편으로 보편화 가능성의 원리와도 연계되는 것이기도 하다. 반증가능성이 있다고 할지라도 다양한 상황 속에서 동일한 검증결과가 나오거나 사고실험 속에서 최소한의 보편성이 담보될 수 있다면 그것은 곧 보편화가 가능할 수 있다는 논리로 해석될 수도 있다는 의미이다. 다만 반증 가능성이 늘 열려 있기 때문에 자신의 주장이 온전한 진리라는 주장을 고집해서는 안 되고 지속적인 검증시도가 있어야 한다는 전제가 깔려야 할 것이다.

이와 같이 도덕성 발달론이 갖는 가설 수준 이상의 보편성을 인정한다고 하더라도 그 대표적 담론인 이른바 콜버그적 패러다임이 갖는 의미와 한계 문제는 다른 차원에서 제기될 수 있다. 1960년대 이후 도덕심리학과 도덕교육론의 영역에서 거의 진리 수준으로 받아들여져 온 콜버그적 패러다임은 다양한 측면에서 막강한 영향력을 행사해 왔고, 현재까지도 그 변형된 형태를 유지하면서 이 분야의 주요 이론으로 작동하고 있다. 도덕교육의 목표와 내용, 방법, 평가에 이르는 전 교육과정에서 콜버그적 패러다임은 자율적 도덕성을 지향하는 단계적 도덕성 발달과 딜레마 토론 및 정의공동체적 접근, 도덕성 요소 평가 등의 개념을 통해 실천적 힘과 방향을 제시해 왔다는 점에 대해서는 누구도 이의를 제기하기 어렵다.

그러나 다른 한편으로 도덕교육 이론은 콜버그적 패러다임에 대한 강한 반론으로 인격교육론과 같은 새로운 대안을 모색해 오기도 했다. 형식보다는 가르쳐져야 한다는 보편적 합의를 전제로 하는 덕목내용의 강조, 덕목을 형성해 왔고 작동하게 하는 공동체에 대한 새로운 관심 등이 인격교육론의 주요 주장에 포함되어 있다. 우리의 경우에는 이상적 인간상을 목표로 삼아 그 과정에서의 수행과 수양의 방법을 강조하는 유교와 불교의 도덕교육론이 새로운 관심을 모으고 있는 상황이다.[10] 이러한 각각의 이론들에는 모두 도덕성을 바라보는 고유한 관점들을 내포되어 있고, 그 나름의 도덕성이 계발될

10 도덕교육론의 최근 동향에 대해서는 박병기 · 추병완, 앞의 책, 1장 '우리 도덕과 교육의 이론적 반성과 실천적 지향' 을 참조할 수 있다.

수 있거나 발달할 수 있다는 전제가 포함되어 있기도 하다. 우리의 논의는 그 계발과 발달 모두를 포함하면서 그 개념들이 도덕교육의 장에서 지닐 수 있는 의미를 음미해 보는 방향으로 전개되고 있는 중이다.

3. 도덕교육의 과정과 목표로서의 마음공부 : 콜버그적 패러다임을 넘어서

1) 콜버그적 패러다임에 대한 반성적 검토

도덕교육은 도덕성을 전제로 하는 교육적 노력을 총칭한다. 도덕성에 관한 논의는 주로 윤리학과 도덕심리학에서 이루어졌고, 특히 도덕교육의 장에서 주도적인 역할을 담당해 온 것은 그 중에서도 도덕심리학이다. 피아제(J. Piaget)에서 시작되어서 콜버그, 길리간(C. Gilligan)으로 이어지는 이른바 인지적 도덕성 발달론이 도덕심리학의 핵심적인 논의로 평가받아 왔고, 이들에 대한 평가나 실천적 재해석은 지난 20여 년간 우리 도덕교육학계의 주된 관심사이기도 했다.

도덕성을 바라보는 인지적 도덕성 발달론의 초점은 두 가지이다. 하나는 도덕성은 기본적으로 도덕판단 능력과 같은 인지적 속성이 핵심이라는 것이고, 다른 하나는 그러한 도덕성이 자율적 도덕성이나 조화로운 보살핌이라는 이상적 단계를 향해 발달한다는 것이다. 그런 전제 속에서 도덕교육은 이러한 도덕성 발달을 촉진하기 위한 인위적인 노력을 의미하게 된다. 그 구체적인 전략은 인지발달을 자극할 수 있는 딜레마 토론 수업이거나 도덕적 대화상황에의 참여 등이다. 이러한 접근은 기본적으로 콜버그에 의해서 정교화된 이후에 비판과 수정을 거듭하고 있는 점을 고려하여 통칭 콜버그적 패러다임 또는 콜버그적 접근이라고 불린다.

그런데 21세기에 접어든 이후에는 도덕교육을 바라보는 또 하나의 관점이 최소한 콜버그적 패러다임과 대등한 관계 이상을 유지하면서 받아들여지고 있다. 누치(L. Nucci)가 적절하게 지적하고 있는 바와 같이 현재 도덕교육은 문화적 규범의 사회화를 통한 점진적인 덕의 형성과정이거나 보다 적절한, 또는 나은 형태의 도덕적 추론을 지향하는 운동이다.[11] 그 다른 관점은 인격교육 운동 또는 인격교육론이라는 명칭으로 불리면서 도덕사회화로서의 도덕교육을 다시 강조하는 입장을 택하고 있다. 인격교육론의 다양한 전개에 따라서 그 양상도 다양할 수밖에 없지만, 각각의 입장이 공유하고 있는 지점은 미국을 중심으로 하는 서구의 도덕적 상황에 대한 비판적 인식과 이를 극복할 수 있는 대안으로서의 적극적인 인격교육, 즉 직접적인 가치의 내면화를 시도해야 한다는 점이다.

인격교육 운동은 그 배경에 20세기 후반 이후 미국의 정치적 상황이 반영되어 있다. 세계의 유일한 강대국으로서의 위상이 흔들리기

11 누치는 미국을 대표하는 인터넷 서점인 아마존(Amazon.com) 검색이라는 상식적인 방법을 통해서도 도덕교육을 바라보는 이러한 두 입장을 쉽게 접할 수 있다고 말하고 있다. L. Nucci(ed.), *Conflict, Contradiction, and Contrarian Elements in Moral Development and Education*(New Jersey : Lawrence Erlbaum Associates, Publishers, 2005), vii.

시작하고 소위 '개척자적 청교도 정신'을 바탕에 깔고 형성된 미국적 가치가 후속 세대들에게 제대로 전달되지 못하고 있다는 위기의식이 사회를 주도하는 백인 중상류층에게 확산되면서 이에 대한 적극적인 반응으로 나타난 것 중에 대표적인 정치운동이 곧 인격교육 운동이었던 것이다.[12] 그 결과 인격교육 운동은 당시 도덕교육을 주도하던 콜버그적 패러다임에 대해서 비판적인 입장을 택할 수밖에 없었고, 그러한 비판들이 이론적인 형태를 갖추면서 등장하게 된 이론이 바로 인격교육론이다.

그러나 누치도 유의하고 있는 것처럼 콜버그적 패러다임에 대한 비판이 이러한 정치적 배경의 인격교육 운동이나 이론에 의거해서만 제기된 것은 아니다. 콜버그적 패러다임에 근거한 도덕교육이 학교에서 실시된 이후의 도덕적 상황이 거의 개선되지 않고 있다는 경험적 비판도 있었고, 서구 문명의 도덕적 쇠퇴(moral decline)에 대한 총체적인 반성도 자리하고 있었다. 서구 문명이 도덕적으로 쇠퇴하게 된 원인을 주로 도덕적 상대주의의 만연에서 찾으면서 콜버그적 패러다임도 그러한 틀에서 온전히 자유로울 수 없다는 비판으로 이어지기도 했다.

물론 인격교육 운동이나 이론이 콜버그적 패러다임의 한계를 극복할 수 있는 획기적인 대안일 수 있는가에 대해서는 의견이 엇갈리고 있다. 특히 인격교육 패러다임에서 강조하고 있는 덕목의 보편성 문제가 논란의 정점으로 떠오르고 있다. 유(Yu)는 이러한 논란을

12 인격교육 운동의 정치적 배경에 관해서는 알렉스 몰네르 외, 박병기 외 역, 『아동인격교육론』, 인간사랑, 1999, 제1장을 참조할 수 있다.

'누구의 가치?(Whose Values?)' 문제라고 묘사하고 있다. 맥킨타이어(A. MacIntyre)의 용어를 빌린 이 개념을 그는 인격교육을 주도하는 계급 또는 계층의 가치와 덕목을 보편성의 이름으로 포장하여 강요하고자 하는 교화의 위험성을 인격교육 패러다임이 내포하고 있음을 경고하고자 하는 의도로 사용하고 있다.[13)]

그럼에도 콜버그적 패러다임에 대한 인격교육 패러다임의 비판은 여전히 지속되고 있고 그 중 상당 부분은 설득력 있게 받아들여지고 있는데, 대표적인 것은 역시 도덕성의 인지적 측면에 초점을 맞춘 도덕판단 능력 함양을 위한 도덕교육이 결과적으로 도덕적 상대주의를 조장했거나 최소한 방치한 것이 아닌가 하는 점이다. 이러한 비판은 도덕성을 마음의 한 요소 또는 영역으로 보고자 하는 필자의 의도와도 상당한 정도로 연관되어 있다. 도덕성을 마음의 문제로 보고자 할 경우에도 물론 인지적 측면이 온전히 배제되는 것은 아니다. 무엇이 옳은 것인지를 제대로 인지하는 일은 마음이 할 수 있고 또 도덕적 실천을 담보하기 위해 해내야 하는 과업일 수밖에 없기 때문이다. 그러나 이 과업은 단순한 논리적 판단의 수준을 넘어선다는 특성을 지닌다.

'(갑)은 (을)이다'라는 명제가 참으로 검증되기 위해서는 먼저 갑과 을이 무엇인지 또는 어떤 상태인지에 대한 정의가 선행되어야 하고, 그런 후에는 실험이나 관찰과 같은 자연과학적 방법의 도움을 얻거나 사유실험 또는 논리적 검증의 절차를 넘어서야 한다. 그런데

13 Tianlong Yu, *In the Name of Morality–Character Education and Political Control* (New York : Peter Lang, 2004), 3쪽.

도덕적 명제는 이러한 과정과 수준을 배제하지 않으면서도 기본적으로 '(갑)은 (을)이어야 한다'는 형태를 취한다. 자연의 이치와 인간의 삶이 지향해야 하는 당위를 동일한 차원에서 파악하는 데 익숙한 동아시아적 사유 속에서 이 명제는 자연과 인간의 본성에 대한 철학적 사유를 전제로 하는 것일 수밖에 없었다.[14] 이 철학적 사유과정 속에서 형식논리학의 오류론 등이 온전히 배제되지는 않지만 그렇다고 해서 그 틀 안에 머무는 것도 아니다. 도덕판단은 그런 점에서 단순한 형식논리학적 판단의 수준을 넘어서는 곳에 존재한다고 말할 수 있다. 실제로 많은 일상 속에서 우리가 직면하게 되는 도덕적 문제는 단순한 논리적 차원의 판단을 요구하기보다는 각각의 정당성을 갖는 도덕판단들 사이의 선택과 결단을 요구한다. 콜버그적 패러다임도 물론 길리간 등의 보살핌과 배려로서의 도덕성 논의로 이어지면서 상당 부분 인지적 한계를 극복하고자 하는 시도를 보여주었고, 일정한 성공을 거두고 있음에도 그 한계를 온전히 극복하기 위해서는 자신들의 전제 중에서 한 핵심 요소를 포기해야 한다는 딜레마를 벗어나지는 못하고 있다.

또 한 가지 콜버그적 패러다임에서 비판받고 있는 핵심적인 부

14 최근 도덕심리학의 연구결과들은 오히려 어린 아이들이 본래부터 최소한의 도덕적 기준과 도덕적 공감력을 갖고 있다는 주장을 지지하는 방향으로 모아지고 있다. 인간의 본성에 근거해서 도덕성을 이끌어낼 수 있는가에 대해 부정적인 입장을 택해온 프로이드적 관점에 대한 반증가능성이 커지고 있다는 증거로 해석될 수 있고, 다른 한편으로 사실과 당위 사이의 엄격한 이분법을 거부할 수 있는 논거도 확대되고 있다고 받아들일 수 있다. Wouter van Haaften (eds.), *Moral Sensibilities and Education I*(London : Concorde Publishing House, 1999), 16-17쪽 참조.

분은 그 발달단계의 보편성 문제이다. 콜버그 스스로가 강박관념을 보이면서까지 입증하고자 했던 3수준 6단계의 발달단계는 그러나 여전한 반증가능성의 위험을 안고 있고, 길리간의 3수준 2과도기라는 발달단계도 이 부분에서는 역시 전혀 자유롭지 못하다. 다만 우리가 동의할 수 있는 부분이 있다면 그들이 전제하고 있는 '도덕성의 발달이 가능하다'라는 원론적 명제이다. 마음은 고정되어 있지 않고 다른 것들에 의존해 있으면서도 이러한 한계들을 극복할 수 있을 정도의 자율성을 지닌다는 우리의 논의 속에서도 최소한 자율성의 범위와 수준이라는 점에서 발달의 가능성을 인정하고 있다. 이때의 자율성이 콜버그가 궁극적인 지향점으로 삼았던 '자율로서의 도덕성'을 온전히 배제하는 것은 아니지만, 도덕성을 마음의 문제로 본다는 점에서 좀 더 포괄적이고 총체적인 것이 될 수밖에 없다.

2) 마음의 요소로서의 도덕성에 관한 재음미

도덕성을 마음의 한 요소 또는 영역으로 보는 관점은 새로운 것이라고 보기 어렵다. 우리와 같은 동아시아적 사유의 전통 속에 있는 사람들에게는 당연한 것으로 받아들여져 왔던 것이고, 도덕성을 도덕판단 능력을 중심으로 보고자 하는 콜버그적 패러다임이 배경으로 삼고 있는 소크라테스 이후의 이른바 주지주의적 관점에서조차도 이 명제를 온전히 배제하고 있다고 보기는 어렵기 때문이다. 소크라테스에게 온전한 앎은 완전한 삶을 향한 영혼의 열정 자체와 분리되어 있지 않았기 때문이다.

그럼에도 서구의 근대 이후의 문명이 주도권을 행사하고 있는 현재의 상황 속에서 도덕판단 능력은 상당 부분 마음의 문제를 배제하는 논리와 두뇌의 문제로 치부되거나, 마음을 고려한다고 하더라도 자신의 이익을 철저하게 따지고 계산하는 합리적 타산 능력과 마음을 동일시하는 왜곡된 것임을 부정할 수도 없다. 만약 도덕교육의 콜버그적 패러다임이 그러한 왜곡된 도덕성 개념에 기반한 상태로 전개되어 왔거나 전개될 것이라면, 우리는 그것이 도덕교육의 진정한 목표로부터 지속적으로 일탈할 수밖에 없다는 사실을 지적하지 않을 수 없다. 우리 도덕교육의 장에 새롭게 추가된 철학교육의 내용이나 현실적 측면에서 강조되는 경향을 보여주는 도덕교과의 논술교육이 주로 이러한 서구적 기술 이성에 토대한 도덕성 개념을 전제로 할 경우에는 올바른 삶을 추구하고자 하는 마음의 열망을 길러주는 것을 목표로 삼아야 하는 도덕교육의 목표를 일탈할 가능성이 높다는 우려도 떨치기 어렵다.

도덕철학자 레이첼스는 도덕철학을 '도덕성의 본질에 대한 체계적인 이해를 성취하고자 하는 시도이고, 우리들에게 어떻게 살아야 하는지 또는 왜 살아야 하는지에 대한 답을 요구하는 것'이라고 정의하고 있다.[15] 이 정의에는 동일한 의미를 지니는 두 개의 명제가 서로 다른 형태로 제시되어 있는데, 그 둘은 각각 '도덕성의 본질에 대한 체계적인 이해'와 '어떻게 살아야 하는지 또는 왜 살아야 하는지에 대한 답을 요구함'이다. 도덕성의 본질에 대한 체계적 이해란

15 J. Rachels, *The Elements of Moral Philosophy*, Fifth Edition(Boston : McGraw Hill, 2007), 1쪽.

곧 왜 살아야 하고 어떻게 살아야 하는지에 대한 답을 요구하는 것에 다름 아니라는 이러한 정의는 도덕성의 인지적 영역과 마음의 열망으로서의 도덕성 사이의 긴밀한 연계성을 강조하는 것으로 해석될 수 있다.

그러나 레이첼스의 바람과는 달리 근대 이후의 서양 윤리학이 이 둘을 동일시하기보다는 주로 전자에 매달려 후자와의 거리를 확대하는 방향으로 전개되었고, 이러한 전개양상은 도덕교육론의 영역에서도 상당 부분 그대로 적용될 수밖에 없었다. 이는 도덕교육론이 의지할 수밖에 없는 학문적 배경의 핵심이 윤리학이기 때문에 빚어진 결과이다. 오히려 후자의 영역은 윤리학보다 도덕심리학의 관심사였고, 이러한 윤리학과 도덕심리학 사이의 분리는 도덕성에 대한 정의에서 그 내포(內包)와 외연(外延)에 혼란을 조성했다. 도덕성이 마음의 영역이라는 우리의 명제도 물론 명료함만을 지니고 있는 것은 아니다. 이 명제가 요구하는 마음에 대한 정의가 명료하기 어려울 뿐만 아니라, 마음을 과학적 분석의 대상으로 삼는 학문의 분화에 따라 오히려 그 이해의 과정에 어려움이 초래되고 있기 때문이기도 하다.

동아시아의 전통적 사유 속에서 '마음은 우리의 본성 그 자체이기도 하고, 공성(空性)을 포함한 인식의 주체이자 대상이기도 하다.' 이 명제는 각각 성리학의 성(性)과 이(理), 심(心), 불교의 식(識)과 심(心)의 개념으로 전개되어 우리의 문화적 유전자 속에 심어져 있다. 우리는 지금 이 순간도 마음으로 대상을 인지하거나 자각하고 있고, 동시에 그 마음 자체를 응시할 수도 있다. 지속적으로 변화하거나 흔들리는 마음을 응시할 수도 있고, 따뜻한 커피에서 솟아오르는 향기를 음미하며 만족스러워 하는 마음을 바라보며 받아들일 수도 있다. 이러한 마음은 분명히 몸과 주변 상황에 의존하는 것이지만, 다른 한편으로 그 의존하는 마음을 관조할 수 있는 다른 마음이 존재할 수 있는 가능성 때문에 탈상황적 또는 상황 초월적인 속성을 지닌다.

도덕성은 그러한 마음을 구성하는 핵심적인 요소의 하나로 외부의 도덕적 규범을 받아들이기도 하고, 자신의 몸에 주로 기반해서 솟아오르는 욕망을 인지하는 주체이면서 동시에 보다 인간다운 삶 또는 아리스토텔레스적 개념인 보다 완전한 삶을 지향하고자 하는 열망 그 자체이기도 하다. 마음이 그러한 것처럼 도덕성도 대상이면서 동시에 주체가 되는 이중적인 존재자적 위상을 지닌다. 그러한 속성을 지닌 존재자로서의 도덕성은 생멸(生滅)과 진여(眞如)의 차원에 걸쳐서 존재하면서 현실 속에 실재하는 도덕을 받아들임과 동시에 비판할 수 있고 어느 곳에도 머무르지 않는 진여적 열망을 근본적인 속성으로 보유한다. 도덕교육은 바로 이러한 도덕성을 지향하는 교육적 노력을 통칭하는 것에 다름 아니다.

그런 점에서 도덕교육은 그 자체로 마음공부의 한 과정일 수밖에 없다. 만약 마음을 제외한 다른 것들을 대상으로 삼는 도덕교육이 있다면 그것은 도덕교육의 본질에 어긋한 것이거나 실천적 전략의 차원에서 잠시 마음에 괄호를 친 상태에 머물고 있는 것이다. 우리의 도덕교육이 마음공부로서의 위상을 제대로 회복해낼 수 있게 된다면 그것은 단순히 도덕교육의 논의에 그치지 않고 교육의 본질 자체를 회복해낼 수 있는 근원적인 교육개혁의 실마리를 만드는 결과를 기대할 수 있을 것이다.

물론 마음공부가 도덕교육의 영역에 제한되는 것은 아니다. 어떻게 보면 마음공부를 주된 목표로 삼는 영역은 불교와 같은 종교를 배경으로 하는 종교교육의 영역일지도 모른다.[16] 그러나 종교교육이 모든 사람을 대상으로 삼을 수 없는 시대적 한계와 종교 자체의 세속화로 인한 문화적 한계 등을 고려해 본다면 마음공부로서의 종교교육, 또는 종교 자체를 배제하지 않으면서도 공식적인 교육체제를 통한 마음공부로서의 도덕교육의 영역이 차지하는 위상에 더 많은 관심을 가질 수밖에 없다.

우리가 이 작은 논의를 통해서 지속적인 관심을 갖고 있는 콜버그적 패러다임의 의미와 한계에 관한 논의를 정리하는 가운데 마음공부의 필요성이 더 부각되기도 한다. 20세기 중반 이후부터 현재에 이르기까지 도덕교육론의 주된 패러다임의 위치를 쉽게 내놓지 않고 있는 콜버그적 도덕성 발달론은 도덕교육을 학교 교실 차원에서 실시해야 한다는 당위적 요청의 경험적 기반을 제공해 주었고, 특히 그때의 도덕성이 인지적 영역에서의 도덕판단 능력에 초점을 맞춘 것이어야 한다는 상식적 수준의 실천전략을 제공해 주는 데 성공을 거두기도 했다. 그러나 다른 측면에서 콜버그적 패러다임은 마음의 한 영역으로서의 도덕성의 의미를 도덕판단 능력으로 제한되게 하는 데 기여했고, 그나마 그 도덕판단 능력을 구성하는 배경요인인 이성이 도구적 또는 기술적 이성으로 제한됨에 따라서 자신의 이익을 합리적으로 따지는 능력 이상으로 확산되지 못하는 한계를 가져오

16 불교적 배경을 가지고 마음공부의 방법과 내용을 제시하고 있는 대표적인 자료의 하나로 현각 · 무량 외, 청아 · 류시화 옮김, 『공부하다 죽어라』(조화로운 삶, 2008)을 들 수 있다.

기도 했다.[17]

도덕성을 마음의 차원에서 바라볼 수 있게 되면 타산적 합리성을 포함하면서도 다른 한편으로는 동시에 그것을 넘어설 수 있는 비판적 합리성과 총체적 반성능력까지도 도덕성의 범위 안으로 포함시킬 수 있게 된다. 특정한 시간과 공간 안에서 자신의 생존을 유지하기 위해 요구되는 다양한 이해관계를 계산할 수 있는 능력과 욕구적 지향은 마음의 생멸적 바탕을 이루는 것이다. 그러나 우리의 마음은 동시에 그것에 만족하지 않을 뿐만 아니라, 보다 완성된 삶의 의미를 추구하는 열망인 진여적 바탕을 갖고 있기도 하다. 도덕성은 그 중에서 주로 진여적 바탕에 속하면서도 생멸과 진여가 불이(不二)의 관계를 유지하고 있기 때문에 생멸적 차원에도 동시에 관여한다.

4. 마음공부로서의 도덕교육을 위한 제언

우리 시대와 상황 속에서 도덕교육을 말하는 일은 고립과 냉소를 불러올 수 있는 위험성을 내포한다. 도덕의 문제를 왜 살아야 하

17 롤로 메이(Rollo May)는 실존주의와 심리요법 사이의 만남을 이야기하는 저서에서 20세기 사상사의 주요한 특징의 하나로 기술적 이성의 확산을 꼽는데 주저하지 않는다. 이러한 기술적 이성의 확산은 이성이 갖고 있는 실천적 능력을 훼손함으로써 결과적으로는 삶의 의미를 발견할 수 있는 힘을 약화시키게 된다는 것이 그의 주장이다. 그는 이러한 이성의 실천적 기능을 '윤리학을 포함하는 이성의 신비적 성격'이라고 표현하고 있다. 롤로 메이, 정성호 옮김, 『존재의 발견』(갑인출판사, 1986), 114-115쪽 참조.

고 어떻게 살아야 하는지에 대한 본질적 질문을 던지는 일로 정의하는 데 동의한다고 하더라도, 그런 질문들은 생존의 문제와 그 생존을 과장하는 광고에 의해 기획되는 삶의 가벼움으로 인해 경멸의 대상으로 전락하거나 지나치게 무거워서 회피하게 만드는 부담스러운 과제로 규정되고 만다.

우리 사회에서도 마찬가지이다. 영어로 말할 수 있는 능력으로 상징되는 생존력을 길러주는 것을 교육의 목표로 삼아야 하고, 각 개인들은 그 생존력으로 철저하게 무장한 기능인이 되어야 한다고 말하는 데 주저하지 않는 소위 신자유주의 경제학자들의 교육관이 권력의 중심에 서 있는 상황 속에서 인성이나 도덕성을 길러주는 것이 교육의 본질일 수밖에 없다는 주장은 제대로 들리지조차 않는다. 그러나 과연 우리의 상황이 그 정도로 생존으로 내몰리고 있는가? 특정 개인의 삶의 국면에 그런 위기가 올 수 있음을 부인하기 어렵지만 최소한 국가 전체적으로 우리가 갖고 있는 경제력은 세계적으로 보아도 상위권 수준이고, 이 정도면 전 국민이 생존에 내몰리지 않을 정도의 부를 축적하고 있다고 평가할 만하다.

우리의 문제는 오히려 마음의 문제인지도 모른다. 끝을 알 수 없는 자본주의적 욕망을 충족시키기 위해 한곳으로만 몰리는 한계를 보여주는 현대 한국인들의 삶 속에서 그 욕망의 한계를 인식하는 일은 절박하면서도 불가능한 일인 것처럼 느껴지기도 한다. 그러나 그 출발점을 지금 마련하지 않는다면 어디까지 좌절의 그림자가 밀려들지 그 끝을 짐작하기 어려운 상황이고, 우리는 그 출발점을 왜소해진 공교육의 도덕교육을 통해서 마련해 볼 수 있을 것이라는 터무니없어 보이는 논의를 여기까지 끌고 온 셈이다.

도덕교육의 콜버그적 패러다임에서 도덕성의 핵심 요소로 설정해 온 도덕판단 능력도 물론 합리성의 차원에서 마음을 다스려 보다 나은 도덕적 판단을 하고 이를 토대로 실천을 담보하고자 하는 요소로서의 의미를 충분히 지닐 수 있었다. 그러나 그것이 작동하는 현실 속에서 이해관계를 타산적으로 계산할 수 있는 능력 이상을 보여주지 못했고, 결국 그러한 도덕성 요소에 기반한 도덕교육은 또 하나의 교과로 전락할 가능성을 갖게 되었다. 이러한 문제 인식에 터해서 우리는 이 작은 논의를 통해서 도덕성을 마음의 한 요소로 보고, 그 마음을 다스리는 공부의 일환으로 도덕교육을 정의해 보고자 하는 시도를 했다.

우리의 시도가 의미 있게 자리매김되고 실천의 장에서 조금씩 그 가능성을 확인할 수 있게 된다면 우선 학교가 학생들에게 의미와 행복감을 줄 수 있는 공간으로 전환될 수 있고, 더 나아가 우리 사회 전체가 자본주의적 욕망의 그늘에서 벗어나 한겨울 추위를 녹이는 따뜻한 햇살이 드는 공간으로 바뀔 수 있는 초석이 마련될 수 있을 것이다. 남은 과제는 마음공부의 방법을 다양하게 모색하면서 구체적인 실천의 지점에서 이를 구현할 수 있는 능력과 의지를 가진 교사들의 존재와 그 교사들의 존재를 지지해 줄 수 있는 최소한의 지원이 유지될 수 있을 정도의 사회분위기 조성일 것이다.

3부

유교와 도교 도덕교육론의 현대적 해석

제9장

도덕교육 목표로서의 군자(君子)와 시민

1. 머리말

도덕교육은 도덕성을 전제로 하는 교육적 노력이다. 이때의 도덕성은 한 개인이 갖고 있는 구체적 수준의 도덕적 성향과 능력을 의미하기도 하고, 다른 한편으로는 인간이라면 누구나 공유할 수 있다고 믿어지는 보편적 성향을 의미하기도 한다. 윤리학에서 행위 중심이냐, 행위 주체 중심이냐를 논하면서 행위 주체와 독립된 보편적 도덕성에 관한 논의가 가능한지에 대한 의문이 제기되기도 했지만, 최소한 도덕성이라는 개념이 이론적으로는 행위 주체와 별도의 논의 영역을 지닐 수 있다는 것은 의심의 여지가 없어 보인다.

도덕교육이 교육적 노력의 한 부분임을 받아들이고 나면 그것이 그 나름의 맥락 속에서 목적과 목표를 지닌다는 사실도 분명해진다. 도덕교육의 목적은 도덕성의 함양을 통한 도덕적 인간의 육성이고, 그 하위 목표는 인지적 도덕성과 정의적 도덕성, 행동적 도덕성의 함양이 될 것이다. 그것이 다시 교육과정상의 구체화된 목표와 도덕 수업에서의 목표로 연결되면서 도덕교육은 실천적 영역을 확보하게 된다.

도덕교육학계에서는 상식화된 이러한 도덕교육의 목적과 목표에 관한 논의는 그럼에도 그 분명한 경계선만큼이나 불분명한 논란의 여지를 함께 지니고 있다. '도덕성 함양을 통한 도덕적 인간의 육성' 이라는 목적이 한편으로 순환론적인 고리에 말려 있어서 구체적인 내용을 드러내기에 어려움이 많은 점과 우리 시대의 '도덕적 인간' 에 대한 합의가 어려운 점이 논란의 핵심 내용이다. 그나마 첫 번째 난점은 논리적 전개를 확실하게 함으로써 일정 부분 해소가 가능하지만, 두 번째 난점은 단순한 윤리학적 논의로 완결될 수 없는 사회적 맥락 속의 합의와 그 합의의 보편성 문제로 이어지면서 쉽게 답을 찾을 수 없게 만드는 난제로 재생산된다.

우리 사회의 경우도 예외가 아니다. 현대 사회가 어떤 방식으로든지 18, 19세기 이후에 본격화된 이른바 서구의 근대화 과정에 영향을 받을 수밖에 없는 세계화의 국면에 접어들었다는 사실을 받아들인다면, 한편으로 그 이상적 인간상에 관한 논의 자체가 지나치게 무거운 최대 도덕 논의에 속하는 것이 된다. 물론 서구 시민사회에서 이상적 인간상에 관한 논의가 불가능하다거나 불필요한 것일 수는 없지만, 그럼에도 이상적 인간상은 주로 개인의 내면적 차원에서 추구해야 할 사적 영역의 문제이지 공적인 논의의 대상이 어렵다는 의미이다. 그러면서도 우리는 공적인 영역에서의 이상적 인간상에 관한 논의를 쉽게 포기하지 못하는 문화 속에서 동시에 살고 있기도 하다.

우리 사회에서 공적 영역에서의 이상적 인간상에 관한 논의가 펼쳐지는 대표적인 공간이 바로 도덕교과이다. 통합교과인 초등학교 저학년 '바른생활' 교과에서 출발해서 초등학교 3학년부터 고등학교 1학년에 이르는 국민공통 '도덕' 교과, 고등학교 2, 3학년 단계에서의 선택 '윤리' 교과 등 10년에 이르는 학교 교육을 통해서 우리는 일상생활에 필요한 기본적인 예절과 도덕적 판단능력, 윤리학적 인식능력 등을 길러주고자 하는 동시에 궁극적으로는 이상적 인간상에 토대를 둔 바람직한 삶에의 열망을 갖도록 하고자 노력하고 있다.

그런데 이 이상적 인간상에 관한 논의가 전개되는 과정에서 우리는 학문적 · 경험적 균열과 마주치게 된다. 한편으로 그것은 우리의 전통 속에서 이미 확고한 보편성을 담보하게 된 이상적 인간상, 즉 보살(菩薩)과 군자(君子) 또는 선비[士]라는 이상적 지향을 전제로 이루어지면서 동시에 시민사회의 주체인 시민(市民)을 목표로 삼기 때문에 빚어지는 현상이다.[1] 우리 전통 속의 이상적 인간상 가운데서도 선진유교가 들어온 이래로 정착한 군자가 차지하는 비중이 매우 크다. 그것이 조선 성리학의 정립과 함께 선비라는 형태로 구체화되면서 평민 이상의 사람들이라면 누구나 군자다운 삶 또는 선비다운 삶을 꿈꾸는 도덕적 지향을 갖게 되었던 것이다.

이런 전제 속에서 교육은 곧 군자다움을 갖추어 가는 과정과 동

1 윤리학적 논의의 장에서 이 세 인간형 사이의 만남 가능성에 관한 고찰로는 본서 2장을 참조할 수 있다.

일시되었고, 그것은 다른 말로 표현하면 도덕교육이다. 교육의 궁극적 목적으로서의 도덕교육은 그러나 시민사회를 전제로 하는 학교 교육체제 속에서 그 정당한 위상을 확보하기가 어려울 수밖에 없다. 시민사회에서의 학교 교육은 시민으로서 살아가는 데 필요한 최소한의 공적 요건을 갖추는 것을 주된 목표로 삼기 때문에 이상적 인간상이나 도덕적 열망 등과 같은 교육요소들은 각각 종교 선택과 같은 사적인 문제로 돌려지게 된다. 이러한 균열현상이 극복되지 않은 채 우리의 도덕교육은 전통적인 인간상과 시민을 동시에 제시하면서 두 모형 사이의 조화를 피상적으로 말하는 한계를 보여주고 있는 상황이다.

이러한 문제의식을 토대로 이 작은 고찰에서는 우리 도덕교육의 장에서 군자와 시민이 어떻게 만날 수 있는지 고심해 보고자 한다. 이를 위해 먼저 우리 시대 교육목표로서의 시민이 구체적으로 어떤 존재자인지를 먼저 살피고 난 후에 전통적 이상형인 군자가 이 시대의 교육목표와 어떻게 만날 수 있는지를 군자에 관한 일반적인 논의를 바탕으로 하여 전개해 보고자 한다.

2. 우리 시대 교육목표로서의 시민(市民, citizen)

1) 교육목표로서의 시민

우리 시대 교육의 핵심적인 목표는 '시민'의 육성이다. 이 시민의 개념 앞에 '바람직한 시민' 또는 '도덕성을 갖춘 시민'이라는 수식어가 붙은 경우도 있지만, 시민이라는 개념 자체가 이미 도덕성을 전제로 하고 있다고 볼 수 있다는 점에서 시민의 육성 자체로도 완결성을 갖춘 목표로 인지될 수 있다.

그러나 이 시대 교육의 목표로 시민 육성을 꼽는 데 망설이지 않는 사람들도 그 시민이 구체적으로 어떤 인간상을 의미하는가에 대해서는 쉽사리 의견을 모으지 못한다. 그 이유는 시민을 바라보는 관점의 차이 때문일 것이다. 어떤 사람은 시민을 주로 문화적 · 도덕적인 관점에서 이해하고자 하고, 어떤 사람은 정치적 자유와 경제적 사유권이라는 정치경제학적 관점에서 이해하고자 한다. 시민의 개념 속에 이 두 차원의 의미가 모두 포함되어 있지만 어느 쪽에 초점을 맞추느냐에 따라 다른 지향이 가능해진다.

시민은 민주주의라는 정치이념과 맥을 함께 하면서 정착한 개념임과 동시에 자본주의의 성립과정과도 상당한 정도의 친화력을 갖는다. 전자의 경우는 '민주시민'이라는 개념으로 구체화되면서 그 중에서도 자유민주주의와 접합되는 특성을 지니고, 후자의 경우는 개인주의적 지향과 연관되면서 호모 에코노미쿠스, 즉 경제인이라는 특성으로 이어진다. 이 둘을 아우르면 결국 시민은 민주자본주의를 이끌어가는 주체로서의 위상을 갖게 되는 것이며, 그 속성으로 정치적 자유와 경제적 사유권을 바탕으로 자신의 이기성과 고립성을 인정받는 바탕 위에서 계약의 산물로 시민사회를 구성하는 존재로 그려지게 된다.[2]

2 여기서 민주자본주의는 마이클 노박의 견해를 수용한 개념이다. 그는 민주자

시민의 위상에 대한 이러한 규정은 다른 한편으로 시민사회를 이끌어가는 주체로서의 능력에 대한 요구를 포함한다. 모든 사람이 시민이 되고 또 되어야 하는 시민사회에서 누구나 시민으로서 요구받는 최소의 사고와 행동을 해야 한다는 전제가 따라오는데, 그것이 어떻게 가능할 것인가 하는 것이 시민사회가 직면하게 되는 딜레마로 부각된다. 즉 자유롭고 개체화된 주체로서의 시민을 전제로 하면서도 동시에 그 각자의 능력을 스스로 길러야 한다는 요청을 받게 된다는 것이다.

루소와 같이 낭만주의적 아동 중심 교육관을 갖고 있는 사람들에게는 이러한 과제가 그다지 문제가 되지 않는다. 아동들은 자연스럽게 이러한 요구들을 수용하는 시민사회 안에서 또 다른 시민으로 자라날 것이기 때문이다. 그러나 이러한 기대는 현실적이지 못할 가능성이 높다. 우선 사회 자체가 이런 방향으로 작동되기를 기대하기 어렵고, 인간의 본능을 고려해 볼 때 기대에 어긋날 수 있는 가능성을 배제하기 어렵기 때문이다. 그런 이유들로 인해 시민사회는 시민교육을 필수적으로 요청하게 되고, 그 시민교육의 목표는 합리성과 도덕성, 그리고 문화성을 갖춘 시민의 육성으로 귀결된다. 교육의 본질적 목적 또는 목표로서의 도덕교육은 이러한 시민교육의 핵심 영역을 담당하는 역할을 맡고 있고, 그 중에서도 도덕성에 초점을 맞추고 있다.

본주의를 '시장경제와 생명의 자유와 행복의 추구에 대한 개인의 권리를 존중하는 정치조직, 그리고 모든 사람을 위한 자유와 정의라는 이상에 의해 움직여지는 문화적 체계 등 세 가지 요소가 하나로 된 제도'라고 정의하고 있다. 마이클 노박, 이화수 옮김, 『민주자본주의의 정신』(인간사랑, 1990), 9–10쪽.

2) 시민사회를 바라보는 몇 가지 관점과 시민윤리

시민은 시민사회와 짝을 이루는 개념으로 등장한 것이다. 따라서 우리 교육의 목표로서의 시민 개념을 살펴보기 위해서는 반드시 시민사회를 살펴보아야 한다. 우리 사회에서도 시민사회라는 개념은 더 이상 낯선 것이 아니다. 오히려 짧은 시간 안에 시민사회를 바라보는 관점이 빠르게 변화하면서 그것에 대한 기대와 긍정적 평가보다는 우려와 냉소적 분위기가 형성되어 있기도 할 정도이다. 우리 사회에서 사용되고 있는 시민사회는 대체로 시민사회 단체와 동일시된다. 권위주의 정권과의 오랜 투쟁의 산물로 자리 잡은 시민사회 단체들이 시민사회를 대변하는 역할을 일부 수행해 왔기 때문에 그런 인식이 자리 잡았다고 볼 수도 있고, 시민사회 개념이 갖는 추상성 때문에 그들 외에 눈에 보이는 시민사회를 찾기가 어려운 이유 때문이기도 할 것이다.

현재 우리가 사용하고 있는 시민사회는 그 자체로는 수입된 개념이다. 부르주아 소사이어티(bourgeois society)의 번역어이기도 하고 시빅 소사이어티(civic society)의 번역어이기도 한 이 개념은 일반적으로 시민이 주체가 되어 이끌어가는 자유와 평등을 지향하는 사회로 이해된다. 그러나 이러한 시민사회에 대한 이해와 정의는 단편적인 것에 불과하다. 실제로 시민사회를 바라보는 관점은 매우 다양해서 그와 관련된 논의들 속에서 서로 다른 정의에 입각해서 자신의 주장을 펼칠 경우 쉽게 합의에 도달하기 어려울 정도로 그 내포와 외연이 간단치 않은 개념이기도 하다.

그런 이유로 시민사회에 관한 본격적인 논의를 시작하기 위해서는 먼저 자신이 어떤 시민사회 개념을 갖고 있는지 검토해 볼 필요가 있다. 우리 사회에서 사용되고 있는 시민사회 개념이 그 뿌리를 서구적 논의에 대고 있는 만큼 우선 서구적 시민사회 개념에 대해 분석할 필요가 있다. 서구에서의 시민사회에 관한 논의도 역시 간단치 않지만 가장 많이 사용되는 시민사회 개념을 다음과 같은 몇 가지로 정리해 볼 수 있다.[3)]

시민사회를 바라보는 관점 중에서 가장 널리 알려져 있는 것은 민주자본주의 사회의 구성요소로 국가와 시장을 전제한 후에 시민사회를 이것들과 구별되는 사회의 일부로 보는 견해이다. 이 관점의 시민사회가 갖는 가장 중요한 특징은 인간들 사이의 비강제적인 결사의 공간이고, 이 공간은 관계적 네트워크들로 채워지고 있다는 점이다.[4)] 비강제적인 결사를 강조하는 이 관점은 하나의 이상적 범주로서 구성원들 상호 간 또는 각 결사체들 간의 유대를 통해서 국가기관들과 긴장관계를 형성함으로써 사회의 건강한 유지와 발전에 도움을 줄 수 있을 것이라는 기대를 포함한다.

시민사회를 바라보는 두 번째 관점은 사람들이 갖고 있는 또 하나의 이상적 기대를 담고 있는 것으로, 시민사회를 바람직한 의미의 시민성을 제도화하여 사회규범들이 잘 작동되고 있는 모종의 문명화

---

3 여기서는 마이클 에드워즈의 시민사회에 관한 분석을 원용하고자 한다. 그렇게 하는 이유는 그의 분석이 서구적 시민사회 논의의 역사와 현상을 포괄해내는 데 성공하고 있다고 판단되기 때문이다. 마이클 에드워즈, 서유경 옮김, 『시민사회-이론과 역사, 그리고 대안적 재구성』(동아시아, 2005) 참조.

4 위의 책, 56쪽.

된 사회를 뜻하는 것으로 받아들이는 것이다.[5] 이 관점은 많은 사람들이 갖고 있는 시민사회에 대한 기대를 포함하여 현실 속에 존재하는 것이라기보다는 이상적인 형태로 그려지는 것이기는 하지만, 그럼에도 현실 시민사회에 일정한 영향력을 행사할 수 있다는 점에서는 현실적인 것이기도 하다.

시민사회를 바라보는 세 번째 관점은 하버마스(J. Habermas)의 경우와 같이 시민들이 자유와 평등, 비폭력적 상호작용의 조건 하에서 공통의 관심사들을 얘기할 수 있는 일종의 담론적 공공영역(discursive public sphere)으로 시민사회를 설정하는 경우이다. 이 정의는 시민사회를 지리적 공간의 개념이라기보다는 의사소통의 수단에 의해서 연결되어 있고 주어진 상호작용의 환경 안에서 비폭력적 논쟁을 분출시키는 어떤 특수한 유형의 공간적 관계로 보는 관점이라고 할 수 있다.[6]

물론 이러한 관점 또는 정의들은 서로 많은 영역을 공유하고 있기도 하다. 예를 들어 자발적 결사체로서의 시민사회가 그 자체로 이상적인 형태로 받아들여질 수도 있고, 그 안에서 공공영역이 형성될 수 있는 가능성도 열려 있다는 점에서 그러하다. 그러나 우리 사회에서 1987년 6월 항쟁을 거친 이후에 가장 크게 부각되었던 관점은 정권과 대항할 수 있는 자발적 결사체로서의 시민사회였고, 실제로 민주화 과정에서 시민사회는 긴밀한 유대를 통해 결정적인 역할을 담당하기도 했다. 김대중 정권 이후에는 이러한 시민사회의 지지를 받

5 위의 책, 91쪽.
6 위의 책, 123-124쪽 참조.

은 세력이 집권층이 되는 역사였다고 볼 수 있고, 특히 노무현 정권은 그 중에서도 가상공간에 기반한 새로운 의미의 자발적 결사체로서의 시민사회의 결정적인 지원에 힘입어 등장할 수 있었다.

그러나 다른 한편으로 우리의 시민사회는 시민단체를 이끄는 운동가들을 중심으로 운영되는 한계와 함께 경제위기 등을 거치면서 '시민 없는 시민단체'라는 상징적 비판이 암시하고 있는 것과 같은 근원적인 반성을 요구받는 상황에 처해 있기도 하다. 이 과정을 통해서 시민사회에 관한 두 번째와 세 번째 정의가 다시 주목받고 있기도 하다. 시민사회의 지원을 받는 정권의 등장이 시민사회와 정권 사이의 건강한 긴장을 훼손할 수 있는 가능성이 커진 것도 새로운 시민사회관을 요구하는 배경적 요인이 되었을 것으로 판단된다.

시민사회를 이끌어가는 주체인 시민은 합리성과 함께 도덕성을 요구받는다. 더 나아가 문화성까지 담보되면 문명을 이끄는 주체로서의 위상도 확보될 수 있다. 이러한 시민의 품성에 대한 요구는 그 자체로 독자적인 시민교육을 전제로 하게 되고, 그 시민교육을 효과적으로 수행해내기 위해 정착한 것이 근대 이후의 학교 중심 공교육 체제이다. 공교육 체제 속에서는 모든 시민이 교육을 받을 권리와 함께 의무를 지게 되고, 그렇게 받게 되는 교육의 핵심은 민주시민 교육이다.

민주시민 교육은 기본적으로 민주주의를 운영할 수 있는 능력을 갖춘 시민 육성을 목표로 삼는다는 점에서 정치교육적 성격을 지니면서 동시에 합리적인 경제인으로서의 능력을 갖게 하는 것과, 바른 역사의식을 지니고 자신이 몸담고 있는 공간을 주체적으로 향유할 수 있게 하는 능력을 기르는 것을 목표로 한다는 점에서 사회과

교육의 주된 내용을 이룬다. 사회과에서 목표로 삼는 시민성(citizenship)은 그런 점에서 정치, 경제, 문화, 역사, 지리의 관점을 포함하는 포괄적 특성이 강하게 내포된 것으로 볼 수 있다.

시민성은 시민윤리(civic ethics)라는 개념과 밀접한 관련을 지닌다. 어떤 측면에서 이 두 개념을 온전히 구별하는 일은 불가능할 정도이다. 그럼에도 시민성이 시민으로서 지니고 있어야 하는 인성적 특성을 지칭하는 개념이라는 점에서 시민윤리를 포함하는 관계에 있다고 말할 수 있다. 우리의 학교상황 속에서 도덕과가 집중적인 관심을 보여야 하는 것은 시민윤리이고, 시민윤리 교육을 통해서 시민성의 핵심 영역을 길러주어야 하는 과제를 맡고 있다. 결국 포괄적인 의미의 시민성 교육은 도덕교과와 사회교과를 통해서 총체적으로 실시되어야 하고, 그 이외의 국어나 예체능 과목들도 궁극적으로는 시민성의 한 부분을 길러주는 것을 목표로 삼는 일종의 분업체계를 갖추고 있다고 평가할 수 있을 것이다.

우리 사회에 시민사회가 정립되기 시작한 시점에 대해서는 논란의 여지가 있음에도 대체로 1987년 6월 시민항쟁 이후로 보는 시각이 지배적이다. 이때의 시민사회 개념은 정권으로 대표되는 국가와 독립적으로 존재하면서 그에 대한 비판과 견제가 가능한 자발적인 결사체로서의 그것이다. 그런 점에서 우리 시민사회의 정립과정은 반독재 민주화의 과정과 일치하고, 그만큼의 도덕적 기반을 쌓아온 것으로 볼 수 있다. 그런데 이 도덕적 기반은 단지 부도덕한 정권에 대항하여 투쟁했다는 점에서의 소극적 도덕성을 의미하는 것이고, 시민사회가 우리 사회를 움직이는 중요한 주체로 실제 활동을 해가는 과정에 이르면서 과정과 절차의 민주화나 시민사회운동가 자신의 지속적인 도덕성 유지와 같은 보다 적극적인 도덕성을 요구받고 있다.

그러나 다른 한편으로 우리 사회에서 시민단체가 시민사회를 상징하는 중요한 요소들임에는 틀림없지만 시민사회의 구성원들은 곧 우리 자신들이라는 인식이 새롭게 요구되는 상황이다. 세계화의 물결 속에서 자유롭지 못한 우리들은 단순히 국가와 '순전한 개인적 차원의 실존'을 넘어서는 또 다른 어떤 공동체에의 소속을 요구받고 있고, 그 요구를 수용하는 장치 중에서 비교적 최근에 등장한 것이 시민사회라는 점에서 누구나 온전한 개인임과 동시에 시민이고 또한 국민이기도 한 존재자적 포괄성 속에 존재하고 있는 것이다.[7)]

그런 전제를 수용할 수밖에 없는 상황이라면 우리들은 시민으로서의 최소한의 도덕적 수준, 즉 시민윤리를 갖추고 있어야 한다는 요구를 받아들일 수밖에 없고, 그것은 시민윤리의 교육을 통해서 달성해야만 하는 목표로 자리 잡게 된다. 이러한 시민윤리 교육에 대한 요청은 독재 정권과 맞서는 과정에서 시민사회의 외적인 틀을 먼저 세운 우리 사회의 경우에 더 강하게 부각되고, 그 요청에 적절하게 부응하는 것이 도덕과를 중심으로 하는 학교 교육의 핵심적인 목표가 된다는 논리는 자연스럽다.

---

7 이 점에 대해서 셀리그먼은 20세기 이후의 세계사에서 가장 두드러지고 지속적인 경향이 '국가와 순전한 개인적 실존의 영역'을 동시에 넘어서는 시민사회에 대한 지속적인 강조라고 주장하고 있다. Adam B. Seligman, *The Idea of Civil Society*(New Jersey : Princeton University Press, 1992), 9쪽 참조.

3. 시민윤리 교육의 목표로서의 군자(君子)

1) 시민윤리는 최소 도덕인가?

시민사회는 기본적으로 한 개인이 살아가면서 만나야 하는 사적 영역과 공적 영역 사이의 긴장을 전제로 해서 성립된다. 민주주의 사회에서 한 개인은 자유롭고 평등한 주체로 설정되고, 그 개인이 누릴 수 있는 자유의 폭은 로크적 단서를 넘어서지 않는 지점까지 확대되어 있다. 즉 자신의 자유가 타인의 자유를 침해하지 않는다는 정치적 단서와 자신과 함께 존재하고 있는 구성원들이 최소한의 생존을 보장받을 수 있다는 경제사회적 단서를 넘어서지 않는 한 그의 자유를 제약하는 일은 본질적으로 비민주적인 것이다.

한 개인이 자신의 삶을 어떻게 이끌어갈 것인가 하는 도덕적 문제도 이런 관점에서 보면 궁극적으로 개인의 자유에 속하는 것이고, 그런 점에서 도덕교육의 오랜 전통 속에서 핵심 과제로 다루어져 왔던 최대 도덕은 사적 영역, 즉 프라이버시 영역 속에 포함된다고 볼 수 있다. 이런 전제를 받아들이면 어느 누구도 공식적인 학교 교육을 통해서 최대 도덕을 가르쳐야 한다고 주장할 수 없게 된다.

그런데 시민사회는 사적 영역을 일정하게 넘어서는 곳에 존재하고, 그곳에서는 누구나 시민사회를 유지할 수 있는 최소한의 도덕적 기준을 요구받게 된다. 이 시민사회적 토대 위에 정착한 근대 공교육 체제는 그런 점에서 최소 도덕을 길러서 시민적 능력을 갖춘 주체를 육성해야 한다는 과제를 부여받은 셈이다. 그 최소 도덕의 예로 우리의 '시민윤리' 교과서는 다양성의 존중과 관용의 정신, 인권 존중, 공정성, 준법정신과 책임감, 정직성 등을 꼽고 있다.[8] 그 중에서 책임이나 정직성 같은 덕목은 오히려 최대 도덕에 가까운 개념이고, 최소 도덕의 대표적인 덕목은 관용과 공정성이다. 전자는 나와 다른 사람의 존재 자체에 대한 이해와 인정을 의미하고, 후자는 경쟁의 과정에서 지켜져야 하는 최소한의 기준이다.

그러나 관용의 경우에도 타인의 존재에 대한 이해와 인정에서 그치는 것이 아니라 수용까지를 의미할 때가 있고, 이때는 이미 최소 도덕의 한계를 넘어선다. 책임과 정직성은 그 자체로 한 개인의 인격 속에서 출발한다는 점에서 최대 도덕의 범주에 속한다. 이렇게 본다면 시민윤리가 단지 최소 도덕이고 따라서 시민윤리 교육도 최소 도덕의 교육에 머물러야 한다는 주장은 상당 부분 설득력을 상실한다. 다만 일정한 발달단계에서 준법정신과 공정성 같은 덕목을 습관화하는 것이 도덕교육의 중요한 목표로 설정될 수 있고, 이 단계의 도덕교육에서 이루어지는 시민윤리 교육은 최소 도덕을 그 출발점으로 삼을 수밖에 없다고 말할 수는 있다.

아리스토텔레스의 말과 같이 '시민성(citizenship)의 본질은 그 자체로 오랜 논쟁의 대상이 되고 있고, 그 결과 시민성에 관한 단 하나의 정의에 대해서는 어느 누구도 동의하지 않는다.' 그러면서도 시민과 시민성이라는 단어만큼 현대 사회에 와서 많이 사용되는 개념

---

8 서울대 국정도서편찬위원회, 『고등학교 시민윤리』(교육인적자원부, 2003), 18-19, 27-28쪽 참조.

도 드물다.[9] 우리는 일단 시민성 개념이 시민윤리를 포괄할 수 있는 개념이라는 관계 규정을 해놓고 논의를 전개하고 있는 중이다. 이는 시민성이라는 개념이 갖고 있는 폭넓은 외연에 주목한 결과이고 동시에 그 대응 개념인 시민사회가 단지 정치적 집합체 수준에 머무는 것이 아니라, 이상적인 인간 삶의 지향이기도 하다는 정의를 바탕에 깔고 있는 것이기도 하다.

시민윤리는 이 시민성의 한 영역을 이루는 것으로 뒤르껭의 강조 이후로 주로 시민적 덕성을 의미하는 개념으로 해석될 수 있다. 이런 해석을 받아들인다면 시민윤리 교육을 통해서 시민적 덕성을 길러줄 수 있고, 이 시민적 덕성은 시민성의 핵심 요소가 되기 때문에 시민성 교육의 중요한 영역이자 과정이라는 결론을 이끌어낼 수 있다. 여기서 과정을 특별히 강조하는 이유는 시민적 덕성이 단지 덕성에 머물지 않고 시민으로서 갖추고 있어야 하는 정치적 능력과 연결될 수 있기 때문이다.

시민적 덕성과 연결되는 시민성의 또 다른 요소인 정치적 능력으로는 우리 시민윤리 교과서에서도 강조하고 있는 의사소통 능력과 합리적 의사결정 능력, 정치적 참여의식 및 능력 등을 꼽을 수 있을 것이다. 이러한 능력들은 주로 서양 철학적 범주 속에서 합리성과 관련된 요소들인데, 이 합리성이 현대 서양 철학의 담론 속에서는 도덕성과 긴장관계를 형성하기도 한다. 특히 자신의 이익을 따지는 도

9 Derek Heater, *Citizen–the civic ideal in world history, politics and education* (London & New York : Longman, 1990), 서문 참조. 위의 아리스토텔레스의 말도 이 서문에서 재인용한 것이다.

구적 합리성의 개념으로 작동할 경우에 그러하다. 경제인으로 살아갈 수밖에 없는 자본주의적 삶의 양태 속에서 도구적 합리성의 필요성을 온전히 부정할 수는 없겠지만, 그럼에도 그것이 궁극적으로는 실천적 합리성을 거쳐 도덕성을 지향할 수 있게 하는 것이 이상적 삶의 형태로서의 시민사회를 포기하지 않는 우리가 시민교육을 통해서 이루고자 하는 목표 지점이다.

이러한 시민성 교육 또는 시민교육이 성공하기 위해서는 우리 학교 현장에서 주로 도덕과와 사회과의 역할 분담과 협력이 필요하다는 것은 당위적 요청이겠지만 구체적인 협력 방법으로 가면 일정한 긴장의 여지가 생길 수밖에 없다. 우리들은 그 원론적 가능성을 인정하는 바탕 위에서 주로 시민윤리 교육에 치중하면서 시민성의 다른 영역을 배제하지 않아야 하고, 사회과의 경우에는 시민성의 합리성 영역에 치중하면서 궁극적으로는 도덕성 영역을 지향할 수 있는 노력을 기울일 필요가 있다. 그것이 우리의 시민교육이 성공할 수 있는 중도(中道)의 방법이 될 수 있을 것이라고 생각한다.

한 가지 남은 문제는 시민성 교육이 기본적으로 서구적 뿌리를 갖는 시민사회에 관한 논의에 기반한 것이기 때문에 우리에게 남아 있는 전통적 요소와 어떤 관계를 설정할 것인가 하는 논의이다. 그 전통 요소를 이 장에서는 주로 유가적 요소로 보고 그것에 기반한 이상적 인간상을 군자로 설정하기로 했기 때문에 이제는 본격적으로 군자가 어떤 지향을 지닌 인간형인지를 살펴보아야 하는 단계에 이르렀다. 먼저 살펴보고자 하는 것은 군자가 누구인가 하는 문제인데, 군자라는 인간상에 관한 논의는 사서(四書) 모두의 중심된 주제 중의 하나이다. 그러나 그 중에서도 특히 군자의 마음가짐과 행동에 관한 지침을 가장 많이 담고 있는 책이 『중용(中庸)』이므로 이 책을 중심으로 하여 군자상을 먼저 세우고 나서 시민과의 만남 가능성에 관한 논의를 계속해 보고자 한다.

2) 군자의 도덕적 지향 : 도덕성에 기반한 정치적 능력과 문화성

『중용(中庸)』이 유가윤리에서 어떤 비중을 차지하고 있는지에 관한 논의는 그다지 필요하지 않을 정도로 많은 강조점이 부여되어 왔다. 주희가 이미 "중용이 왜 쓰였는가? 그것은 자사가 공자의 도가 올바르게 전해지지 못할까 근심해서 쓴 것이다"라고 「중용장구서」의 첫머리에서 분명하게 밝힌 바 있고, 곽점본 발굴 이후에는 자사의 저서라는 사실에 대한 확신이 높아지면서 주희의 주장도 역시 신뢰를 더해가고 있는 상황이다.[10] 또한 이 책의 주인공이 『논어(論語)』와 마찬가지로 공자이고, 이 '논어'에 나오는 공자가 중국 고대의 역사적이고 문학적인 모습을 그려냈다면, '중용'에 나오는 공자가 천인합덕(天人合德)의 길을 모색한 성자이자 철학자적인 모습이라는 김충렬의 주장을 받아들일 경우, 이상적 인간상으로서의 군자에 관한 윤리학적 · 철학적 고찰은 주로 '중용'에서 이루어지고 있다는 평가가 가능해진다.[11]

---

10 中庸 何爲而作也 子思子 憂道學之失其傳而作也, 이하 『중용』은 주희, 『四書集註』(보경문화사, 1993)년에서 인용한다. 같은 책, 19쪽.

11 김충렬, 『중용대학강의』(예문서원, 2007), 36쪽 참조.

다른 한편으로 유가윤리의 핵심 개념 중 하나가 천명(天命)이고, 이 천명이 성(性)과 도(道), 교(敎)로 이어지는 논리적 고리가 『중용』의 첫 구절에서 마련되고 있다는 점을 고려해 보아도 이 책이 지니는 유가윤리적 위상을 짐작할 수 있다.[12] 또한 주희가 이 책 전반을 소개하기 위해 쓴 글에서 중(中)과 용(庸)을 각각 천하의 바른 도와 천하의 정해진 이치로 풀고 있는 점을 보아도 당위와 사실의 세계를 포함하는 윤리의 지향점을 가리키고 있는 유가윤리의 핵심서라고 평가해 볼 수 있다.[13]

중용의 첫 구절에 이어지는 내용은 도가 잠시도 떨어질 수 없는 것이기 때문에 군자(君子)는 보이지 않는 바를 삼가고 들리지 않는 것을 두려워하면서 홀로 있을 때를 삼간다는 신독(愼獨)의 자세를 강조하는 것이다. 또한 계속 이어지는 내용으로 '군자는 중용을 지키지만 소인은 중용에 반하고, 그 군자의 중용이란 곧 군자로서 때를 지키는 시중(時中)을 강조한다. 그 외에도 중용에 나타나 있는 군자의 도덕적 지향과 관련된 내용을 모아보면 아래와 같다.

> 너그럽고 부드러운 것으로 가르치고 무도한 행위에도 보복하지 않음은 남방의 강함이니 군자가 이렇게 산다.[14]
>
> 그러므로 군자는 화(和)하여 흐르지 않고 중립에 서서 기울지 않으며, 나라에 도가 있으면 변함이 없고 도가 없으면 죽음에 이

12 天命之謂性 率性之謂道 修道之謂敎, 위의 책, 21쪽.
13 中者 天下之正道 庸者 天下之定理, 위의 책, 같은 곳, 이 구절은 주희가 정자(程子)의 말을 인용하면서 중용을 소개하는 부분이다.
14 寬柔而敎 不報無道 南方之强也 君子居之, 위의 책, 26쪽.

르러서도 절조가 변하지 않으니 강하고 꿋꿋하다(右第九章).[15]

군자는 중용에 의지하여 속세로부터 떠나 있어 남이 알아 주지 않아도 후회하지 않는데, 이는 능히 성인만이 할 수 있는 일이다(右第十章).[16]

그러므로 군자는 수신을 하지 않을 수 없다. 수신을 생각한다면 어버이를 섬기지 않을 수 없고, 어버이 섬김을 생각한다면 사람을 알지 않을 수 없으며, 사람을 알고자 한다면 하늘을 알지 않을 수 없다.[17]

천하를 통달하는 도는 다섯 가지가 있고 이를 행하게 하는 것은 셋인데, 즉 군신과 부자, 부부, 형제, 붕우의 관계에서 도를 다하는 다섯 가지 윤리가 곧 천하를 통달하는 도이다. 지인용의 세 가지는 천하를 통달하는 덕이니 이를 행하게 하는 것은 하나이다(右第十九章).[18]

선진유가에서 군자의 도덕적 지향은 자연스럽게 정치로 이어진

15 故君子和而不流 强哉矯 中立而不倚 强哉矯 國有道 不變塞焉 强哉矯 國無道 至死不變 强哉矯, 위의 책, 같은 곳.

16 君子依乎中庸 遯世不見知而不悔 唯聖者能之, 위의 책, 27쪽.

17 故君子不可以不修身 思修身 不可以不事親 思事親 不可以不知人 思知人 不可以不知天, 위의 책, 35쪽.

18 天下之達道五 所以行之者三 曰 君臣也 父子也 夫婦也 昆弟也 朋友之交也 五者 天下之達道也 智仁勇 三者 天下之達德也 所以行之者 一也, 앞의 책, 35쪽.

다. 군자는 수신을 멈추지 않는 수기(修己)의 존재이기도 하지만 동시에 치인(治人)의 지향을 거두지 않는 바람직한 의미의 정치인이기도 하기 때문이다. 그런 이유로 『중용』에서도 정치가 무엇이고 어떤 자세로 임해야 하는지에 관한 논의가 펼쳐지고 있다. 기본적인 전제는 사람이 정치로부터 자유로울 수 없는 존재라는 점이다. 아래 인용에서 그러한 전제가 잘 드러난다.

> 사람의 도는 정치에 민감하고 땅의 도는 나무의 자라남에 민감하다. 따라서 정치라는 것은 창포와 갈대처럼 백성에게 많은 영향을 미친다.[19)]
>
> 그러므로 정치를 하는 일은 사람에 달려 있으니 사람을 취하는 데는 몸으로 하고 몸을 닦는 데는 도로써 하며, 도를 닦는 데는 인으로써 해야 한다(右第十九章).[20)]

이러한 공자의 수신과 정치의 연계성에 관한 강조는 수신의 구체적인 방법과 그것의 확대로서의 정치 사이의 깊은 연관성으로 이어진다. 즉 공자는 지인용(智仁勇)이라는 군자가 갖추어야 할 세 가지 덕을 말하면서 이 세 가지 덕목을 갖추면 곧 수신하는 것을 알게 되고, 수신을 알면 사람을 다스리는 것을 알게 되며, 사람을 다스리는 것을 알면 곧 천하를 다스리는 것을 알게 되는 것이라고 『대학(大學)』의 핵심 주장이라고 할 수 있는 순차적인 수기치인과 평천하의

19 人道敏政 地道敏樹 夫政也者 蒲盧也, 위의 책, 34쪽.
20 故 爲政在人 取人以身 修身以道 修道以仁, 위의 책, 34-35쪽.

경지를 이미 이 책에서도 제시하고 있다.[21]

수기에서 치인, 치국, 평천하에 이르는 도덕과 정치 사이의 유기적인 연관성은 한편으로 관계의 폭이 넓어지는 가치관계의 확장을 의미하면서도 다른 한편으로는 정치에서 도덕에 이르는 윤리학적 논의의 집중을 보여주는 것이기도 하다. 즉 도덕과 정치를 규율하는 핵심 원리를 도덕적 선에 두고 바람직한 정치의 지향점을 찾아가다 보면 결국 성자(誠者)라는 하늘의 도에 이르게 된다는 논리이기도 한 것이다. 이러한 논리가 『중용』의 중반부 이후에서 집중적으로 다루어지고 있다는 사실은 그런 점에서 의미심장한 것이다.[22]

이러한 고찰의 결과를 토대로 군자라는 이상적 인간상을 요약해 본다면, 우선 그는 천명(天命)과 성자(誠者)에 대한 기본 인식능력을 토대로 지인용(智仁勇)과 같은 덕을 갖추고자 끊임없이 노력하는 수기(修己)의 존재자라고 할 수 있다. 이러한 존재자가 갖추고 있는 도덕성은 인지적 영역에서 시작하여 열망의 도덕성으로 이어지는 통합적 지향성이라고 볼 수 있고, 명확히 인간으로서의 완전한 삶을 목표로 삼는 최대의 도덕영역에 있다. 군자는 또한 이러한 최대의 도덕성을 갖추는 데 그치는 것이 아니라, 치인(治人)의 능력이라는 정치적 능력을 갖춘 지도자로서의 성격도 갖는다. 이 정치적 능력은 효제(孝悌)와 충서(忠恕), 치국(治國), 평천하(平天下)라고 하는 가치관계의 확대 원리에 따라 시공간적으로 확산되고, 궁극적으로는 인간(人

---

21 好學 近乎知 力行 近乎仁 知恥 近乎勇 知斯三者 卽知所以修身 知所以修身 卽知所以治人 知所以治人 卽知所以治天下國家矣, 위의 책, 36쪽.

22 誠者 天之道 誠之者 人之道 誠者 不勉而中 不思而得 從容中道 聖人也 誠之者 擇善而固執之者也, 위의 책, 38-39쪽 참조.

間)의 세상이 완전한 도덕공동체가 되게 하는 데 기여하고자 하는 당위적 차원의 정치적 열망을 의미하는 것이 된다.

군자의 요건으로서의 이러한 도덕성과 정치적 능력은 또 한 가지 다른 요소인 문화성에 의해서 보완된다. 주로 『논어』를 통해서 표출된 공자의 문화성에 대한 강조는 앞의 두 요소와 함께 인간다운 삶의 핵심 요소로 평가되고, 따라서 군자가 갖추고 있어야 하는 요건의 하나로 반드시 포함되기도 한다. 그런 점에서 이 책의 첫 구절이 삶의 진정한 즐거움 세 가지를 묘사하는 것으로 시작되는 점에 유의할 필요가 있다. 공자는 배움과 친교의 즐거움을 말한 다음에 남이 알아주지 않아도 화내지 않는 수준의 인격이 군자다움의 핵심 요소임을 「학이(學而)」편에서 강조함으로써 군자다움이 단순한 이성적 차원에 그치지 않고 정서적 차원에서도 나타나야 함을 말하고 있다.[23)]

이러한 문화적 요건에 관한 강조는 그 외에도 『논어』의 여러 편에서 다루어지고 있는 내용이다. 예를 들어 「옹야(雍也)」편에서는 "올바른 것을 아는 사람은 좋아하는 사람만 못하고, 좋아하는 사람은 즐기는 사람만 못하다"고 하면서 진리를 단지 알거나 좋아하는 수준을 넘어서서 즐기는 수준에 이르러야 진정한 군자라고 할 수 있음을 강조하고 있다.[24)] 또한 「술이(述而)」편에서는 군자는 "도에 뜻을 두고 덕에 의거해야 하며, 인에 의지하고 예에 노닐어야 한다"고 강조하고 있기도 하고, 「선진(先進)」편에는 시(詩)를 하루에 세 번씩 외우

---

23 學而時習之 不亦說乎 有朋自遠方來 不亦樂乎 人不知而不慍 不亦君子乎, 『論語』, 「學而」편.
24 知之者 不如好之者 好之者 不如樂之者, 위의 책, 「雍也」편.

는 사람에게 자신의 조카를 시집보냈다는 일화가 있을 정도로 시를 중시하기도 했다.[25)]

3) 군자와 시민의 연속성과 불연속성

천명(天命)을 알고 실천하는 것으로서의 도덕성을 기반으로 하는 군자의 정치적 능력과 문화성은 기본적으로 지배층이라는 사회구조적 배경을 전제로 하고 있다. 그런데 시민은 지배층과 피지배층의 구분 자체가 임의적이거나 무의미한 시민사회를 근간으로 성립된 개념이고, 그런 점에서 시민의 요건에 도덕성과 함께 문화성과 함께 정치적 능력이 포함되기는 하지만 각각 다른 차원에서 적용 가능한 개념들이라고 보는 것이 타당하다. 그럼에도 군자를 우리 시대 시민윤리 교육의 이상적 인간상의 하나로 받아들일 수 있는 여지가 있을까?

이 질문에 대한 답을 찾아가는 방식으로 두 가지를 생각해 볼 수 있다. 하나는 도덕교육론 자체의 논리 속에서 군자라는 이상적 인간관을 전제로 하는 유교 도덕교육론의 현재적 의미를 탐색하면서 둘 사이의 만남 가능성을 모색해 보는 방법이고, 다른 하나는 보다 직접적으로 시민윤리 교육의 장을 상정하면서 군자의 요건과 시민의 요건을 비교해 가면서 연속성과 불연속성을 살펴보는 방법이다. 전자의 경우 이홍우 등의 교육학자들에 의해서 상당 부분 논의가 진행된 상태이다.[26)]

---

25 南容三復白圭 孔子以其兄之子妻之, 위의 책, 「先進」편.

도덕교육의 핵심 주제를 마음과 그 표현의 문제라고 보는 이홍우 등의 관점은 유교의 교육학적 의미에 관한 논의의 과정에서 충분히 유념할 만한 주장이다. 실제로 현대 도덕교육 이론에서 핵심적인 논쟁거리로 제시되어 있는 주제가 도덕교육의 내용과 형식의 문제와 도덕성 안에서 습관적 도덕성과 도덕적 이성 사이의 질적 전환이 어떻게 가능할 수 있는가 하는 주제임을 감안해 볼 때, 천명(天命)과 성(性)에 관한 인식을 토대로 도(道)와 그 도를 닦는 과정으로서의 교(敎), 또한 그것의 표현으로서의 예(禮)를 추구하는 군자의 삶은 그 자체로 도덕교육 이론으로 재해석될 수 있는 여지가 충분히 확보되어 있다.

그러나 이러한 논의는 아직 시작단계일 뿐만 아니라, 그 논의의 초점이 교육학 이론의 범주 안에 머무는 이론적 탐구의 한계를 내포할 수 있는 가능성도 있기 때문에 여기서는 일단 논외로 하는 대신에 시민에게 요청되는 요건과 군자에게 요구되는 요건을 직접 비교하면서 연속과 불연속의 지점을 모색해 보고자 한다. 이러한 모색을 통해서 실천적으로도 이미 시급한 과제로 대두된 우리 도덕교육의 목

---

26 이홍우, 『性理學의 敎育理論』(성경재, 2000)을 참조할 수 있고, 그 외에도 장성모(1998)와 박상철(2003), 김인(2003) 등의 연구를 통해서 도덕교육의 핵심 문제가 마음과 그 표현의 문제라고 보고 그것은 곧 유학과 성리학의 핵심 주제라는 점에서 많은 이론적 · 실천적 함의를 갖고 있다는 점을 밝혀내는 데 일정한 성공을 거두고 있다. 그 외에도 신창호는 유가 교육철학의 핵심 개념을 수기(修己)로 규명하면서 '유학은 공자 이후로 끊임없는 변화와 발전을 이루었고 현재도 진행 중이다' 라고 말하면서 그 궁극적인 귀결은 '내 몸의 다스림인 수기교육(修己敎育)의 이론과 실천적 방법을 핵심으로 하는 시대정신의 도출' 이라고 강조하고 있다. 신창호, 『수기(修己), 유가 교육철학의 핵심』(원미사, 2005), 12쪽.

표로서의 이상적 인간상에 대해 일정한 암시를 얻을 수도 있을 것이기 때문이다.

우선 군자의 도덕성과 시민의 도덕성을 비교해 보면, 전자의 경우 어떻게 살 것인가에 관한 보편적 진리를 전제로 하는 이론적 탐구와 실천적 노력이 포함된 전형적인 최대 도덕인 데 비해, 후자의 경우는 일종의 공적 질서의 영역을 전제로 하는 최소 도덕이라는 점에서 차이가 부각될 수 있다. 그러나 군자의 도덕성에서도 습관화된 예절과 같은 최소 도덕의 영역이 배제되지 않고 시민의 도덕성에서도 비록 사적 영역으로 넘겨지기는 하지만 최대 도덕의 영역이 완전히 배제되는 것은 아니다. 접근의 초점을 도덕교육의 문제로 돌려보면, 시민의 육성을 목표로 삼는 우리 도덕교육 속에 최대 도덕의 문제를 포함시킬 수밖에 없다는 점에서 어떤 방식으로든지 두 도덕성이 만날 수 있는 가능성은 있다고 판단된다. 문제는 시민교육적 성격을 갖는 도덕교육의 장에서 이러한 군자적 차원의 최대 도덕을 당위적 요청으로 다루기는 어렵다는 점이다. 이런 상황 속에서 우리가 할 수 있는 일은 이상적 삶을 사는 존재자 중의 하나로서 군자를 제시하고 그 시대적 배경과 현재적 의미를 함께 탐구해 보는 과정적 논의 정도일 것이다.

두 번째 비교 요소는 군자의 정치경제적 능력과 시민의 그것이다. 군자는 수기를 바탕으로 치인을 시도하는 도덕적 정치가로서의 능력을 갖추고 있는 존재이고, 시민은 시민사회를 이끌어갈 수 있는 최소한의 시민성과 시민윤리를 갖추고 있기를 요구받는 존재이다. 이러한 특성을 중심으로 비교해 보면 두 존재자는 모두 도덕성과 분리되지 않는 정치적 능력을 갖추고 있을 것을 요구받는다는 점에서는 같지만 도덕성과 정치적 능력에서 각각 다른 내용을 갖고 있다는 점에서 차별화된다. 특히 정치적 능력의 경우에는 자신이 시민사회의 주도자이면서 동시에 구성원으로서의 위상을 갖고 있기 때문에 대의적인 정치체제 속에서 정치 지도자의 지도를 받는 위치로 자리매김되기도 한다는 점에서 차이가 생긴다.

세 번째 비교 요소인 문화성의 경우에는 불연속성보다는 연속성이 더 부각될 수 있다. 군자가 갖추고 있는 문화성이나 시민이 갖추고 있는 문화성 모두 자신들의 삶을 경직된 영역에서 벗어나 보다 완전한 삶이 가능하기 위한 요건으로 요청되는 것이기 때문이다. 비록 군자에게는 전방위적 삶의 영역에서 문화성이 요청되고 시민에게는 주로 사적인 영역에서 그 문화성이 요청된다는 점에서 차이가 있을 수는 있지만, 그럼에도 완전한 삶을 위한 지향이라는 차원에서는 본질적인 차이라고 보기 어렵다.

4. 도덕교육 목표로서의 '시민'의 재구성 과제

우리 사회의 도덕교육은 도덕교과를 중심으로 하는 학교 도덕교육이 그 중심을 이루고 있다. 가정의 도덕교육적 기능은 심각한 수준으로 저하되고 있다는 비판이 일반화되어 있고, 언론매체들을 비롯한 사회적 수준의 도덕교육 또한 제대로 작동되고 있다는 증거를 찾기 어려운 형편이기 때문에 유치원에서 고등학교에 이르는 도덕교과 중심의 도덕교육의 중요성은 더욱 부각될 수밖에 없는 상황이다.

그러나 우리의 학교 도덕교육이 도덕교과라는 핵심적인 통로를 확보하고 있는 위상에 비해 그다지 성공적이라는 평가도 드문 형편이다. 이렇게 된 이유를 여러 차원에서 찾아볼 수 있겠지만 이 장의 초점은 그 중에서도 도덕교육의 목표가 불분명한 데서 찾아보는 것이었다. 국가 수준의 도덕과 교육과정을 통해서 제시되고 있는 교과의 목표는 '인간의 삶에 필요한 도덕규범과 예절을 익히고 생활 속에서 제기되는 여러 가지 도덕 문제를 합리적으로 해결해 나갈 수 있는 도덕적 사고력과 판단력, 실천 동기 및 능력을 함양하여 자율적이고 통합적인 인격을 형성하는 것' 이다.[27] 이 목표가 전제로 하는 인간상이 우선적으로 시민임은 도덕적 사고력이나 판단력, 자율성 등으로 미루어 비교적 쉽게 알 수 있지만 그렇다고 해서 우리의 전통적인 인간상이 배제되어 있는 것은 아니다. 교육과정 내용의 각론으로 들어가면 곳곳에서 전통적 인간상으로서의 군자를 염두에 두고 있는 내용이 포함되어 있다.[28]

이 시대 우리의 도덕교육이 단지 최소 도덕으로 제한되는 시민윤리에 제한될 수 없다는 필자의 논지에 동의한다면, 이제 우리에게 남은 과제는 도덕교육에서 최대 도덕의 문제를 어떤 방식으로 풀어갈 것인가 하는 문제이다. 이 문제는 결국 우리 시대의 교육목표로 어떤 시민을 설정할 것인가 하는 과제로 연결된다. 시민과 시민사회

27 교육부, 『국민공통 기본 교육과정-도덕』(별책 1), 교육인적자원부 고시 제 2007-79호(2007. 2), '도덕과의 목표.'

28 예를 들어 10학년의 4영역 주제인 '이상적인 삶' 에 포함되어 있는 '이상적인 인간과 사회' 등의 내용에는 군자와 보살 같은 전통적인 의미의 이상적인 인간상에 관한 탐구가 당연히 포함될 것이다. 위의 책, '도덕과 내용체계.'

개념이 서구적 뿌리를 갖는 보편성을 전제로 하면서도 각 문화와 역사에 따른 고유한 특수성을 지닐 수밖에 없다는 점을 감안해서 시민의 개념은 그 내포와 외연 모두에서 재구성될 필요가 있다. 이때 재구성의 출발점은 물론 '현재 우리의 상황' 자체이지만 그 과정에서 반드시 고려되어야 할 요소는 우리의 전통 속에서 상당 기간 동안 보편성을 담보하면서 살아 있었고 현재적 시점에도 일정하게 살아 있는 이상적 인간상에 관한 논의, 즉 군자 또는 선비, 보살에 관한 논의를 포함시켜야 마땅하다.

그러한 재구성이 이루어지지 않은 채 현재와 같은 나열식 목표 진술에 그칠 경우 도덕교육은 화려한 외양과 형식에 비해 지속적인 내면적 균열을 경험하면서 교사와 학생 사이, 또는 교사와 교사 사이에 건널 수 없는 이념적 간극을 지속적으로 재생산해내는 결과를 빚게 될 가능성도 농후하다. 이 장의 논의는 그 중에서 군자(君子)라는 동양의 전통적인 인간상을 분석의 대상으로 삼아 그 존재자가 오늘날 우리가 지향하는 시민이라는 존재자와 어떻게 만날 수 있는지를 시론적으로 모색해 보는 것을 목표로 삼았다. 오늘 공유하는 문제의식을 바탕으로 좀 더 적극적이고 전문화된 논의의 장이 지속적으로 마련될 수 있기를 기대한다.

제10장

도덕교육 목표로서의 시민과 남명의 선비정신

1. 우리 도덕교육의 목표로서의 시민

현재 우리 도덕교육의 목표는 선비가 아닌 시민(市民, citizen)이다. 시민은 시민사회를 이끌어가는 주체임과 동시에 대의제를 전제로 하는 민주주의 정치체에서의 객체이기도 하다. 이 시민에게는 그런 이유로 한편으로는 시민사회를 책임질 수 있을 만한 시민성을 기대하면서 다른 한편으로는 자신이 속해 있는 사회에 대한 애착과 비판의식을 지니고 있을 것으로 기대하기도 한다. 이러한 기대들은 학교 교육으로 대표되는 근대 교육의 주요 목표로 반영되어 왔고, 우리의 경우에도 예외는 아니다.

광복 이후 미국식 교육체제가 일제식 교육체제를 대체하면서 학교 교육을 지배했고, 그것은 곧 외형적으로는 신민교육(臣民教育)에서 시민교육(市民教育)으로의 전환을 의미했다. 이러한 전환이 갖는 의미는 다양하지만 그 중에서도 도덕교육적 관점에서 갖는 중요한 의미는 최소 도덕에 대한 새로운 관심과 조명이다. 최소 도덕이라는 개념은 시민사회가 유지되기 위해 필요한 최소의 도덕을 말하기도 하고, 그것을 개인의 차원에서 바라보면 자신의 사적 공간을 보장받으면서 다른 사람과의 관계를 유지하기 위해 요구되는 최소한의 범위에서의 도덕을 의미한다.

그런 점에서 최소 도덕은 법과 만날 수 있는 여지가 많아지고, 실제로 시민사회의 정착과 함께 최소 도덕과 법의 차별성은 점차 약화되는 추세가 나타나기도 했다. 이는 도덕 문제를 법으로 규제하거나 처벌하는 범위가 늘어나면서 생긴 현상이다. 학교 교육을 중심으로 하는 시민교육에서도 점차 최소 도덕의 교육을 중심에 두는 도덕교육이 그 본류를 이루기 시작했고, 이는 교사가 가치중립적인 입장을 택하면서 학생들의 가치판단 능력을 길러주는 데 초점을 맞추거나 최소 도덕의 밑바탕을 이루는 에티켓을 습관화시키는 데 초점을 맞추는 가치교육으로 학교 현장에 정착했다.

우리의 경우는 조금 상황이 달랐다. 인성(人性) 또는 불성(佛性)을 전제로 하는 교육을 교육의 핵심 목표이자 내용으로 생각해 왔던 수천 년의 전통 속에서 교육은 곧 도덕교육을 의미하는 것으로 받아들여져 왔고, 개화기 이후 서구식 교과목 체제를 도입하는 과정에서 그 전통은 도덕교과를 독립시키는 촉매역할을 했다. 대한제국 시기에 처음 등장했던 도덕교과로서의 '수신(修身)'은 일제 식민주의자들에 의해서 자신들의 식민통치를 유지하는 수단으로 활용되었고,

그 유산을 물려받은 박정희 정권에 의해 부활된 '국민윤리(國民倫理)'도 역시 정당성을 확보하지 못했던 정권의 정당성을 홍보하는 이른바 정책교과로 운영되는 어두운 그림자를 지니게 되었다.

민주화 과정과 그 이후의 도덕교과는 서양의 도덕교육론을 학문적 흐름에 따라 받아들여 그 이론적 근거로 강화하는 과정을 거쳤고, 최근에는 자율적 접근과 공동체적 접근 사이의 통합을 모색하는 인격교육론까지 수용하고 있다. 2007년 도덕과 개정 교육과정에서는 철학교육적 목표와 내용을 일부 수용하여 도덕사회화와 함께 각 개인의 도덕판단 능력, 철학함을 중심으로 하는 도덕적 사유 및 실천 능력을 길러주는 것을 그 목표로 제시하고 있다.[1] 이 목표 속에는 최소 도덕뿐만 아니라 어떻게 살 것인가를 주체적으로 고민하게 하는 최대 도덕의 영역이 포함되어 있음을 알 수 있다.[2]

그런데 문제는 이러한 도덕교과의 하위 목표들을 통해서 달성하고자 하는 상위의 목표인 '시민'이다. 시민이라는 개념은 고대 그리스와 서구의 근대 시민혁명의 결과 탄생한 시민사회를 이끌어가는 주체로서의 속성을 지니는 시티즌(citizen)의 번역어로 우리 사회에 정착했고, 1980년대 이후의 민주화 과정을 통해 한국적 특수성이 더해지면서 좀 더 복합적인 의미를 지니게 되었다.[3] 서구에서의 시민 개

---

1 교육부, 『도덕과 교육과정』, 교육부 고시 제2007-79호(별책 6), 2쪽 참조.

2 시민윤리 논의에서 최소 도덕과 최대 도덕 개념을 사용하고 있는 예로는 코티나의 경우를 들 수 있다. 그는 ethics of minima와 ethics of maxima라는 개념으로 시민윤리의 내포와 외연을 표현하고 있다. Adela Cortina, *Covenant and Contract*(Leuven : Peeters, 2003), 105쪽 참조. 물론 이 개념들은 존 롤즈(J. Rawls)에 의해서 처음 공식화된 것들이다.

3 클로드 모세는 고대 그리스의 시민이 자유인이어야 하고, 수공업과 같은 특정

념도 셀리그먼(Adam B. Seligman)의 표현처럼 '각각의 다른 사람들에게 각각 다른 의미를 지니는 것'이지만 우리의 경우에는 그보다 더한 복합적 의미를 지니게 된 셈이다.[4]

서구 사회에 비해 우리 사회는 여성과 학생, 아동, 장애인, 생산대중의 권리 등 산업화 과정에서 소외된 계층의 권리를 더 강조해야 하는 사회라고 보는 한도현은 그럼에도 '권리의 과잉' 현상이 다른 한편으로 나타나고 있는 특이성에 주목한다.[5] 그 이유를 그는 권리의 반대편인 덕과 책임에 대한 문제가 논의되지 않기 때문이라고 보면서 건강한 시민사회는 건강한 시민을 전제로 하고, 건강한 시민은 권리 요구자일 뿐만 아니라 책임 담당자이기도 하다는 당연한 명제를 다시 확인하고 있다.[6]

물론 이러한 건강한 시민을 길러내는 목표가 도덕교육만으로 이루어지는 것은 아니다. 우리의 교과체제 속에 오히려 그 중심은 사회과 교육이 차지하고 있고, 이 사회과를 중심축으로 하여 모든 교과의 목표를 수렴하는 지점에 시민이 위치한다. 도덕과를 중심으로 하는 학교 도덕교육이 시민교육이라는 목표달성에 얼마나 기여하고 있는지, 또 기여해야 하는지에 관한 논의가 따로 필요할 것이지만, 이

직업 종사자가 아니어야 하며, 최소한의 재산을 갖춘 사람이어야 한다는 일종의 배제의 요건을 갖춘 시민공동체의 구성원으로 정의한다. 클로드 모세, 김덕희 옮김, 『고대 그리스의 시민』(동문선, 2002), 38-39쪽.

4 Adam B. Seligman, *The Idea of Civil Society*(New Jersey : Princeton University Press, 1992), Preface ix.

5 한도현, 「예교의 사회원리와 시민윤리」, 한형조 외, 『전통 예교와 시민윤리』(청계, 2001), 290쪽.

6 위의 책, 같은 쪽.

작은 고찰의 주된 관심은 아니기 때문에 여기서는 단지 그 시민이 갖추고 있어야 할 시민성(citizenship) 또는 시민윤리(civic ethics)가 우리 사회에서 구체적으로 작동할 때 만나게 되는 전통적 의미의 정신성의 문제에 제한하여 둘 사이의 관계를 조명하는 데 그치고자 한다.

시민교육과 도덕교육 사이의 연계성과 차별성에 주목하는 할스테드와 파이크는 둘 사이의 관계를 바라보는 두 가지 시각을 소개하고 있다. 하나는 도덕적 가치와 추론에 기반하지 않은 어떤 시민교육도 기계적이고 지루한 것 또는 위험한 것일 수 있다는 시각이고, 다른 하나는 도덕교육과 시민교육 모두 가치교육의 하위 범주이기 때문에 둘 사이의 관계가 명료하게 규명되기는 어렵다는 시각이다. 그러면서 그들은 일반 교사들의 생각은 대체로 시민교육의 법적 · 정치적 차원보다는 도덕적 차원을 더 강조하는 경향을 보이고 있다는 점과 시민교육이 주로 사회의 공적 가치에 관심은 갖는 반면에 도덕교육은 공적 가치뿐만 아니라 사적 덕목에도 관심을 갖는다는 점에서 차별성을 부각시킬 수 있다고 주장한다.[7)]

시민교육과의 연계성을 전제로 하는 도덕교육을 통해서 길러주고자 하는 시민성 또는 시민윤리의 구체적인 내용 요소에 대해서는 역시 다양한 관점이 있을 수 있지만, 히터는 공동체와 제도에 대한 충성심과 책임감, 정치적 · 사회적 차원의 과정적 가치들(예를 들어 자유와 관용, 공정성, 진리와 이성적 추론에 대한 존중감)을 그 내용으로 제시하고 있다.[8)] 이러한 덕목들은 물론 최소 도덕이 아닌 최대 도덕

---

7 J. Mark Halstead & Mark A. Pike, *Citizenship and Moral Education–Values in action*(London & New York : Routledge, 2006), 38–40쪽 참조.

의 범주에 속하는 것들이다. 시민사회에서 최대 도덕이 기본적으로 개인의 사적 영역에 속한다는 사실을 부정하지 못하지만, 그 사적 공간이 고립된 형태의 그것이 아니라 타인들과의 관계와 자기 스스로의 삶의 의미의 문제와 연계된 것들이라는 점을 고려해 볼 때 교육, 특히 도덕교육의 대상이 되는 것은 당연하다.

문제는 이러한 시민윤리에 속하는 덕목들과 우리의 전통사회에서 작동했던 덕목들 사이의 만남의 장에서 생겨날 수 있다. 히터가 말하는 공동체와 제도에 대한 충성심과 개인적 차원의 책임감은 유교적 덕목 중에서 충(忠), 수기(修己)와 만날 수 있지만, 수기가 치인(治人)과 이어져 있다는 점에서 서로 대체되는 데 어려움을 유발시킬 수 있다. 자유와 관용, 공정성, 이성적 추론에 대한 존중감 등의 과정적이고 절차적인 덕목들은 그 과정과 절차가 상이하다는 점에서 어려움은 더 커진다. 이를테면 범주의 오류를 피해가기 어려운 지점인 셈이다. 그럼에도 우리는 학교 현장에서 이러한 덕목들을 병렬적으로 나열해서 가르치는 데 익숙해져 있기도 하다.

덕목 나열은 덕목의 과잉으로 이어질 수 있을 뿐만 아니라, 가르쳐지는 덕목들 사이의 내적 충돌을 유발해서 덕교육의 본질을 훼손할 수도 있다는 점에서 우리 도덕교육론이 해결해야 할 시급한 과제이자 아포리아가 되어 있다. 이 문제를 해결하기 위해 우리가 택할 수 있는 방안 중의 하나는 단순한 덕목 차원이 아니라 그 덕목을 삶 속에서 구현해냈던 사람의 문제로 환원시켜 보는 방법이다.[9] 덕목은

8 Derek Heater, *Citizenship－The Civic Ideal in world history, politics, and education* (London & New York : Longman, 1990), 193쪽.

추상적인 개념의 차원에서 논의될 수 있는 것이지만 그 덕목이 구현되는 것은 각 개인들의 삶의 차원일 것이기 때문이다.

각 개인의 삶 속에서 구현된 덕목들은 그 개인에게 덕성의 형태로 내재되어 있던 것이라는 추론이 가능하고, 구체적인 덕목의 교육이나 도덕 문제에 관한 토론과 숙고의 경험을 통한 자율적인 도덕성 발달이라는 우리 시대 도덕교육의 목표도 결국 이러한 노력들을 통한 덕성의 함양이라고 말할 수 있다. 덕성의 문제를 플라톤과 같이 한 인간이 갖추고 있어야 하는 탁월함으로 해석하든지, 아니면 자신의 내면 속에 존재하고 있는 불성 또는 천명(天命)을 깨달아 구현하는 일이라고 해석하든지 결론이 크게 달라지지는 않는다. 다만 우리가 유념해야 할 부분은 그 덕성이 작동하는 구체적인 맥락이다.

이 장에서 주제로 삼고 있는 남명의 삶과 그 삶에서 구현된 덕성도 일단 조선 중기의 역사적 · 사회적 맥락 속에서 해석되어야 마땅하고, 그것이 이 시점에서 어떻게 재해석될 수 있는지의 문제도 역시 이 시대의 시민사회적 맥락을 고려하는 것일 수밖에 없으며, 또 그렇게 하는 것이 적절성과 유효성의 측면에서 바람직하다.

시민사회적 맥락을 전제로 하여 이 시대 우리 도덕교육의 목표로 설정된 '시민'이 지녀야 할 덕의 문제를 남명의 삶과의 관련성 속에서 고찰하는 일은 남명의 삶이 지니고 있는 윤리적 차원과 도덕교

9 소크라테스는 이 문제에 대해서 여러 덕목들과 그 덕목들에 걸쳐서 존재하는 보편적인 덕을 구분하는 방식으로 접근하고 있다. 인간의 여러 탁월한 행위들을 관통하는 하나의 아레테(aretē)를 찾아야 한다는 문제의식을 갖고 있었고, 그것을 가르칠 수 있는지에 대해 메논이나 프로타고라스와 논쟁을 벌인 것이다. 박종현 역주, 『플라톤-메논 · 파이돈 · 국가』(서울대학교 출판부, 1987), 112쪽 참조.

육적 차원의 의미를 고려할 때 다양한 기대를 모으는 일임에 틀림없다. 그 중에서도 이 작은 논의를 통해 주목하고자 하는 부분은 그의 선비정신과 그 선비정신에 기반한 교육철학이다. 조선 유학자 중에서 가장 성공한 교육자 중의 하나로 손꼽히는 남명의 교육철학과 교육방법은 도덕적 이상을 지향하는 실천적 노력이었다는 점에서 우리에게 시사하는 바가 많을 것이지만, 특히 우리의 논의에서는 그의 선비정신과의 연관성과 당시 사회와의 도덕적 긴장이라는 점에 초점을 맞추고자 한다.

2. 남명의 선비정신과 교육론

1) 선비정신의 표상으로서의 경(敬)과 의(義)

남명의 선비정신과 삶을 표현할 수 있는 가장 집약적인 덕목은 자신의 내면세계를 밝히는 경(敬)과 외면적 실천의 원칙인 의(義)이다. 늘 차고 다니는 칼에 새겨진 '내명자경 외단자의(內明者敬 外斷者義)'라는 글귀로 상징되는 이러한 남명의 삶의 자세는 기본적으로 당시 성리학자들의 모형으로 받아들여졌던 주희가 아니라 공자에 맞춰져 있었던 것이다. 공자가 모범으로 삼았던 주나라 초기부터 사용된 경의 개념은 사람의 모든 행위를 자신의 책임으로 받아들이는 경덕(敬德)과 본래의 마음을 구하는 명덕(明德)이라는 두 가지 의미로 사용되었다.[10)]

공자에 와서도 역시 경덕과 명덕의 두 의미로 사용되었지만 점차 자신의 내면세계를 밝히는 명덕의 의미가 강화되는 경향을 보여주었다. 『논어』에서 20곳 이상에서 경이라는 개념이 사용되고 있는데, 그 중에서도 「헌문(憲問)」편의 '경건함을 가지고 자신의 몸과 마음을 닦는다'는 부분이 그러한 용례를 대표한다.[11] 명덕으로서의 경이 좀 더 구체화되는 것은 주희의 성리학에 와서이다. 선진유교의 핵심 목표는 '인(仁)을 구해서 성(聖)을 이루는 것(求仁成聖)', 즉 성인이 되는 것이고, 성인이 되기 위해서는 경을 실천하는 삶을 살아야 한다고 본 주희는 그 경을 실천하는 삶인 거경(居敬)을 다시 구체화하여 존양성찰(存養省察)이라는 방법으로 제안했다.[12]

남명은 공자와 주희의 경에 관한 논의를 모두 수용하면서 그것을 자신의 내면을 밝히는 기준이자 방법으로 다시 정의하고 있다. 남명은 경에 관한 『논어』의 구절과 함께 정명도와 정이천, 주희의 생각들을 병렬적으로 인용하는 방식을 택한다. 남명이 원용하고 있는 경에 관한 이전 사람들의 논의 가운데 일부를 살펴보면 아래와 같다.[13]

程明道曰, 天地設位 易行乎其中 只是敬 敬則無間斷 體物而不可遣

---

10 김충렬, 『남명 조식의 학문과 선비정신』(예문서원, 2006), 240쪽 참조.

11 子路問君子 子曰 修己以敬 曰 如斯而已乎 曰 修己以安人, 『논어』, 「憲問」편.

12 손병욱, 「涵養省察-마음을 다스리는 공부」, 한국사상사연구회, 『조선유학의 개념들』(예문서원, 2002), 327-328쪽 참조.

13 『남명선생 문집』, 「學記類編」(丁巳本), 김충렬, 위의 책, 283-285쪽에서 재인용.

程伊川曰 主一者謂之敬 一者謂之誠

朱晦庵曰 敬以直內 是持守工夫 義外方外 是講學工夫

선진유교와 정주학의 경 개념을 받아들인 남명이 덧붙여 자신의 독창적인 경에 관한 의견을 제시한 것은 아니다. 다만 그는 경 개념과 관련된 내용 중에서 자신이 받아들여야 한다고 생각되는 것들을 총체적으로 모은 다음에 간략하게 다시 추리고 자신의 것으로 받아들여 실천에 옮기는 자득(自得)의 자세를 보여주었다. 이러한 학문하는 자세를 김충렬은 통관집의(通觀集義)를 전제로 하는 위기지학(爲己之學)과 실용지학(實用之學)이 남명학의 특징이라고 규명하고 있다.[14)]

마음가짐과 마음공부로서의 경에 근거해서 외적인 태도를 결정짓는 핵심 기준으로서의 의(義)에 대한 남명의 생각도 마찬가지이다. 동양 철학사에서 의에 관한 논의를 본격적으로 전개하는 것은 공자이다. 그는 자신의 시대가 처한 사회적 혼란을 치유할 수 있는 방안으로 사람이 지닌 선한 본성의 실질이라고 할 수 있는 인(仁)의 실천을 강조했지만, 그와 함께 인의 실현에 필요한 객관적인 규범인 의(義)에 관한 논의도 소홀히 하지 않았다.[15)]

---

14 김충렬, 앞의 책, 281쪽.
15 박경환, 「의(義)」, 이동철 외 엮음, 『21세기 동양철학』(을유문화사, 2005), 192쪽 참조.

공자에게 의는 이상적 인간상인 군자가 지니고 있어야 하는 덕목으로 이해되었다. 특히 그는 행위를 하는 순간에 의를 따르는 것이 군자의 도리라고 보는 덕성의 관점에서 의(義)의 위치를 강조한다. '이익을 보면 의를 생각하라(見利思義)'는 도덕적 명령이 그 대표적인 예이다. 군자와 소인을 대비시키면서 군자는 의를 추구하는 반면에 소인배는 이익을 추구한다고 말함으로써 군자가 갖추고 있어야 할 대표적인 덕목이라고 규정하고 있다.[16]

이러한 공자의 생각이 맹자에게 이어지면서 더욱 강조된다. 맹자는 의를 사람의 올바른 길로 규정하면서 단순히 이익과의 대비뿐만 아니라, 가족들 간에 적용되는 것으로 시작해서 사회 일반의 행위규범으로 확장시켰다. 정주학에서는 이기론(理氣論)이 도입되면서 의의 개념을 이(理)와 묶어서 바라보는 새로운 관점이 확립되었다. 이러한 의 개념의 변화과정을 남명은 역시 핵심적인 내용을 중심으로 다음과 같이 통관집의하고 있다.[17]

程明道曰, 大凡出義則入利 出利則入義 天下事惟義利而已

程伊川曰, 在物爲理 處物爲義 操約者敬而已矣 惟其敬足以直內 故其義有以方外 義集而氣得所養 則喜怒哀樂之發 其不中節者寡矣

朱晦庵曰, 人須有廉恥 有廉恥則能有所不爲 今有一樣人不能安貧 其

16 子曰 君子喩於義 小人喩於利, 『논어』, 「里仁」편.
17 『남명선생 문집』, 「학기유편」, 김충렬, 위의 책, 287-288쪽에서 재인용.

氣鎖屈 以至立脚不住 不知廉恥 則亦何所不至 義理身心所自有 失而不知所以復之 富貴身外之物求也 惟恐不得 縱便得之 於身心無分豪之益 況不可必得乎 若義理求則得之 能不喪其所有 可以爲聖人

이와 같이 남명은 경과 의를 자신의 도덕판단과 행동의 기준으로 삼아 반성적 성찰과 실천의 길은 몸소 보여주었지만 자의(字意)에 대해서는 특별히 덧붙인 것을 발견하기 어렵다. 그가 퇴계와 주고받은 서간문을 보면 스스로 이론공부보다는 실천을 중심에 두었기 때문임을 알 수 있는 부분이 있다.

요즘 공부하는 자들은 주변을 정리 정돈하는 소학의 기본 예절도 모르면서 입으로는 하늘의 이치를 논하며 이름을 훔치고 사람들을 속이고 있습니다. 그러나 도리어 남에게 상처를 입히고 그 피해가 다른 사람에게까지 미치니, 선생 같은 분께서 꾸짖지 않기 때문인 것 같습니다.[18]

결국 남명에게 있어서 경과 의는 자신의 마음을 밝히는 내적 기준과 다른 사람 또는 일과 접할 때 제대로 처리할 수 있는 외적 기준이자 또 다른 내적 기준이었던 셈이다. 이 경과 의에 관한 남명의 생각은 이론적으로는 공자로부터 정주로 이어지는 앞선 유학자들의

---

18 近見學者手不知灑掃之節 而口談天理 計欲盜名 而用以欺人 反爲人所中傷 害及他人 豈先生長老 無有而呵止之故耶, 『남명집』, 「書」, '與退溪書' (한길사, 2001), 479쪽.

논의 수준을 특별히 넘어서지 않고 있지만, 대신 실천적 측면에서는 그것이 단순히 이론적 기준에 그치는 한계를 분명하게 넘어서고 있다는 점이 특징적이다.[19] 선비정신의 요체는 실천을 통해 비로소 검증 가능하다는 점에서 이 실천적 차원을 담보한 경과 의는 남명 선비정신의 핵심이자 고유성이라고 할 수 있을 것이다.

2) 처사(處士)로서의 남명과 교육관

남명의 선비정신은 그 이론적 지향보다는 실천의 영역에서 두드러지게 나타난다. 이러한 실천의 강조는 '입으로만 하늘의 이치를 논하는' 당시 주자학자들이 보여준 실천의 문제에 대한 직접적인 대안으로서의 의미를 지닌다. 남명은 자신의 공부과정에서 주희를 결코 소홀히 하지 않았지만, 당시의 주자학자들처럼 주희에 매달리지 않고 정명도와 정이천에게도 거의 동일한 관심을 보였을 뿐만 아니라 공자와 맹자에 관한 공부도 균형있게 하고자 했다.

이러한 공부의 결과 중의 하나는 명료한 출처의식(出處意識)이다. 출처의 문제는 수기안인을 공부와 삶의 목표로 삼았던 공자에게

19 이상필은 경과 의에 관한 이전의 논의에서 각각을 대등하게 의미화한 경우를 발견하기 어렵기 때문에 남명의 경의관은 '매우 독창적인 것'이라는 의견을 제시하고 있지만, 경과 의에 관한 각각의 논의 안에 이미 남명이 말하고자 하는 경과 의의 내용이 포함되어 있다는 점을 감안한다면 남명의 독창성은 오히려 이론적 차원에서 규명될 수 있는 것이 아니라 실천적 차원에서 규명되는 것이 마땅할 것이다. 이상필, 「남명 사상의 특징-'신명사도·명을 중심으로」, 예문동양사상연구원·오이환 편, 『남명 조식』(예문서원, 2002), 164쪽.

그 원천적 뿌리가 닿아 있다. 공자에게 수기의 궁극적 목표는 치인(治人) 또는 안인(安人)이고, 치인을 위한 전제조건이 출(出)이다.[20] 비록 그에게 그러한 출의 기회가 제대로 주어지지는 않았지만, 그 이후 자신에게 주어진 자리에 나가 수기를 통해 형성한 덕의 정치를 펴는 것이 유학자들의 일차적인 삶의 목표로 자리 잡게 되었다.[21]

자신의 도덕적 이상을 펼칠 수 있는 상황이 아닐 때 기다리는 것을 처(處)라고 하고, 이 처는 한편으로 수기의 시간이자 공간이기도 하고, 다른 한편 세상의 흐름을 한발 떨어져서 읽어내는 관조의 시공간이기도 할 것이다. 나아가야 할 때와 물러나야 할 때를 분명하게 구분할 줄 하는 시중(時中)의 윤리가 선진유교의 핵심 원리로 정착한 것도 모두 공자에 이어 맹자에 이르기까지 지속적으로 논의되고 실천되어 온 출처관이 정착한 것과 맥을 함께 한다. 그것이 정주에게로 이어져 조선 성리학의 핵심 정신으로 받아들여진 것이다.

남명의 삶이 조선 선비의 한 전형으로 꼽히는 결정적인 기준점도 바로 이 출처관이다. 그는 후한 시대의 인물인 엄광(嚴光)의 삶을 평가하는 글에서 그를 처사(處士)라고 표현하면서 "성현이 백성을 생각하는 마음은 하나이지만, 불행한 시대를 만나기도 하고 행복한 시대를 만나기도 한다"라고 말하고 있다.[22] 광무제의 친구였던 그는 끝

20 修己以安百姓 堯舜其猶病諸, 『논어』, 「憲問」편.

21 이러한 목표 지향은 플라톤의 경우에도 적용된다. 당시 아테네의 정치에 환멸을 느낀 그에게 유일한 탈출구는 철인정치였지만, 역시 그 이상을 실현하기 위한 전제조건은 현실에서의 출(出)일 수밖에 없었고, 실제로 그는 시켈리아(현재의 시칠리아 섬)의 군주 디온(디오니시오스 2세)의 부름에 세 번이나 응했지만 철저하게 실패하고 만다. 박종현, 앞의 책, 22-29쪽 참조.

22 聖賢之心乎生民也 一也 而抑時有行不幸也 急生民 一作憂急生民, 『남명

까지 벼슬살이를 마다하고 산중에 은거하다가 생을 마쳤는데, 남명은 이 엄광의 삶을 처사적 삶의 한 모형으로 평가하고 있는 것이다.

이러한 남명의 처사로서의 삶에 대해서 정순우는 '사회를 피해 산림에 은거하여 편안하게 자족적인 삶을 살면서 몸을 닦는 선비'라는 전형적인 처사가 아니라, 오히려 다른 방식으로 세상에 적극적으로 개입하고자 하는 관여적 기운(關與的 氣運)이 더욱 강렬했던 새로운 의미의 처사였다고 평가한다.[23] 실제로 그는 상소를 통하여 자신의 의견을 거침없이 왕과 관료들에게 알리기도 했고, 관의 횡포를 견제할 수 있는 사림(士林)의 힘을 길렀던 장본인이기도 하다는 점에서 단순한 의미의 산림처사를 뛰어넘은 위치에 있었다.

처사로서의 삶은 다른 한편으로 교육자로서의 삶을 의미하기도 한다. 출사하지 않고 향리에 머물면서 때를 기다리며 제자를 길러내는 일은 자신의 정치적 이상을 잠시 뒤로 미루면서 후일을 기약할 수 있는 방안이기도 하고, 그 범위 안에서는 또 다른 유교공동체적 삶을 가능하게 하는 방안이기도 하다. 남명은 자신의 확고한 출처관을 바탕으로 처사로서 평생을 살아냈고, 그 과정에서 많은 제자들을 길러내는 데 성공했다.

남명의 교육철학에 대해서 김충렬은 "개인의 자질에 따라 가르치면서 넓게 지식을 섭취하되 그것을 자신의 것으로 소화하는 것을 중히 여겼고, 지식은 다시 능력과 정신으로 승화해서 자신의 인격도야는 물론 세상과 인류에 대한 사명감을 투철하게 관철해야 한다고

집』, 「논」, '엄광론', 563쪽.

23 정순우, 「남명의 공부론과 처사의 성격」, 박병련 외, 『남명 조식-칼을 찬 유학자』(청계, 2001), 87쪽.

역설하면서 그것이 의로운 행동을 통해서 실현되어야 한다고 강조하였다"라고 집약하고 있다.[24)]

남명의 교육철학은 그의 제자들의 기억 속에서 살아나고 있다. 그의 대표적인 제자로 꼽히는 정인홍은 스승의 가르침 중에서 "배움은 그 지식을 높고 밝게 하는 것이다. 높은 산에 올라가면 모든 것들이 아래로 보이는 이치와 같다. 그런 후에야 비로소 행하는 것들이 저절로 불리함이 없어지게 된다"를 행장에 남기고 있고, 김우옹은 "내가 후학들에게 하는 일이란 그저 자신들이 깊이 잠들어 있는 것을 깨우는 것일 뿐이다. 눈을 뜨고 나면 스스로 하늘과 땅, 해와 달을 볼 수 있을 것이다"라는 가르침을 행장에 남기고 있다.[25)]

두 제자의 기억을 통해서 우리는 남명의 교육관이 갖는 특이함에 주목하게 된다. 일반적으로 유교의 교육관은 학이시습지(學而時習之)의 공자의 교육관으로 받아들여져 왔다. 배우고 때로 익히는 방식의 교육에 대해서 주희는 '배우는 것(學)은 인간의 본성이 선함을 깨닫고 그 선함을 밝히는 행동을 반복하는 것이고, 때로 익히는 것(時習之)은 열의를 가지고 희열 속에서 그 배운 것을 받아들이는 것'이라는 주석을 붙이고 있다.[26)] 주희에게 공부의 과정은 배우고 익히는 두 단계로 이루어져 있는 셈인데, 각각은 깨달음의 단계와 익힘의 단계로 구분지어 볼 수 있다. 주희의 해석에 따르면 깨달음의 단계는 다

---

24 김충렬, 앞의 책, 104쪽.

25 爲學 要先使知識高明 如上東岱 萬品皆低 然後有吾所行 自無不利, 정인홍, 「행장」, 吾於學者 只得警其昏睡而已 旣開眼了 自能見天地日月矣, 김우옹, 「행장」. 여기서는 손영식 · 조남호, 『남명 조식의 철학사상 연구』(서울대학교 출판부, 2002), 70, 72쪽에서 재인용.

26 주희, 『四書集註-論語』, 「學而」편.

시 자신의 본성이 선함을 깨닫는 것과 선한 행동을 반복하는 집의(集義)로 이루어진다. 익힘의 단계는 깨달음의 단계에서 깨우친 것을 내면화하는 희열의 단계이지만, 현실 속에서 이 단계는 지루함과 고통을 수반하는 경우가 더 많다.

그런데 남명의 교육관에서는 이 두 단계 중에서 주로 첫 번째 단계에 집중하고 있음을 알 수 있다. 정인홍에게 말했던 '지식을 높고 밝게 하는 것'이나 김우옹에게 말했던 '깊이 잠들어 있는 것을 깨우는 일'이 모두 교육을 깨달음으로 보는 남명의 인식을 보여준다. 이러한 교육관은 선불교의 돈오(頓悟)와 통하는 것이고, 그것도 오히려 돈오점수(頓悟漸修)보다는 돈오돈수(頓悟頓修)에 가까운 입장으로 보이지만 그가 평생 동안 성성자를 차고 다니면서 자신을 경계하는 일을 게을리하지 않았다는 사실을 고려해 볼 때 이러한 구분은 그다지 의미를 갖기 어렵다. 이 깨달음은 우선 스승이 제자에게 길을 보여주고 안내하는 과정을 통해 이루어지지만 궁극적으로는 제자 스스로 이르러야 하는 과정이자 단계일 뿐이다.

결국 남명의 처사로서의 삶은 자신의 독특한 현실관여적 자세를 통해 교육자로서의 삶으로 이어졌고, 그것은 다시 많은 제자들에게 깨달음을 가능하게 해준 결과와 함께 경상 우도 사림의 형성이라는 도덕정치적 의미를 갖는 결과를 가져왔다는 결론에 도달하게 된다. 그의 교육관으로서의 깨달음의 지향은 유학자들뿐만 아니라 모든 도학자들이 공통적으로 추구한 것이지만, 자신의 삶을 통해서 깨달음의 과정 자체를 보여주면서 교육을 시도했다는 점에서 스승과 도반(道伴)을 교육의 주체로 설정해 온 전통교육의 한 이상적인 모형을 보여주었다는 평가가 가능하다.

처사로서의 남명의 삶에 대해서 현상윤도 “특히 반궁체험(反躬體驗)과 지경실행(持敬實行)으로 학문의 대주안을 삼은 것이 그의 독특한 점이다”라고 평가하고 있다.[27] 금장태는 남명의 선비정신을 주로 의리를 중심에 두고 살피면서 그가 의리와 이해를 대립적으로 분별하는 의리지변(義理之辨)을 강조한 실천적 지향을 지니고 있었다고 분석하고 있다.[28] 금장태는 선비를 선비로서 확인할 수 있게 해주는 기준이 선비가 지닌 이념과 가치규범을 전제로 하는 선비정신에서 찾을 수 있다고 전제하고, 그 선비정신을 대표하는 것이 ‘온화한 기상에서 어진 덕성의 화평함을 보여줌과 동시에 비분강개한 기상에서 의리의 준엄함을 보여주는’ 의리정신이라고 강조한다. 이 의리정신은 크게 세 가지 요소로 나누어 볼 수 있는데, 그 각각이 나아가고 물러남의 분별로서의 출처지변(出處之辨)과 의리와 이익을 분별하는 의리지변(義理之辨), 정통과 오랑캐를 구별하는 화이지변(華夷之辨)이라는 것이다.[29] 남명의 경우 그 셋 중에서 특히 출처지변과 의리지변의 정신을 구현한 대표적인 선비이자 교사라고 평가할 수 있다.

---

27 현상윤, 『조선유학사』(현음사, 1982), 100쪽.

28 금장태, 『한국의 선비와 선비정신』(서울대 출판부, 2000), 178쪽, 이 책에서 금장태는 조선 선비의 전형으로 퇴계와 남명, 율곡을 꼽고 있다.

29 금장태, 위의 책, 65–71쪽 참조.

3. 남명 선비정신의 시민윤리적 해석의 가능성

1) 선비와 시민의 연속성과 불연속성

지금까지 우리가 확인한 남명의 선비정신을 오늘의 교육에서 의미 있게 되살리고자 할 때 먼저 해결해야 하는 이른바 선행 문제는 그것이 오늘 우리의 교육목표와 어떻게 연계될 수 있는지를 살피는 일이다. 앞에서 우리는 그 목표를 '시민'이라고 규정지은 후에 그 시민이 갖추어야 할 시민성 또는 시민윤리를 최대 도덕의 관점과 최소 도덕의 관점에서 각각 논의할 수 있음을 확인했다. 우리 교육의 목표를 시민으로 규정지었을 때 그 시민윤리는 우선 최소 도덕을 출발점으로 삼으면서도 최대 도덕에 관한 논의를 온전히 개인의 몫으로만 돌릴 수 없다는 수용하면서 시민교육과 도덕교육 사이의 연계성을 강조하고자 한 논의 전개의 바탕 위에서 이제 본격적으로 시민과 선비가 어떻게 만날 수 있는지 생각해 볼 순서이다.

필자는 다른 글에서 우리 시대의 시민과 불교와 유교에 기반한 전통적인 인간상으로서의 보살과 선비가 만날 수 있는 지점이 협소할 수 있음을 지적한 바 있다. 보살과 선비는 시민이라기보다는 오히려 이 시대의 지식인 또는 지성인의 개념과 유사성을 지니기 때문이고, 다른 한편으로 각각의 존재자들이 전제로 했던 사회구조적 배경이 다름에서 오는 지향의 차이 때문이기도 하다.[30] 그러나 다른 한편으로 넓은 의미의 시민은 지식인을 포함하는 개념으로 해석될 수 있고, 그때의 시민은 도덕성과 문화성을 갖추고 있어야 한다는 기대를 포기할 수 없다는 점에서 선비와 만날 수 있는 가능성은 여전히 열려 있다고 볼 수도 있다.

시민은 시민사회를 이끌어가는 주체이자 시민사회의 역량과 문화를 향유하는 객체이기도 하다. 그는 그런 점을 고려하여 우선 정치경제적 역량과 시민사회에서 통용되는 에티켓과 경쟁과정에서의 공정성이라는 최소 도덕을 갖추고 있어야 한다는 의무를 갖는다. 시민교육은 일차적으로 이러한 능력을 길러주는 것을 목표로 삼지만, 그 외연 안에서 이루어지는 도덕교육은 '어떻게 살 것인가'와 관련된 물음을 포기할 수 없다. 천명(天命)이나 불성(佛性)에 관한 믿음이 보편적 기반을 상실한 시민사회에서 그 물음은 조심스럽고, 따라서 방법적 의미에서의 가치중립성을 전제로 하게 되지만 그렇다고 해서 그 물음 자체가 온전히 개인의 사적인 영역으로만 넘겨질 수도 없다. 이 지점에서 우리는 도덕교육에서의 최대 도덕 문제와 만나게 된다.

선비는 유교적 이상, 즉 수기치인을 통한 도덕정치의 구현을 목표로 삼아 공동체적 지평 위에서 자신의 삶을 이끌고자 했던 존재자들이었고, 그와 백성의 관계는 상당 부분에서 수직적인 것일 수밖에 없었다. 시민은 시민사회의 이상을 포기하지 않는다는 점에서 선비와 닮았지만, 다른 한편으로 그 자신이 곧 사회를 이끌어가는 주체이자 객체이기도 하다는 점에서 차별화된다. 다시 말해서 시민사회의 이상을 포기할 수 없다는 사실이 선비와 시민이 만날 수 있는 지점인

30 졸고, 「보살과 선비, 그리고 우리 시대의 시민」, 한국윤리학회, 『윤리연구』, 65호(2007. 6), 352쪽 참조.

셈인데, 그 이상을 시민 개인의 차원에서 고찰하면 문화성과 도덕성이라는 두 개념으로 전환시켜 볼 수 있다.

시민사회를 바라보는 관점에는 셀리그먼이 지적과 같이 현상에 주목하는 사실적 관점과 규범에 주목하는 철학적 관점이 있지만, 시민사회가 개념적으로만 존재하는 것이 아니라 우리와 함께 존재하는 살아 있는 것이라는 점에서 진여(眞如)와 생멸(生滅) 모두에 관심을 갖는 일이 필요하다.[31] 그 규범의 차원을 문화성과 도덕성이라는 추상적인 개념으로 표현했다는 전제를 바탕으로 우리는 시민과 선비가 만날 수 있는 가능성을 열어볼 수 있다는 것이다.

이러한 가능성은 다른 시민사회와 비교할 때 우리의 경우에 더욱 의미 있게 해석될 수 있는 여지가 있다. 비록 개화기와 식민지 통치의 경험, 급속한 근대화 과정을 거치면서 전통적인 사회에서 통용되어 왔던 규범들과 이상적 인간상에 대한 합의도 급속도로 무너지는 경험을 해야 했지만, 다른 한편으로 우리들의 삶 속에 그러한 지향에 대한 갈망이 뿌리 깊게 살아 있는 것으로 보이기 때문이다.[32] 특히 우리 지식인들의 삶 속에서 그러한 지향이 두드러지게 나타난다.

---

31 Adam B. Seligman, 앞의 책, 205-206쪽 참조.

32 예를 들어 장은주는 '유교가 우리에게는 결정적이고 불가피한 도덕적 원천'이라고 보면서 그 의미를 '우리의 사회적 습관의 한 핵심 축'으로 해석하고자 한다. 이러한 주장에 대해 이동희는 우리 국민 중에서 유교인의 인구가 0.47%에 불과하다는 이유를 들어 '유교적 의식이 현재 우리의 개인적 행위 및 사회적 행위를 지배하고 있다고 말하기 어렵다'는 반론을 편다. 그러나 이동희의 유교 인구 비례라는 근거는 사회적 습관과 거리가 있는 것으로 판단된다. 이동희, 「동아시아적 콘텍스트와 인권, 그리고 보편윤리」, 사회와 철학연구회, 『사회와 철학 6집-동아시아 사상과 민주주의』(2003), 75쪽, 장은주, 「인권의 보편주의는 추상적 보편주의인가?」, 같은 책, 111쪽.

자신의 공부과정에 따라 전혀 다른 삶의 지향을 보여주는 듯한 한국의 지식인들은 유독 출처에 관한 높은 의식을 갖고 있고, 실제로 기회가 되거나 또는 기회를 만들어서 정계로 진출하고 싶어하는 이른바 폴리페서(polifessor)가 많은 것도 한 예로 제시될 수 있을 것이다.

문제는 이러한 전통의식의 잔존이 긍정적인 작동으로 이어지지 못한다는 데 있다. 출처의 논리와 기상이 자신의 이름을 드러내는 데 그치는 경향이 있고, 의리가 공정성을 전제하지 못함으로써 자신과 관계되는 사람에 대한 부당한 특혜를 정당화하는 논리로 활용되는 경우도 있다. 우리에게 남은 과제는 시민과 선비의 만남 가능성에 주목하면서 선비정신을 새로운 시민윤리로 되살려내는 일이다. 이 과제의 달성은 현대 한국인들이 우리의 전통문화에 대해 지니고 있는 긍정적인 인식과 맞물릴 경우 여러 가지 의미 있는 실천적 과제를 가능하게 하는 이론적 토대가 될 수 있을 것으로 기대된다.[33]

2) 참여의식으로서의 출처관(出處觀)과 정의로서의 의리(義理)

남명의 선비정신을 요약한다면 추상 같은 출처관과 의리에 근거한 도덕판단 및 실천이다. 전자는 시민사회적 맥락의 참여의식과 연관성이 있고, 후자는 의(義)와 이(利) 사이의 관계에 대한 규정이

---

33 현대 한국인의 공동체 시민의식에 관한 조영달 등의 연구에 의하면, '조금 비합리적이라도 우리의 전통은 지키겠다' 고 답변한 사람이 58.8%로 나타나고 있다. 조영달 편, 『한국 시민사회의 전개와 공동체 시민의식』(교육과학사, 1997), 287쪽.

달라진 상황 속에서의 도덕판단의 위상 문제와 관련된다. 시민사회에서 참여의 문제는 시민 스스로가 사회를 이끌어가는 주체라는 점에서 시민의 핵심 의무이자 권리에 해당한다. 참여의 범위와 내용이 다양해서 쉽게 정의하기 어렵지만 참여는 대체로 사회적 참여의식, 정치적 효율성, 정치에 참여하려는 열망, 상반되는 견해의 존중, 권위로부터의 적절한 거리 유지 등과 같은 구체적인 덕목들로 구성된 보다 상위의 덕목이라고 할 수 있다.[34)]

우리 사회에서 참여의 문제는 주로 정치적 참여나 시민단체에의 참여로 해석되는 경향이 있고, 일정 부분 현실을 반영하는 견해이기도 하다. 정치적 참여는 다시 선거권자로서의 참여와 피선거권자로서의 참여, 정부 기관 등과 같은 공적 기구에 대한 적극적 참여, 언론 등을 통한 비판적 참여 등의 형태로 구체화될 수 있고, 시민은 그 중에서 하나 이상을 선택하여 자신의 참여의지를 현실화할 수 있다.

그 선택의 과정 중에서 주로 남명의 출처관과 직접 연계될 수 있는 참여의 형태는 임명직 또는 선출직 관료가 되는 길과 언로를 통한 비판적 참여이다. 최소한의 공직윤리나 언론윤리의 바탕으로서 출처관을 새롭게 해석해 볼 수 있는 가능성이 열리는 셈이다. 현재의 우리 관료체제가 조선 시대의 그것과 본질적으로 다른 부분이 있음을 인정해야 하겠지만, 그들이 갖추고 있어야 할 공직자로서의 윤리는 최소한의 출처관에 바탕을 둔 것이어야 마땅하다. 왜 그 자리에 가고자 했고 그 자리가 존재하는 이유와 자신이 계속 머물러야 하는

34 A. 구트만, 민준기 옮김, 『민주화와 교육-민주시민 교육의 이상과 실제-』(을유문화사, 1991), 131쪽 참조.

이유를 스스로에게 묻는 수준의 공직윤리를 갖지 못한 공직자들은 직업윤리 일반의 결핍과 함께 공직자로서의 시민이라는 자신의 특수한 위치를 제대로 인식하지 못하고 있는 사람들일 뿐이다.

우리 사회에서 언론과 언론인의 위상과 책임에 관한 논의도 단순하지 않다. 그들이 단지 다양한 직업군 중의 하나에 속하는 것이라고만 치부해 버릴 수는 없는 공공성을 분명히 지니고 있고, 그 공공성에 걸맞는 최소한의 윤리가 요구된다는 당위에 대해 이의를 제기할 사람은 없음에도 그 윤리의 기반 또는 근거를 묻는 질문으로 넘어가면 상당한 정도의 논란이나 회의가 나타나기도 한다. 남명의 출처관 속에 내재해 있는 비판적 대안 세력으로서의 사림의 존재는 바로 그와 같은 언론과 언론인의 윤리를 묻는 전거 중의 하나로 해석될 수 있다. 시민사회에서 언론이 왜 필요한가를 물을 경우 시민공동체의 현재와 미래를 전제로 하는 비판과 대안 제시 세력으로서의 의미를 부인할 수 없다면 그들 역시 그 자리를 건강하게 지켜내야 하는 이유와 함께 정당하고 당당한 근거를 확보할 수 있을 것이라는 점에서 그러하다.

시민사회의 덕목으로서의 공정성은 롤즈(J. Rawls)에 의해서 최소 도덕에서 최대 도덕에 이르기까지 그 외연이 확장될 수 있는 정의(justice)의 개념으로 정착했다. 정의는 서양 정치철학사에서 아리스토테레스 이후로 주로 분배의 기준과 그 정당성을 묻는 분배적 정의와 불평등을 제거하기 위한 적극적인 조치까지를 포함하는 호혜적 정의라는 의미로 받아들여져 왔다.[35] 최소 도덕으로서의 공정성은 분배기

35 분배적 정의와 호혜적 정의에 대한 개관으로는 각각 부캐넌(A. Buchanan)과

준의 정당성과 함께 경쟁과정의 절차적 정당성을 의미하고, 최대 도덕으로서의 정의는 자율적 삶의 지향을 바탕으로 삼아 호혜적 정의는 물론 자신과 함께 살고 있는 사람들에 대한 고려를 전제로 하는 적극적인 인간관계의 원리를 내포하는 개념이다. 그렇게 해석한다면 남명의 의리관과 시민사회의 정의관은 큰 충돌 없이 만날 수 있게 된다.

우리에게 남은 문제는 우리의 교육을 통해서 달성하고자 하는 목표를 과연 그러한 의미의 정의관까지로 확대할 수 있는가 하는 논란이다. 사적 영역과 공적 영역을 상당 부분 공유하는 가정 안에서는 충분히 가능한 목표이지만, 모든 시민을 대상으로 삼는 공교육 체제하에서 먼저 이러한 목표가 정당화될 수 있는지를 물어야 하고, 만약 정당화가 가능하다면 그것을 어떻게 실현할 수 있는지에 관련된 방법적 물음이 뒤따라야 한다.

그러나 시민교육으로서의 도덕교육이 최소 도덕의 문제로만 그 목표를 제한할 수 없다는 우리의 일관된 논지 속에서 첫 번째 정당화 문제는 해소될 수 있다고 판단된다. 다만 우리 시대가 각 개인에게 요구하는 독자적인 생존능력의 확보라는 절대적 과제를 고려해 볼 때 그 목표 속에 자신의 이익과 분배기준 및 절차에 대한 정당한 관심을 포함시키는 것이 마땅할 것이다. 문제는 그것에 그치는 것이 아니라 다른 사람의 생존과 분배에 관한 적극적인 관심을 의미하는 호혜적 정의관도 포함되어야 한다는 점인데, 이러한 요구는 시민사회가 지속적으로 생존하고 발전하기 위한 기본적인 요건으로 받아들

코팅햄(J. Cottingham)이 필자로 참여한 다음의 윤리학 사전을 참조할 수 있다. L. C. Becker & C. B. Becker (eds.), *Encyclopedia of Ethics*(New York & London : Routledge, 2001), Vol. 2, 920–928쪽.

여질 수도 있다.

4. 맺는말

시민교육의 한 영역으로서의 도덕교육은 '도덕성을 갖춘 시민의 육성'을 그 목표로 설정한다. 우리의 경우 시민교육을 중점적으로 담당하는 사회교과와 함께 도덕교과를 독립하여 운영하는 교과목 체제를 선택하고 있는데, 그 독립의 과정 속에 이미 서구 시민사회를 배경으로 삼는 시민과는 다른 어떤 목표를 내재시키고 있었던 셈이다. 그것을 우리는 이상적 인간상과 교육을 바라보는 전통적 관점이라고 전제하면서 그 전통의 핵심을 이루는 조선의 선비정신과 그 선비정신을 대표하는 선비 중의 하나인 남명의 교육과 삶에서의 지향을 고찰하는 것을 목표로 삼아 이 장의 논의를 이끌어 왔다.

남명의 선비정신은 경(敬)과 의(義)로 집약할 수 있고, 이 경과 의는 남명 스스로 정립한 것이 아니라 선진유교 이래로 공자와 맹자, 정주 등으로 이어져 온 것을 통관집의하여 실천적 차원에서 재구성한 것이다. 남명이 표상하고 있는 선비상은 출처가 분명한 처사로서의 그것인데, 그에게 처사는 또 다른 현실 참여의 지향을 내포하고 있다는 특징과 함께 자신의 삶의 많은 부분을 교육에 바치는 교육자로서의 위상 확보를 의미하는 것이다. 많은 것을 공부하게 하되 깨우침을 추구하는 것을 목표로 삼는 교육철학과 방법은 현실적으로도 비판적 대안 세력으로서의 사림이라는 성과를 가져오기도 했다.

이러한 남명의 선비정신은 오늘날 우리의 시민사회를 이끌어 가는 주체인 시민이 갖추고 있어야 할 시민성 내지 시민윤리의 내용으로 해석될 수 있는 다양한 가능성을 내포하고 있는데, 다만 우리는 사회를 이끌어가는 엘리트이자 지배층으로서의 위상을 지닌 선비와 주체이자 객체이기도 한 시민의 위상 사이에 존재하는 간극에 유의하면서 재해석할 필요가 있다. 그러한 사례로 남명의 출처관을 참여의식으로 재해석하고자 했고, 의리관을 시민사회의 최대 도덕으로서의 정의와 연관시켜 재해석해 보고자 했다. 이러한 작업들이 아직 시론적 수준을 넘어서지 못하고 있기는 하지만 우리 시민교육과 도덕교육의 실천성을 담보하기 위해서 반드시 넘어서야만 하는 과제임에 틀림없다.

역사적 존재로서의 남명을 오늘에 되살리는 일이 지니는 의미가 크다는 사실에 대해서는 누구나 쉽게 동의할 수 있다. 그러나 그 과정에서 사회적이고 역사적인 배경의 차이에서 비롯될 수 있는 범주의 문제와 그 범주의 오류 가능성을 넘어설 수 있을 정도의 치밀한 재해석이 담보되어야만 남명의 정신을 온전히 살릴 수 있다는 사실도 분명한 전제가 되어야 한다. 이 장의 논의도 그러한 문제의식을 담은 시도의 하나로 평가받을 수 있기를 기대한다.

제11장

도교의 인성론과 도덕교육

1. 도가(道家)와 도교(道教)

중국에서 춘추 말기에 노자와 공자의 도가와 유가철학이 형성된 이후 중국 사상사의 황금 시대라 할 전국 시대에 이르러서는 각 사상들의 분리와 융합이 빈번하게 발생했다. 그런데 노자와 도가철학의 경우 이러한 분리와 융합의 관계는 다음과 같이 나타난다.[1] 즉

1 이 견해는 동양윤리교육학회, 「동양윤리사상 관련 개념 정리」(2007, 미간행)에 제시된 것을 수용한 것이다. '2007 개정 도덕과 교육과정'과 관련하여 한국교육과정평가원에서 학회에 공식적으로 의뢰한 개념 정리를 위한 학회 차원의 공식 보고서인 이 자료의 집필자는 장승구(유교, 세명대), 필자(불교, 한국교원대), 이재권(도교, 충북대)이다. 이 장 267-270쪽의 도가와 도교에 관한 견해는 도교 집필자인 이재권 교수의 양해를 얻어 그대로 가져온 것이다. 인

춘추 말기에 노자의 도가철학 체계가 건립되고 나서, 전국 중기에 노자철학 우파로서 장자학과 좌파로서 황로학파가 분리되었다가 그 뒤 다시 전국 말기에 황로의 신도가로 융합 · 발전되는 과정을 겪는다. 이러한 사상의 분리와 융합에는 사회 변혁의 요구라는 내재적 요인이 숨어 있다.

즉 융합에서 분리로 나아간 것은 난세에서 치세로 나아가기를 바라는 현실적인 요구가 반영된 것이고, 다시 분리에서 융합으로 나아간 것은 천하통일이라는 시대적 요구가 반영된 것이다. 이 점은 도가철학의 광시제세(匡時濟世)의 특징과 대성약결(大成若缺)의 포용성을 잘 드러낸다. 이러한 분리와 융합의 과정으로 노자 도가철학은 진 · 한 이후 도가철학의 종교화, 즉 도교로 진행되었다. 철학으로서의 도가와 종교로서의 도교가 통일되는 과정을 겪은 것이다. 즉 생사관에서는 자연에 순응하는 도가철학과 자연을 거역하는 도교로, 귀신관에서는 천도 자연의 무위를 주장하는 도가철학과 신령과 선인(仙人)을 숭배하는 도교로, 존재방식에서는 사회의 비판의식 체계로서의 도가철학과 물질적 역량을 포함한 사회의 종합 체계로서의 도교로 구분되는 이원구조였으나 다음과 같은 측면에서는 동일한 구조로 전환하였다.

첫째, 도교는 도가철학으로부터 그 종교 이론의 궁극적 진리인 '도'를 획득하여 형이상학적인 기초를 갖추었다. 만약 형이상학적 이론 토대가 없었다면 그것은 민간의 신앙 수준에 머무를 수밖에 없었을 것이다. 둘째, 생(生)의 수련방법인 청정무위론(淸淨無爲論)을 제

용을 허락해 준 이재권 교수께 감사드린다.

공하였다. 셋째, 도가사상을 흡수하고 개조하여 위진 현학 발생의 토대를 제공하였다. 따라서 도가와 도교는 이원일체화라는 과정에서 불상리성(不相離性)을 강하게 드러낸다. 이러한 과정에서 지식인들은 철학적 토대로서 도가에 치중하고 통치자와 민중은 종교적 토대로서 도교에 치중하게 된다. 이후 철학과 종교가 일체화되는 과정을 겪으면서 송대 이후의 문헌에서는 도가와 도교가 혼동되는 경향을 보여준다.

도교는 전국 시대의 신선학(神仙學)에서 기원했는데, 그 사상적 연원은 상고 시대의 무축문화(巫祝文化)와 은주(殷周) 시대의 귀신숭배 사상으로까지 거슬러올라갈 수 있다. 『주례(周禮)』에 이런 말이 있다.

> 대종백(大宗伯)이라는 직책은 나라의 천신(天神), 인귀(人鬼), 지지(地祇)에 관한 예를 관장한다.

천신, 인귀, 지지 이 세 가지 귀신의 체계는 모두 이후 도교신앙의 사상적 내용을 이룬다. 그러나 도교가 정식으로 형성된 것은 동한 말기의 순제(順帝) 때이다. 그후 위진남북조 시대에 도교가 유행하기 시작하여 당송 시대에 크게 번성하다가 명청 시대에 이르면 쇠퇴의 길로 접어든다. 이 기간을 통틀어 도교는 1,200여 년이라는 긴 역사를 갖고 있다. 오늘날에 이르러서도 중국 사회에서 도교는 여전히 영향력을 지니고 있다. 도교문화는 이미 중국 전통문화를 구성하는 중요한 요소이다.

도교의 내용은 매우 복잡하지만 그 사상의 기원을 따져보면 다음 세 가지 계통의 사상이 존재함을 알 수 있다. 첫째는 고대 사회의 귀신숭배 문화(巫祝文化)이다. 둘째는 전국 시대 이래의 신선방술(神仙方術) 사상이다. 셋째는 노자의 도가사상이다. 이 세 계통의 사상이 하나로 융합되어 도교라는 사상체계를 이루어낸다.

멀리 은주 시대에 사람들은 귀신을 몹시 숭배하였다. 기록에도 은나라 사람들은 "귀신을 받들어 섬겼으며", "귀신을 앞세우고 예(禮)를 그 뒤에 두었다"고 한다. 또 그들은 사람이 죽은 뒤에 영혼이 불멸한다고 믿어 재앙을 없애고 복을 내려주기를 구하는 기도를 귀신에게 드렸다고 한다. 그런가 하면 천신상제와 천명(天命)을 믿어 점복(占卜)을 대단히 중시하였다고도 한다. 이렇게 귀신과 상제에 대한 믿음은 고대인들에게 중요한 종교사상이 되었다. 이러한 사상은 특히 민간에 광범위하게 유포되어 이후 중국 도교가 귀신을 숭배하게 되는 주요한 사상적 근원이 되었다.

도교신앙의 근본 취지는 장생불사하여 신선이 되기를 바라는 신선학에 있다. 중국 고대의 신선가는 '방사(方士)'로 불렸는데, 그 까닭은 이들이 주로 장생불사의 방술(方術)을 이야기하였기 때문이다. 전국 시대의 연나라와 제나라에는 특히 방사가 많았다. 『사기』에 따르면 제나라의 위왕과 선왕, 연나라의 소왕은 모두 방사의 말을 믿고 바다로 사람을 보내 선인(仙人)과 선약(仙藥)을 구해오도록 하였다. 『사기』「봉선서(封禪書)」에 의하면 제나라와 연나라의 방사들은 주로 선인, 선약, 삼신산을 언급하고 있다. 봉래, 방장, 영주라는 삼신산 전설은 대개 발해지방의 신기루라는 자연현상과 관계가 있다.

이러한 도가와 도교 사이의 역사적 연관성을 바탕으로 하여 도가와 도교 사이의 관계를 현재적 시점에서 정리해 보면 다음과 같다.

그동안 도가는 선진(先秦) 시대의 노자와 장자 등을 중심으로 하는 철학적 학파이고, 도교는 후한의 장릉(張陵) 등이 창시한 천사도 등과 같은 종교로서 둘 사이에는 본질적 관계가 없다고 보는 것이 일반적이었다. 그러나 최근 많은 학자들은 양자 간의 내면적 관계를 인정하고 도가가 도교로 발전하였다고 보고 있다. 도가와 도교의 관계를 전혀 이질적인 것으로 파악한다면 도교라는 복합적인 종교현상을 도가와 관련시켜 설명하거나 해명할 수 없게 되기 때문이다. 그런 점을 고려하여 최근 연구동향은 도가와 도교 사이의 차별성보다는 유사성에 주목하는 방향으로 진행되고 있는데 보다 구체적인 내용은 다음과 같다.[2)]

우선 도가와 도교는 단어의 사용방식상 비슷한 말이다. 도교는 도가가 유교나 불교에 대하여 자신을 종교로서 드러낼 때 쓰였던 표현이고, 역사적으로 그 용법들이 같은 의미로 사용되었다. 둘째는 선진 시대의 노장학파가 단순하게 사상만을 전파하고자 한 철학자들이 아니라, 실제로 도교적 기술을 사용하고 있었음을 전혀 배제할 수 없다는 점이다. 셋째는 선진 시대부터 이어지는 종교적 흐름을 단절적으로 파악한다면, 한나라 때 이미 존재했던 노자의 신격화를 설명할 수 없을 뿐만 아니라 그 이후의 모든 종교적인 흐름을 생각할 수 없을 것이라는 점이다.

이런 점을 고려하여 우리의 인성교육 논의에서는 종교와 철학 모두를 포괄할 수 있는 도교(道敎)라는 개념을 주로 사용하는 것이

2 이 부분은 윤찬원, 「도교」, 이지관 편, 『가산불교대사림』, 4권(가산불교문화연구원, 2001), 874쪽에 근거한 것임을 밝혀둔다.

바람직할 것이지만, 필요에 따라서 도교의 철학적 특성을 살리는 부분에서는 도가(道家) 또는 노장사상(老莊思想)이라는 개념을 사용하는 것도 권장할 만하다고 판단된다. 다만 유의해야 할 점은 도교와 도가 사이의 유사성에도 주목하고 있는 현재 학계의 의견을 받아들여 도가와 도교가 각각 철학과 종교로 완전히 분리될 수 있는 것으로 볼 필요는 없다는 사실이다.

2. 도교의 인간관과 인성론

1) 신화의 시대와 도, 자연

도교사상의 창시자는 노자로 알려져 있고, 그가 어떤 인물인지에 대해서는 많은 의문이 남아 있지만 대체로 춘추 시대 말기 혼란스러운 때에 공자보다 앞서 살았던 실존 인물 또는 일군의 학파로 분류되고 있다.[3] 그 또는 그들의 사상이 집약되어 표현된 것이 『노자』 또는 『도덕경』으로 불리는 책이고, 이 책은 동아시아인들 뿐만 아니라 서양인들이 읽은 동양의 고전 중에서 가장 많이 읽힌 책으로 분류되고 있다.

노자가 생존했던 시기는 샤머니즘이 지배하던 신화의 시대였고,

---

3 노자의 실존 여부에 관한 논의는 홈스 웰치, 윤찬원 옮김, 『노자와 도교』(서광사, 1989), 제1부 '노자의 문제'를 참조할 수 있다.

그는 이 신화를 적극적으로 비판하거나 수용하면서 자신의 고유한 사상을 형성해 나갔다. 특히 그의 사상을 표현할 수 있는 핵심 개념으로 정착한 도(道)와 자연(自然)은 그런 점에서 한편으로는 신화를 계승한 것이지만, 다른 한편으로는 이성적 사유의 틈새를 넓힌 것이기도 하다. 한동안 노자의 철학이 신화적 사유체계를 완전히 극복했다고 보는 시각이 우세했지만, 그의 『도덕경』에 있는 다양한 사유체계를 분석해 본 결과 신화적 사유가 일정하게 남아 있으면서도 동시에 극복하기도 한 것으로 보는 것이 타당하다는 견해가 최근에는 지배적이다.[4]

중국의 문화인류학자이자 사상가인 섭서헌은 '중국 철학의 주요한 특징 가운데 하나가 신화 사유방식의 계승'이라고 주장하면서 특히 중국 고전 중에서는 『주역』과 『노자』가 바로 이러한 특징을 가장 잘 드러낸 본보기라고 말한다. 즉 그는 중국의 문명사회와 씨족사회의 배후에는 아직까지도 매우 복잡하게 뒤얽힌 관계가 있고, 혈연의 유대는 철저하게 단절되지 않은 채 곳곳에 원시적인 사회구조 풍습 관념과 함께 잔존하면서 신화적 사유가 지속적인 영향을 미치고 있다고 보고 있는 것이다.[5]

그렇다면 도는 과연 무엇인가?

도를 말할 수 있는 도는 보편적인 도가 아니다.

이름을 붙여 부를 수 있는 이름은 보편적인 이름이 아니다.

---

4 섭서헌, 노승현 옮김, 『노자와 신화』(문학동네, 2003), 23쪽 참조.
5 위의 책, 같은 곳.

이름이 없는 것으로부터 천지가 나왔고

이름 붙여진 것은 만물의 어머니일 뿐이다.[6]

말로 표현될 수 있는 도는 보편적인 의미의 도가 아니라는 노자의 선언은 도의 세계가 갖는 추상성과 신비성, 비언어성을 동시에 드러내는 것이다. 이러한 선언은 이 책에서 반복적으로 제시된다. 예를 들어 56장의 '아는 사람은 말하지 않고 말하는 사람은 알지 못한다'는 명제에서도 명료하지 않은 형태로 반복되고 있다.[7] 그렇다면 우리는 최소한 도가 무엇인지를 말로 표현할 수 없다는 노자의 기본 전제를 뛰어넘어서 도를 어떤 말로 정의할 수 있을지 물어보아야 한다.

말로 쉽게 표현할 수 없는 어떤 진리의 영역이 있다는 것은 상식이다. 말이나 글로는 표현할 수 없지만 다만 어떤 상황이나 순간에 느낄 수밖에 없는 어떤 진리가 있고, 우리는 그것을 삶의 궁극적 의미와 직결되는 체험의 영역으로 분류하기도 한다. 그것은 다만 스스로 그러한 것일 뿐이고, 우리의 언어체계로는 담을 수 없는 거룩함과 엄연함인지도 모른다. 그런 관점에서 부각될 수 있는 또 다른 개념이 바로 자연(自然)이다.

우리가 일상적으로 사용하는 자연이라는 개념과 상당 부분 일치하지 않는 노자의 자연은 말 그대로 '스스로 그러함'이다. 인간의 어떤 인위적 노력도 가해지지 않은 것이라는 점에서 현재 우리가 사

---

6 道可道 非常道 名可名 非常名 無名萬物之始 有名萬物之母, 잘 알려진 『도덕경』의 첫구절이다.

7 知者不言 言者不知, 위의 책, 56장.

용하는 자연이라는 개념을 배제하는 것은 아니지만, 그에 앞서 그 자체로 그러함이라는 존재의 원리를 표현하는 추상적인 개념이라는 점에서 차별화된다. 그것은 다시 가공이 전혀 섞이지 않은 것들은 가리키는 박(樸), 소(素), 영아(嬰兒) 등의 개념으로 재설명된다. 박은 원래 사람이 가공하기 이전의 잘라내져 있을 뿐인 통나무이고, 소는 사람이 염색하거나 칠한 적이 없는 비단이며, 영아는 사회의 힘에 의해서 가공되기 전의 자연상태에 있는 단순하고 선한 인간이다.

이 모든 것들은 모두 스스로 그러한 것일 뿐 어떤 인위적 장치나 노력이 가해진 것이 아니라는 공통점을 지니고 있다. 그것이 바로 자연이고 곧 도이기도 하다. 그런 점을 고려하면 노자의 핵심 사상은 결국 도와 자연이고, 이 개념들의 범위 안에 인간도 포함될 수밖에 없다는 전제에 동의하게 된다.

2) 자연과 인간

인간은 본래 자연에 속한다. 사회의 힘에 의해 가공되기 이전의 인간, 다시 말해서 영아인 인간은 온전히 스스로 그러함의 한 부분이다. 그러나 실제 우리가 접할 수 있는 인간은 대부분 영아가 아니다. 사회에 던져지는 순간부터 이러한 자연으로서의 인간은 훼손되고 자신의 본성을 상실한 상태로 계속 살아가게 된다. 그러나 오늘 우리의 마음 속에는 그 자연과 도가 포함되어 있고, 끊임없이 머물러 있지 않고 항상 깨어 있는 마음을 지니고 있다는 점에서 자연을 회복할 수 있는 가능성을 가진 존재자이다.

세상에는 이름을 가진 것과 이름을 갖지 않은 것이 있고, 인간은 대부분 이름을 가진 것에 속한다. 이른바 유명(有名)의 존재자인 셈인데, 만물의 어머니, 즉 모든 눈에 보이는 존재하는 것들을 만들어내는 것이 이름이기 때문에 인간은 기껏해야 자연의 원형으로부터 벗어난 현실 속의 한계를 지닌 존재자일 뿐이다. 그러나 그런 인간들에게는 자연의 본성이 동시에 부여되어 있고 도의 통로서의 가능성도 함께 부여되어 있기 때문에 인간이라는 존재자는 다시 볼 수 있는 또 다른 어떤 것이 된다.

이러한 도교의 인간관은 한편으로 하늘의 명령을 존재의 근원으로 보면서 그 명령과 소통할 수 있는 능력을 중시했던 동아시아의 샤머니즘과 맥이 닿아 있고, 다른 한편으로는 인간의 일상적 삶이 직면하곤 하는 절대적 한계에 관한 이성적이고 추상화된 사유의 결과라고 해석될 수 있다. 노자학파는 인간을 단지 인간만의 고립된 존재의 세계 속에서 파악하고자 한 것이 아니라, 그 근원에서 도 또는 자연과의 소통이 가능한 존재자로서 또 그 소통을 이끌어갈 수 있는 능력을 가능성으로 간직한 존재자로 보면서 인성교육의 필요성 또는 요청의 여지를 강하게 남겨놓았다. 이때의 인성교육은 현재적 의미의 도덕교육과 동일한 개념이다.

3. 도교의 도덕교육 방법

1) 존재질서와 가치인식으로서의 제물(齊物)과 소요유(逍遙遊)

세상에 존재하는 것들은 모두 각각 다르고 존재하는 가치를 제각각 갖는다. 우리가 한탄스럽게 생각하는 하루살이나 우리를 귀찮게 하는 파리나 모기도 그 나름의 존재 이유와 가치를 갖고 있고, 그 가치는 상대적 비교의 범위를 넘어선다. 이와 같이 존재하는 모든 것들이 각각의 존재 위상과 가치를 가지고 있는 것을 도교에서는 제물(齊物)이라고 한다. 즉 제물은 존재하는 모든 것들이 스스로 자기로서 있는 것을 말한다. 이것을 인간의 잣대와 같이 어떤 특정한 가치를 전제로 해서 평가할 때 존재의 근본적 질서가 흐트러지게 되고, 그 결과는 학의 다리가 마르고 길다고 억지로 두껍게 하거나 짧게 하는 것과 같은 근본적인 오류를 가져오게 하는 결과를 빚는다고 장자는 경고하고 있다.

사물을 있는 그대로 바라볼 수 있어야 한다. 보태지도 말고 빼지도 말고 눈에 보이는 그대로 인정하고 존중하면서 그 각각의 가치가 무엇인지를 고려하는 정도의 마음을 지니는 것이 바로 소요유(逍遙遊)이다. 이 소요유는 어찌 보면 제물의 다른 표현이고, 모두 마음의 상태 또는 자세를 일컫는 개념이기도 하다. 송항룡은 이 소요유와 제물의 관계를 다음과 같이 표현하고 있다.

> 기준을 만들지 말고 비교 판단하는 마음을 버려야 한다. 이러한 인간의 마음을 소요유라 한다. 소요유에 들면 모든 가치와 존재의 질서는 무너지지 않는다. 질서가 무너지지 않는 존재자의 세계를 제물이라고 한다. 살리는 것을 소요유라고 한다면 살아 있는 존재자의 세계가 제물이라고 할 수 있다. 제물은 소요유 앞에 마주 선 살아 있는 존재자의 세계이다. 장자가 소요유를 먼저 말하고 제물론을 다음에 말한 이유가 여기에 있다.[8)]

이러한 관계 설명은 지나치게 추상적이어서 쉽게 다가오지 않는다. 오히려 제물을 인식하는 일과 소요유의 자세를 연관시키는 것이 이해하기 쉽다. 사물 각각이 갖고 있는 질서와 가치인 제물을 다른 편견이나 의견을 덧붙이지 않고 그대로 받아들이는 인식의 자세가 곧 소요유라고 볼 수 있다는 것이다. 이러한 관계 인식은 인성교육의 장에서도 의미 있게 다가온다. 제물은 그 자체로 인성교육의 목표가 될 수 없고, 그것들은 단지 존재하는 것들의 존재 질서일 뿐이다. 그런데 우리 인간들은 영아를 제외하고는 사회 속에서 형성한 편견을 갖고 있기 때문에 제물을 제물로 받아들이지 못하고, 다시 말해서 소요유하지 못한 채 우리의 색안경을 전제로 해서 질서를 파악하거나 가치를 부여한다. 그 결과는 이미 살펴본 바와 같은 혼란과 왜곡일 뿐이다.

---

8 송항룡, 「도가의 덕성함양론」, 이계학 외, 『덕성함양의 전통적 방법론』(한국정신문화연구원, 1998), 204쪽.

그렇다면 인간에게 필요한 인성교육으로서의 도덕교육이 무엇인가 하는 점에 관한 도교의 입장도 어느 정도 정리될 수 있다. 먼저 전제되어야 할 것은 도교에서 유교의 인성교육과 같은 적극적 형태의 인성교육에는 반대한다는 점이다. 인간에게만 고유하게 있다고 공자가 주장한 인(仁)과 의(義)를 바탕을 하는 예절교육과 같은 형태의 인성교육은 제물로서의 인간의 본성을 더욱 왜곡하는 결과를 빚을 뿐이다. 적극적인 형태의 인성교육을 해야만 한다고 생각했던 순자의 경우에는 더욱 그러할 것이다.

도교에서 말하고자 하는 인성교육은 사물의 질서와 가치를 있는 그대로 바라볼 수 있는 안목을 길러주는 자연스런 교육일 뿐이다. 그 과정에서 추호의 인위적 요소가 배제되어야 마땅한데, 문제는 이러한 형태의 인성교육이 현실 속에서 성립될 수 있는가 하는 점이다. 쉽지 않은 일이다. 우선 소요유의 능력을 갖고 있는 스승이 있어야 하고, 그 스승은 또한 인위적 노력을 하지 않으면서도 그 나름의 인성교육적 목표를 달성할 수 있는 자신의 방법을 갖고 있어야만 하는데 현실 속에서 이러한 스승이 존재하기가 어렵기 때문이다. 그렇다고 해서 인성교육은 모든 국면에서 포기되어져야 할 과제라고 볼 수 있을까? 이 질문에 대한 해답은 좀 더 본격적인 도교의 인성교육 방법으로 알려져 있는 심재와 좌망의 방법을 검토하면서 찾아보기로 하자.

2) 마음 다스리기로서의 심재(心齊)와 좌망(坐忘)

노자에 의해서 기틀이 마련되고 장자에 의해서 그 일차적 패러다임의 완성을 이룬 도교의 철학은 우선 그동안 존재했던 주요 사상들에 대한 공격에서 자신의 논의를 출발시킨다.

> 도는 작은 이룸에 의해 은폐되고, 말하는 것은 그 화려한 수식에 의해 은폐된다. 그 결과 유가와 묵가의 이것이다(是)와 저것이다(非)가 존재하는데, 이로 인해 어떤 사람에 있어 이것은 다른 사람에게는 아닌 것이 다른 사람에게는 다시 이것이 된다. 만약 남들이 부정하는 것은 긍정하고 남들이 긍정하는 것을 부정하려 한다면 가장 좋은 방법은 밝은 지혜이다.[9]

시비의 차원을 넘어서는 제물의 경지를 드러내고 싶어한 장자는 우선 그 마음의 상태를 소요유라는 개념으로 제시한 후에 구체적으로 그러한 마음의 상태를 드러낼 수 있는 또 다른 방법적 개념을 제시하는데, 그것이 바로 심재(心齊)이다. 마음을 제물의 상태 그대로에 둔다는 의미인데, 그것은 다른 말로 하면 소요유의 경지와 통하는 것임을 알 수 있다. 인간의 마음도 그 고유의 존재 의미와 가치를 갖고 있고 그것을 바탕으로 모든 존재하는 것들의 가치를 그대로 받

---

9 道隱於小成 言隱乎榮華 故有儒默之是非 而是其所非 而非其所是 欲是其所非 而非其所是 卽莫若以明, 『장자』, 「제물론」.

아들이는 것이 곧 심재이고, 다른 말로 하면 살아 있는 마음을 간직하는 노력이다.

장자는 심재를 설명하면서 '마음을 고요하게 하는 것'이라는 정의를 내리고 있다.[10] 그것을 가능하게 하는 구체적인 방법은 귀로 듣기보다는 마음으로 듣고 마음으로 듣기보다는 기로써 들으라고 충고하기도 한다. 귀로 듣지 말고 마음으로 들으라는 말은 귀의 편견으로부터 자유로우라는 충고이고, 그 마음으로 듣는 것보다도 각 존재자들이 갖고 있는 기(氣)를 느끼는 것이 제대로 듣는 방법이라는 충고이다. 이를 통해 우리는 보고 듣는 것으로부터 자유롭고 생각하는 것으로부터도 자유로운 진정한 자유의 경지를 누릴 수 있게 된다는 것이다.

이 심재는 그런 점에서 보면 소요유와 같이 인성교육의 장에서 목표로 삼을 수 있는 지점일 뿐, 구체적인 방법론으로서의 성격은 약함을 알 수 있다. 이 심재의 상태를 어떻게 해야 얻을 수 있는가? 이 질문이 바로 수도(修道)와 그 수도를 전제로 하는 교육, 특히 인성교육의 핵심 질문이다. 이 질문에 대해 장자는 좌망(坐忘)이라는 보다 구체적인 방법론을 제안한다. 좌망은 감각을 통한 경험 기능을 쉬게 하고 판단 기능을 멈추어 경험적 사태와 판단 내용으로서의 앎을 끊어버리는 과정을 통해서 심재와 만나게 되는 보다 구체화된, 그러나 쉽게 실현하기 어려운 수도와 교육의 방법이다.

---

10 心齊之以靜心, 위의 책, 「달생」.

배움의 도(道)[11]

무슨 일이 배움터에서 일어나는지
그것은 설명될 수 없다.
설명될 수 있는 것은
배움터에서 일어나는 일이 아니다.

일이 어떻게 일어나는가?
그것은 도(道)다.
배우는 과정에서 일이 어떻게 일어나는가?
그것이 배움의 도다.
사람 말로 표현되는 배움의 길은
참된 배움의 길이 아니다.

배움터에서 무슨 일이 일어나는지
알고자 애쓰지 말고
무슨 일이 일어나는지 판단하지 말고
그것에 자신을 열어놓아라.

일이 어떻게 일어나는가?
그것이 도다.

---

11 파멜라 메츠, 이현주 옮김, 『배움의 도』(민들레, 2003), 11쪽.

쉽게 이해하기 어려운 심재와 좌망의 방법을 도교적 사유를 교육과 관련시켜 새롭게 풀이한 위의 인용을 통해서 어느 정도 이해할 수 있을 것이라는 기대가 든다. 배움터라고 번역된 우리의 학교에서 어떤 일이 일어나고 있는지 쉽게 알 수 있는 것도 표현할 수 있는 것도 아니다. 학교의 교사라면 학교에서 무슨 일이 일어나는지 자신의 교육이나 경험에 의거해서 판단하지 말고 '그것에 자신을 열어놓으라'고 말한다. 그 자세가 바로 좌망을 통해서 심재의 경지에 오를 수 있는 구체적인 방법이기도 하다.

그러나 교사의 일상 속에서 이렇게 하는 일은 결코 쉽지 않은 과제이다. 이미 주어져 있는 교육과정이 있고 자신의 지식과 경험구조를 통해서 재구성한 교사 수준의 교육과정이 있는데, 그것으로부터 한 걸음 물러서서 어떤 판단도 내리지 않고 자신을 열어놓는 일이 현실적으로 가능하고 또 바람직한지에 대해서 의문을 가질 수 있다. 이러한 의문에 대해서 장자는 아마도 다음과 같이 답변할 것이다.

> 학문을 하는 일상적인 자리에서는 날마다 보태진다.
> 배움의 도 안에서는 날마다 덜어진다.
>
> 교사는 날마다 배운 것을 덜어내는 데 힘써
> 마침내 아무 것과도 다투지 않음에 이르러야 한다.
>
> 아무 일도 하지 않으면 되지 않는 일이 없다.
> 참된 배움은 모든 것을 있는 그대로 두고
> 배운 것을 없앰으로써 비로소 얻을 수 있다.

다투어서는 얻을 수 없는 것이다.[12)]

이러한 답변을 듣고도 우리는 도교의 인성교육론과 도덕교육 방법이 현실 속에서 어떻게 적용될 수 있을지에 대한 의구심을 떨쳐버리기 어렵다. 물론 오늘날 자유주의 교육철학의 흐름 속에서 이러한 자연과 자연스러움에 대한 찬양을 발견하는 일이 어렵지 않고, 상당수의 대안학교에서 이러한 교육철학을 학교 공동체를 운영하는 이념으로 채택하고 있기도 하지만 그럼에도 그 교육철학 자체가 또 하나의 굴레이자 제약이 될 수 있다는 점에서 장자의 그것과 차별화된다.

교육 문제에 관한 도교의 답변은 그것이 지니고 있는 이중적 의도를 성찰함으로써 얻어질 수 있다. 노자와 장자는 모두 단순히 욕심을 버리라고 말하는 것이 아니라, 욕심을 갖는 것과 함께 욕심을 버리는 일에 대한 강박관념까지도 버려야 한다고 말하는 방식을 택하고 있다. 특히 장자는 인간이 욕심은 낼 만한 것도 있다고 말하는데, 즉 그것이 하늘로부터 유래하는 자연스런 욕심은 충족하는 것이 바람직하고 인위적이고 인간적인 욕심을 버리는 것이 바람직하다는 말이지 모든 욕심을 무조건 버리라고 강요하는 것은 아니라는 점이다. 이 생각은 노자의 상선약수(上善若水)의 자세에서 잘 드러난다.

가장 높은 선은 물과 같다. 물은 만물에게 이익을 주지만 다투지는 않는다. 뭇 사람들이 싫어하는 곳에 있기 때문에 도에 가깝다.[13)]

---

12 파멜라 메츠, 앞의 책, 70쪽.
13 上善若水 水善利萬物而不爭 處衆人之所惡 故幾於道, 『노자』, 8장.

천하에 물보다 부드럽고 약한 것은 없지만 딱딱하고 강한 것을 공격하는 것으로서 물을 이길 수 있는 것은 없는데, 그 까닭은 아무것도 이것을 대체할 수 없기 때문이다. 약한 것이 강한 것을 이기고 부드러운 것이 딱딱한 것을 이기는 것을 모르는 사람은 천하에 없으나 아무도 이것을 실행하지 못한다.[14)]

결국 마음을 다스리는 방법으로서의 심재와 좌망은 모든 욕심이나 편견, 지식, 경험 등을 무조건 버리려는 마음도 아니고, 그렇다고 해서 그러한 욕심들을 간직하려는 마음을 그대로 보존하라는 것도 아니라는 결론에 도달하게 된다. 모든 국면과 상황 속에서 물처럼 부드럽게 행동하여 자신의 욕심이 하늘의 욕심과 맞닿을 수 있는지를 성찰해 보면서 걸림이 없이 생각하고 실천하는 마음 자세가 곧 좌망이라고 할 수 있고, 이러한 좌망의 자세를 인성교육의 장에서 어떻게 위치시킬 수 있을지에 대해서는 다양한 논의가 필요할 것이다.

3) 마음자리를 찾아가는 방법 : 복귀어박(復歸於樸)과 성수반덕(性修反德)의 지향

도교의 인성교육은 궁극적으로 자신의 본래의 마음자리를 찾아가도록 도와주는 일로 정의된다. 영아의 상태를 벗어나 아동기를 거쳐 청소년기에 접어들었다는 것은 곧 그 본래의 마음자리를 상실

---

14 天下莫柔弱於水 而功堅强者 莫之能勝 其無以易之 弱之勝强 柔之勝强 天下莫不知 莫能行, 위의 책, 78장.

했을 현실적 가능성이 높다는 사실을 의미한다. 그들을 대상을 해서 어떤 인위적인 것도 가해지지 않는 본래의 자연으로 돌아갈 수 있도록 도와주는 일이 곧 교육이고 그것이 바로 인성교육이기도 하다는 것이다.

그럼 어떻게 하면 돌아갈 수 있을 것인가? 그것은 주어져 있는 인간의 본성을 수도를 통해서 닦아 덕으로 돌아가게 하는 과정을 거쳐야만 한다. 이러한 회복의 과정은 노자는 복귀어박(復歸於樸)이라고 표현했고, 장자는 보다 구체화하여 성수반덕(性修反德)이라고 표현했다. 전자는 아무 것도 가해지지 않은 통나무 상태의 그것으로 돌아가야 한다는 의미로 해석이 가능하고, 후자는 말 그대로 본성을 닦아 덕으로 되돌아간다는 의미이다.

선언적 언급일 뿐 구체적인 방법론은 역시 아니다. 노장사상을 인성교육적 관점에서 재해석하고자 하면서 우리가 지속적으로 직면해 있는 어려움이기도 하다. 그러나 그 나름의 해석이 덧붙여질 수 없는 것은 아니다. 송항룡의 경우와 같이 모든 것의 중심에 '살아 있는 마음'을 두는 방법도 있다. 그는 이 문제에 대해서 다음과 같이 말하고 있다.

> 성수반덕과 복귀어박은 다름 아닌 살아 있는 마음으로 돌아간다는 말이다. 마음이 살아 있으면 언제나 새로운 존재자의 세계를 열어갈 수 있고 모든 존재 가치를 살려낼 수 있다. 그러한 사람은 모든 것에서 자유로울 수 있고, 성인(聖人)이 바로 그러한 사람이다. 성인의 마음을 무상심(無常心)이라고 한다. 무상심이란 살아 있는 마음이라는 뜻이다. 마음이 살아 있으면 자유롭다. 성인은 바로 그 자유

로운 사람이다.[15]

물론 이러한 해석도 동어반복과 선언적 언급의 한계로부터 자유롭지 못하다. 그럼에도 마음이 살아 있으면 자유롭고 그 자유로운 사람을 노자와 장자가 모두 성인이라고 불렀다는 사실을 확인할 수는 있고, 성수반덕과 복귀어박이 모두 이러한 살아 있는 마음으로 돌아가는 것이라는 점도 의미 있게 부각시킬 수 있다. 눈앞에 보이는 것들에 집착하지 않도록 하고 늘 그 배후에 숨어 있는 '스스로 그러한' 자연을 생각할 수 있도록 하는 교육방법이 인성교육의 구체적인 방법으로 제안될 수 있는 토대를 발견할 수도 있다.

오늘날처럼 인터넷 매체나 영상 매체가 지배하고 있는 사회와 문화 분위기 속에서 자라나야 하는 어린이들이나 청소년들이 눈앞에 보이는 세계에 대한 강한 집착을 보이는 것은 어쩌면 당연한 일이다. 가상공간의 일을 현실공간의 일로 착각하거나 가상공간 속에서의 익명성이나 이동성 등을 기반으로 현실공간과는 전혀 다른 행동을 하는 자아의 분열 현상을 경험하는 아이들이 늘고 있는 것도 어쩌면 당연한 일이다.[16] 이들에게 눈앞에 보이는 것들이 전부가 아니고 그 이외의 내면적이고 본질적인 것들이 있다는 사실을 깨우쳐 주고자 하는 노력은 이 시대 인성교육의 주된 목표가 되어야 마땅하다. 특히 그들이 잃어버리고 있는 신체적 · 정신적 감각을 되찾을 수 있

15 송항룡, 앞의 글, 211쪽.

16 가상공간의 윤리적 문제점에 대해서는 졸저, 『우리 시대의 문화와 사회윤리』(인간사랑, 2003), 제1부 '우리 시대와 가상공간, 그리고 문화변동'을 참조할 수 있다.

는 기회를 다양한 방법으로 제공해 주는 일이 이 시대 인성교육의 장에서 더욱 심도있게 모색될 필요가 있는데, 그러한 노력들을 도교의 개념으로 표현한다면 모두 성수반덕이나 복귀어박의 지향이라고 부를 수도 있을 것이다.

4. 맺는말

노장과 도가를 포용하는 개념으로 우리가 사용한 도교의 인성교육론은 생각보다 접근하기가 쉽지 않다. 그 상징성 높은 개념들과 형식논리학의 관점에서 보면 성립될 수 없는 논리적 전개, 구체적인 방법보다는 선언적인 언급에 그치는 진술 방식 등이 그 어려움을 가중시키는 요소들임을 우리는 함께 확인할 수 있었다. 그럼에도 도교의 인성교육론에는 교육의 본질과 목적, 목표를 설정하거나 우리가 쉽게 의지하는 교육방법을 재검토하는 과정에서 핵심적인 기준을 제공할 수 있다는 사실도 함께 확인할 수 있었다. 그리고 이러한 인성교육론은 현재적 의미의 도덕교육론과 동일한 내포와 외연을 지니는 것으로 해석될 수 있다는 사실도 우리는 확인한 바 있다. 그런 이유에서 이 장에서는 인성교육과 도덕교육을 서로 호환 가능한 개념으로 보고 사용하고자 했다.

도교에서 인간은 특별한 존재자가 아니다. 신화의 시대를 상징성 높은 언어와 통찰력으로 건넌 노자의 핵심 사상은 도와 자연이고, 인간도 그 두 개념으로 설명 가능한 다양한 존재자들 중의 하나일 뿐이다. 그럼에도 인간의 특징을 부각시킨다면 그러한 자연과 도에 어긋나는 유위적 존재(有爲的 存在)라는 점일 것이다. 이러한 유위성은 지속적으로 인간의 본성을 자연의 그것으로부터 멀어지게 하는 결과를 가져오고, 바로 그 이유 때문에 인성교육과 수도(修道)를 필요로 하는 존재자로 자리매김될 수 있다.

물론 이때의 수도와 인성교육은 주로 유교적 차원의 강한 인간본성론에 기반한 그것과는 확실히 차별화되어야 한다. 우선 그것은 자연의 존재 질서인 제물, 즉 모든 존재하는 것들이 나름의 질서와 가치를 지닌다는 진리에 대한 인식인 제물(齊物)과 그러한 인식에 다가선 마음 상태로서의 소요유(逍遙遊)를 전제로 한다. 이 제물과 소요유는 다시 심재(心齊)와 좌망(坐忘)이라는 보다 구체화된 마음자세로 이어지고, 이러한 자세가 갖추기 위해서 성수반덕(性修反德)과 복귀어박(復歸於樸)이라는 끊임없는 지향이 뒷받침되어야 한다.

이러한 일련의 과정을 통해서 구현될 수 있는 인성교육의 구체적인 모습들을 그리는 일 또한 어려운 과제로 우리에게 다가선다. 우선 그것은 현재 우리의 인성교육이 갖고 있는 일종의 강박증을 경계할 수 있는 잣대로 활용될 수 있다. 인성교육은 쉽게 그 성과가 나타나지 않는 것이기도 하고, 그 성과에 대한 집착이 오히려 어린이들의 인성을 왜곡시키는 결과로 나타날 수 있음을 우리는 수많은 현장의 인성교육 연구물들을 통해서 확인하곤 한다. 인성교육은 그 목적과 목표를 쉽게 언어화할 수 없는 침묵과 경건의 영역에서 이루어지는지도 모른다는 점에서 도교의 인성교육론이 경고하고 있는 유위의 위험성에 대한 충분한 자각이 요청된다.

다른 한편으로 도교의 인성교육론은 좌망이나 성수반덕과 같은 마음공부의 지향을 보여준다는 점에서 그 현재적 의미를 되살릴 수 있다. 도덕교과를 중심으로 하는 인성교육에서는 도덕판단 능력의 함양과 같은 인지적 목표를 소홀히 할 수 없지만, 그렇다고 해서 그것으로 인성교육이 완성된다고 믿는 도덕교육자도 없다. 결국 그런 도덕판단 능력의 함양이라는 목표도 도덕적 민감성이나 열정, 의지에 의해 뒷받침되어야 비로소 그 본래의 의미가 살아날 수 있다는 점에서 도덕교육 또는 인성교육은 마음의 문제를 건드릴 수 있어야 하는데, 도교의 인성교육 방법으로서의 좌망은 실천적 성찰과 숙고의 방법으로 재구성될 수 있는 가능성을 보여주고 있다.

제12장

동양 도덕교육론의 특성과 현재적 의미

1. 우리 도덕교육학계에서 동양 도덕교육론의 위상

지금까지 우리는 도덕교육의 동양적 전통 또는 동양 도덕교육론에 대해서 불교와 유교, 도교를 중심으로 함께 살펴보았다. 우선 1부에서는 서구 도덕교육론 중심으로 논의를 전개해 왔던 우리의 도덕교육학계에서도 점차 주체성을 강조하는 경향이 확대되어 왔고, 그 요구에 따라 우리의 도덕교육 전통에 대한 관심도 높아져 왔음을 확인할 수 있었다. 그리고 그 중에서 유교 중심의 도덕교육론은 이미 몇 권의 단행본이 나와 있을 정도로 도덕교육학계와 교육철학 및 교육사 영역의 연구가 진행되고 있다는 사실도 기억해 두어야 할 것이다.

그럼에도 아직까지 우리 도덕교육에 관한 논의들은 콜버그(L. Kohlberg)와 길리간(C. Gilligan)으로 대표되는 인지적 도덕성 발달론과 리코나(T. Lickona) 중심의 인격교육론이 그 핵심을 차지하고 있고, 최근에는 도덕적 주체를 강조하는 블라지(A. Blasi)나 도덕영역의 특수성을 강조하는 튜리엘(E. Turiel), 도덕적 공감을 중시하는 호프만(M. Hoffman) 등의 도덕심리학자들에 대한 관심이 높아지고 있는 정도이다.[1)]

도덕교육론의 핵심 질문은 크게 보면 두 차원의 것으로 나뉘어 제시될 수 있다. 하나는 도덕교육에서 다루고자 하는 대상인 도덕 또는 도덕성이 과연 무엇인가 하는 윤리학과 도덕심리학적 배경의 질문이고, 다른 하나는 그러한 도덕 또는 도덕성이 과연 가르쳐질 수 있는 대상이고, 만약 그렇다면 어떤 방법을 통해 가능한가 하는 교과교육론적 질문이다. 이 두 차원의 질문은 당연히 서로 맞물리면서 서로를 보완적 질문으로 요구한다.

도덕(道德, morality)이 무엇인가? 이 질문은 동양과 서양의 오랜 윤리학적 전통 속에서 끊임없이 추구되어 온 것임과 동시에 오늘 이 시점에서도 계속적으로 그 답이 추구될 수밖에 없는 열린 성격의 질문이기도 하다. 단순화의 오류를 무릅쓰고 이 질문에 대한 답들을 분류해 본다면 대체로 서양의 경우 풍습 또는 관습으로서의 도덕을 바라보는 관점이 우세한 반면에, 동양의 경우에는 내면적이고 자율적

---

1 도덕심리학의 최근 동향에 대해서는 정창우, 『도덕교육의 새로운 해법』(교육과학사, 2004), 11장 '현대 도덕교육의 통합적 접근법 개관'을 참고할 수 있다. 정창우 교수는 이 장에서 최근의 도덕심리학적 논의들을 통합이라는 관점에서 재정리하고 있다. 같은 책, 247-268쪽 참조.

인 규율로 도덕을 바라보는 관점이 우세하다고 말할 수 있다. 도덕(morality)은 라틴어에서 유래한 단어이고 윤리(ethics)는 희랍어에서 유래한 단어이지만, 그 어원에는 모두 풍습이나 관습이라는 의미를 담고 있는 유사한 개념들이기 때문에 서양의 윤리학서나 도덕교육론서에서는 이 두 개념을 서로 바꿔 쓸 수 있는 것으로 전제하고 있다.

우리 윤리학계에서도 김태길의 『윤리학』이 전형적인 서양 윤리학의 담론들만 담고 있음에도 그 자체로 버젓이 '윤리학'이라는 이름으로 통용되었던 지난 수십 년간의 문화적 식민의식으로 말미암아 도덕과 윤리를 혼용하는 언어 사용이 이미 일반화되어 있는 형편이다. 이런 상황 속에서 도덕(道德)과 윤리(倫理)의 동아시아적 어원을 따지는 일이 그다지 의미 없기도 하고, 또 이 단어들마저 온전한 동양의 전통 속에서 형성된 것이 아니라 서양 윤리학이 소개되던 19세기 중반 이후 주로 일본의 학자들에 의해 번역어로 채택된 것들이기 때문에 큰 의미를 지닐 수는 없다. 그럼에도 윤리가 '무리지어 살 수밖에 없는 인간[倫]이 지켜야 하는 이치[理]'라는 인간학적 한정이 있다면, 도덕은 인간과 자연과 우주가 동일하게 담지하고 있어야 하는 도(道)와 그 도에 이르기 위한 실천적 역량을 의미하는 덕(德)을 합한 개념이기 때문에 더 넓고 깊은 개념으로 해석될 수 있는 여지가 있다는 점만은 기억할 필요가 있다.

그리고 이러한 도덕과 윤리의 어원을 따지는 과정에서 우리가 더 주목해야 할 사실은 도덕이나 윤리 모두 보편적인 이치 또는 도를 중시한다는 점이다. 서구적 어원에서 도덕과 윤리는 풍습의 상대성을 전제로 하는 상대주의의 입장에 서는 것들이다. 물론 이러한 소피스트적 상대주의에 대해서 끝까지 맞서고자 했던 소크라테스의 열망의 도덕성과 예수의 사랑으로 상징되는 그리스도교적 보편성이 그 이후 서양 문화의 근간을 이루었음도 분명히 인식해야 하겠지만, 최소한 현대에 와서는 보편주의적 토대는 상당 부분 무너지고 다시 소피스트의 시대가 도래했다는 점도 함께 기억되어야 한다.

이러한 도덕에 관한 논의 속에는 이미 윤리학적 탐구와 함께 도덕심리학적 탐구가 포함되어 있다. 특히 인도 불교의 중요한 흐름을 형성했던 유식학(唯識學)에서 인간의 마음에 관한 논의가 본격화되었고, 원시유교에서는 맹자에 이르러 인간의 본성에 관한 논의가 도덕에 관한 논의와 맞물리면서 이루어졌음을 상기할 필요가 있다. 서양 윤리학에서는 아리스토텔레스에 이르면 아는 것이 행동으로 옮겨지지 않는 이유를 설명할 수 있는 개념으로 의지의 박약, 즉 애크라시아의 문제가 중요한 주제로 등장함으로써 윤리학과 도덕심리학이 함께 가야 하는 당위적 통로를 열어놓고 있다.

윤리학보다는 도덕심리학적 토대 위에서 현대 도덕교육론을 정초시키는 데 결정적인 기여를 한 피아제(J. Piaget)를 계승한 콜버그에 이르러 도덕교육의 배경 학문으로서의 윤리학과 도덕심리학은 단순한 물리적 결합의 차원을 넘어서서 화학적 결합의 차원까지 확장될 수 있는 길이 열린다. 도덕이 무엇이고 그것이 한 구체적인 인간의 내면 속에 스며든 형태를 전제로 하는 도덕성은 어떤 과정을 통해 형성되며, 이를 보다 바람직한 방향으로 이끌기 위해서는 어떤 단계들을 설정해서 어떻게 노력해야 하는지에 대한 청사진을 일목요연하게 제시하는 데 콜버그는 상당한 정도의 성취를 보여준다. 그 이후의 거의 모든 도덕교육 논의는 콜버그에 대해 옹호하거나 비판하는 것으로 시작되는 것이 일반화되어 있을 정도이다.

도덕성이 인격 속에 내면화되어야 한다고 보는 보다 적극적인 시각은 인격교육론자(人格敎育論者)들에 의해서 마련되었다. 동서양 도덕교육 전통의 근간을 이루어 왔던 인격교육이 현대적 형태로, 더 정확히 표현하면 미국적 형태로 되살아난 것이 인격교육론이다. 플라톤과 아리스토텔레스, 아퀴나스로 이어지는 서구의 전통 인격교육론이 리코나(T. Lickona) 등에 의해서 인지적 발달론과의 통합을 강조하면서 되살아난 것이다. 리코나는 특히 그 중에서도 자신의 삶 자체에 대한 존중과 타인에 대한 책임이라는 두 덕목을 반드시 가르쳐져야 하는 대상으로 설정하면서 그렇게 하는 데 도움이 되는 방법이라면 어떤 것도 정당화될 수 있다는 자신의 주장을 통합이라는 개념을 매개로 전개하고 있다.

우리 도덕교육학계는 이러한 미국 중심의 서양 도덕교육론의 수입에 적극적이다. 1970년대 이돈희와 이홍우 등 일부 교육학자들에 의해 수입되기 시작한 서양 도덕교육론은 그후 정세구와 문용린, 남궁달화 등의 1세대 도덕교육 전공자들을 통해 보다 적극적으로 도입되기 시작했다. 그후 추병완과 정창우, 정탁준으로 대표되는 미국 유학파들이 우리 도덕교육학계의 중심축을 이루면서 인격교육론은 물론 최근의 도덕심리학에 관한 논의까지 빠른 속도로 소개되고 있다. 이러한 노력들에 대해서는 일단 우리 도덕교육학계의 이론적 기반을 굳건하게 하는 데 기여했다는 점에서 일단 긍정적으로 평가할 수 있다.

그러나 이미 이홍우에 의해 그 토대가 마련된 우리의 전통 도덕교육론에 대한 관심 또한 그것 못지않게 소중한 의미를 가진다. 서양 도덕교육론의 실효성을 부인하지 않으면서도 마음의 문제를 중심으로 교육의 본질과 교과의 의미를 물어가는 논의들은 치열한 논의가 끊어지지 않고 이어지고 있다는 사실 자체에서 위안을 받는다. 그 중에서도 도덕교육의 유교적 전통에 주목하는 노력뿐만 아니라 불교적 전통에도 유의하는 균형감각을 보여준다는 점을 더 높이 평가하고 싶다. 그런 노력들이 임병덕이나 김광민 같은 진지한 교육학자들에게 이어지고 있고, 이 작은 책도 그러한 흐름에 적극 동참하고자 하면서도 서양 도덕교육론을 주체적으로 수용하고자 하는 총체적인 관점과 균형잡힌 시각을 목표로 삼는 노력으로 평가될 수 있기를 기대한다.

2. 도덕적 모형 제시와 수행론, 그리고 구체적인 방법들

그렇다면 우리가 균형잡힌 시각을 전제로 해서 살펴보고자 했던 동양의 전통 도덕교육론은 서양의 도덕교육론과 비교하여 차별화될 수 있는 어떤 특성을 지니고 있는가? 만약 그렇지 못하다면 특별히 동양의 도덕교육론을 주목해야 한다는 당위성도 그다지 확보될 수 없을 것이다. 이 지점에서 우리가 유의해야 할 사실 중 하나는 서양의 도덕교육론도 전통 도덕교육론과 현대 도덕교육론으로 나뉘고, 전자는 후자와 상당한 정도의 차이를 보인다는 점이다. 전자를 대체로 전통적인 인격교육론이라고 부를 수 있는데, 우리가 목표로 삼아야 하는 이상적인 인격체를 설정해 놓고 그것에 이르기 위해 직접적인 덕교육을 실시해야 한다는 주장이 근간을 이루어 왔다.

동양의 전통 도덕교육론은 그와 유사하면서도 몇 가지 점에서 의미 있는 차이를 보인다. 우리가 이미 이 책의 2부와 3부에서 비교적 상세하게 살펴본 것처럼 동양의 경우 각각의 철학적 지향에 맞는 이상적 인간상을 도덕적 모형으로 제시해 놓고 그 인간상에 이르는 실천적인 방안을 수행론(修行論)과 수양론(修養論), 수도론(修道論) 등으로 구체화하여 제안하는 형식으로 도덕교육론이 구성되어 있다. 수행론과 같은 실천론은 다시 도덕적 습관화나 타율적인 계율의 준수 같은 낮은 수준의 실천 방법에서 출발해서 화두를 틀고 깨달음을 직접적으로 목표로 삼는 간화선이나 몸과 마음공부를 일치시키고자 하는 다양한 자율적인 노력들로 이어지는 단계적 접근을 전제로 하여 전개되고 있다.

불교에서 목표로 삼는 이상적 인간상은 당연히 붓다이다. 깨달음을 얻은 자인 붓다는 그러나 고유명사가 아니라 누구나 노력하면 도달할 수 있는 보통명사이지만, 실제 우리 삶에서 쉽게 도달할 수 있는 목표는 아니기 때문에 그 아래 단계의 인간상인 아라한과 보살을 설정한다. 아라한은 석가모니 붓다 시절에 이미 그 제자들 중에서 도달한 인간상으로 주로 남방불교에 전해지고 있고, 보살(菩薩)은 관세음보살과 같이 붓다의 수준에 근접한 깨달음을 얻었으면서도 중생 구제를 위해서 이 땅에 남아 있는 북방불교의 이상적 인간상이다. 이러한 인간상에 도달하기 위해서는 세 가지 공부, 즉 계율의 준수와 참선, 경전 공부를 병행해야 하는데 이를 삼학(三學)이라고 한다. 초기불교에서는 그 중에서도 일상생활 속에서의 실천의 중요성을 강조해서 따로 여덟 가지의 바른 행동 실천을 팔정도(八正道)라고 했지만 남방과 북방불교를 통해서 동시에 강조되고 있는 불교의 수행법은 역시 삼학이다. 그 중에서도 북방불교는 간화선으로 대표되는 참선을 중심에 두면서 다른 수행법을 통합하고자 하고 남방불교는 위빠사나로 표현되는 참선과 함께 계율 준수도 중시하고 있다.

유교의 이상적 인간상은 성인(聖人)이다. 그는 수기안인(修己安人)의 자세를 근간으로 삼아 내적으로는 천명(天命)을 향한 열망을 간직하면서 외적으로는 백성들을 사랑[仁]으로 감싸안을 수 있는 도덕정치의 구현자를 지향하고자 한다. 그러나 이러한 성인의 경지는 누구나 쉽게 넘볼 수 있는 경지가 아니기 때문에 그 아래 단계에 있으면서도 성인에 도달하기 위한 노력을 멈추지 않는 군자(君子)를 설정하고자 했다. 이 군자가 조선 성리학의 지평 속에서는 선비[士]로 정착되었고, 우리는 다행히도 퇴계나 율곡, 남명 같은 선비들을 역사 속에서 직접 만날 수 있는 행운을 누리고 있다. 그 중에서도 퇴계와 율곡은 수기안인을 보다 적극적으로 구현한 출(出)의 선비들이고, 남명은 시대의 흐름을 비판하면서 물러나 자신을 닦고 제자를 기르는 것으로 후일을 도모했던 처(處)의 선비이다. 이러한 선비들의 출처관은 오늘에까지 일부 이어져서 시대의 상황에 대해 의로운 목소리를 내는 지식인들의 시국선언으로 구체화되고 있기도 하다.[2)]

이러한 유교의 이상적 인간상인 군자와 선비가 되기 위해서는 소학(小學)과 대학(大學)의 단계적인 공부과정을 거쳐야 한다. 소학

2 2009년 6월 현재 나라의 상황을 걱정하는 시국선언에 동참한 대학 교수를 비롯한 수천 명의 스님들과 신부님들, 교사들 모두가 일정하게는 그러한 선비의 전통을 이 시대에 맞게 계승하고자 하는 의식을 가진 사람들이라고 해석할 수 있다.

의 단계에서는 자신의 주변을 정리정돈하고 집을 드나들면서 반드시 어른께 고하는 응대예절의 습관화와 덕목의 암송, 그 덕목의 의미에 대한 반복적인 새김의 방법으로 공부하고, 대학의 단계에서는 스스로 목표를 세워 지속적으로 사서(四書)로 대표되는 유교경전을 읽으면서 호연지기(浩然之氣)를 기르거나 잃어버린 마음을 되찾고자 노력하는[救放心] 수양의 과정을 거친다. 좀 더 구체화된 공부의 내용에는 시를 공부해서 삶의 기본적인 리듬을 익히고, 도덕을 공부해서 인간의 기본 자세를 익히며, 예술 공부를 통해서 인간으로서의 통합적 인격성을 완성하는[興於詩 立於禮 成於樂] 세 과목의 공부가 공자 이후에 보편적인 교육과정으로 정착하기도 했다.

불교철학의 영향을 받아 정착된 신유학의 단계에 오면 주희의 격물론(格物論)과 양명의 치양지론(致良知論)으로 수양론이 심화되고, 그것이 조선 성리학의 수양론으로 전해지면서 발전을 거듭하게 된다. 학문의 궁극을 격물이라고 본 주희는 이 개념을 '물의 이를 규명하고 그 궁극 지점에 도달하는 것'이라고 정의하고자 했다.[3] 주희 수양론에서 강조되는 또 하나의 방법은 독서이다. 물론 그는 자신에게 절실하게 요구되는 이(理)를 이해하고자 노력하는 것이 학문의 첫 번째 목적이고 그 다음이 독서라고 전제하고 있다 그러면서 독서도 그러한 이(理)를 인식하는 방법과 과정일 수 있음을 강조하고 있다. 주희는 '책으로써 책을 보고 물로써 물을 본다(以書觀書 以物觀物)'는 원

3 주희의 격물론에 관한 논의로는 오호하마 아끼라, 임헌규 옮김, 『주자의 철학』(인간사랑, 1997), 256-277쪽을 참조할 수 있다. 저자는 주희의 다양한 저서 속에서 격물궁리가 어떻게 규명되고 있는지를 비교 · 고찰하면서 결론적으로 주희의 격물론은 거의 정이천의 답습이라고 결론짓고 있다. 같은 책, 272쪽.

칙과 '먼저 자신의 견해를 세우지 않는다(不可先立己見)'는 원칙을 근간으로 삼아 독서해야 한다고 말하고 있다.[4]

왕양명은 격물치지의 의미를 심즉리(心卽理)로 해석하면서 결국 마음을 바로잡는 일도 결국 치지란 지식을 닦는 것이 아니고 본래 인간에게 주어져 있다고 맹자가 강조했던 양지(良志)를 실현하는 일이라고 보았다.[5] "내가 말하는 격물치지는 우리 마음의 양지를 모든 사물에 이르게 하는 것이다. 우리 마음의 양지는 천리이고, 이 천리를 모든 사물에 이르게 하면 사물이 모두 그 이치를 얻게 된다. 그런 점에서 우리 마음의 양지를 바르게 하는 것이 곧 치지이고 모든 사물이 그 이치를 갖게 되는 것이 격물이다. 즉 나의 입장은 마음과 이치를 합하여 하나로 하는 것일 뿐이다."[6]

도교의 경우에는 무위진인(無爲眞人)이라는 이상적 인간상을 전제로 해서 자취를 남기지 않는 다스림과 물 흐르듯 자유롭게 살아가는 삶의 철학을 무위자연(無爲自然)이라는 개념으로 제시하고 있기도 하고, 장자는 여기에 하늘의 결을 따르는 양생술을 덧붙여 물로써 자신을 해치지 말고 늘 쓸모 없음의 지혜를 익히며 마음을 비우고 자연을 따르는 삶의 방식을 제안하고 있다.[7] 그러한 구체적인 방법

---

4 위와 같은 책, 375쪽에서 재인용.

5 시마다 겐지, 김석근 · 이근우 옮김, 『주자학과 양명학』(까치, 2001), 154-156쪽 참조.

6 若人所謂致知格物者 致吾心之良志於事事物物也 吾心之良志卽所謂天理也 致吾心良志之天理於事事物物 卽事事物物皆得其理矣 致吾心之良志者致知也 事事物物皆得其理者格物也 是合心與理而爲一者也, 『傳習錄』, 「答人書」, 위의 책, 155쪽에서 재인용.

7 이강수, 『노자와 장자-무위와 소요의 철학』(길, 1997), 제1, 2부 각 5장 참조.

론으로 심재(心齊)와 좌망(坐忘)이라는 수도법(修道法)을 함께 제안하고 있는데, 심재는 제사의식을 앞둔 사람이 며칠 또는 몇 달 동안 술과 고기를 먹지 않고 육체를 깨끗하게 유지하는 것을 말하는데, 장자는 그것을 확대해석해서 마음을 깨끗하게 유지하는 것까지 포함시키고 있다.[8] 좌망은 정좌한 상태에서 자아와 사회, 자연 등 일체의 현상을 잊어버리는 정신의 경지를 의미함과 동시에 그것에 이르고자 하는 과정과 노력을 함께 일컫는 개념으로 해석될 수 있다.[9]

이와 같이 불교와 유교, 도교는 모두 이상적 인간상을 전제로 해서 그 인간상 속에서 자신들이 보편적 진리라고 믿고자 하는 다르마(dharma)와 천명(天命), 도(道)가 실현될 수 있고 또 누구나 그런 가능성을 가진 존재자들이라는 점을 강조하고 있다. 그런 후에는 그 인간상에 이르는 과정을 수행론으로 구체화시켜 우리에게 제시해 줌으로써 단순한 이론적 지향점에 그치는 것이 아니라, 우리의 구체적인 삶의 영역에서 구현되어야 하는 당위적 과제라는 사실도 공유되어 왔다.

문제는 과연 이러한 동양의 전통 도덕교육론이 우리의 현재 삶 속에서 어떤 의미를 지닐 수 있는가 하는 점이다. 이 책의 '이끄는 글'에서도 말한 것처럼 민주자본주의를 이데올로기적 배경으로 깔고 운영되고 있는 우리의 시민사회와 국가 체제 속에서 우선 동양 도덕교육론이 제시하는 목표들은 너무 무겁거나 엄숙한 것들로 다가올 수밖에 없다는 한계와 직면하게 된다. 과연 이 시대에 누가 보살

8 위의 책, 147-148쪽 참조.
9 위의 책, 155쪽 참조.

이나 선비, 진인의 삶을 추구하고자 할 것이며, 더욱이 하루하루의 생계를 스스로 해결해야 하는 사람들에게 과연 그러한 무거운 목표를 강요할 수 있는지도 의문이다. 우리의 도덕교육이 특별한 엘리트를 대상으로 하는 것이 아니라, 이 땅에 존재하는 모든 시민과 그의 자녀들을 대상으로 한다는 점에서도 이러한 의구심은 증폭될 수밖에 없다.

도덕교육을 바라보는 콜버그적 관점이나 인격교육론적 관점에도 물론 일반 시민의 입장에서 보면 과다한 요구와 기대가 일부 포함되어 있기는 하지만, 그것은 본론에서 논의한 것과 같은 시민으로서의 최소 도덕에 초점을 맞추고 있는 반면에 동양의 도덕교육론에 근거한 관점은 하나같이 최대 도덕에 초점을 맞추고 있고, 이는 각 개인의 가치 지향을 그 개인의 책임으로 돌리는 것을 원칙으로 삼는 시민사회의 운영원리와 충돌을 빚을 수 있는 가능성이 농후하다. 그럼에도 우리는 동양의 전통 도덕교육론이 여전히 우리 도덕교육의 장에서 유효성을 지닌다고 주장할 수 있을까?

3. 주체성에 근거한 보편성의 추구

현실 속에서 우리가 만나게 되는 윤리는 기본적으로 특수 윤리일 수밖에 없다. 각 개인이 처한 특수한 상황 속에서 어떤 원칙에 따라 어떻게 판단하고 행동해야 하는지를 결정해야 하는 도덕적 선택과 결단은 모두 그 개인의 실존적 삶의 영역 안에서 이루어지는 고독

한 과정이라는 점에서 그러하다. 그 과정에서 보편성을 전제로 하는 도덕원칙이 동원될 수 있고 또 실제로도 동원되지만 그 전제된 보편성이 과연 온전한 의미에서의 보편성인지에 대해서도 의구심을 가질 수 있고, 한 개인의 선택 속에서 적용되는 과정에 이르면 당연히 일정한 굴절과 해석을 거쳐야만 한다는 점에서 모든 윤리적 원칙은 기본적으로 특수한 것이라는 우리의 명제는 정당화된다.

그럼에도 우리는 도덕원칙의 보편성을 포기할 수 없다. 왜냐하면 내게만 이득이 되고 타인에게 손해를 끼치는 원칙이 도덕의 특수성이라는 이유로 정당화될 수는 없기 때문이다. 또한 '도덕원칙'이라는 개념 속에는 이미 보편화 가능성 또는 보편적 근거 확보의 가능성이 내재해 있기 때문에 모든 윤리는 특수함에서 출발하면서도 보편성을 지향할 수밖에 없다는 결론에 자연스럽게 도달하게 된다. 개인을 주인공으로 삼는 시민사회는 그 개인의 고유한 삶의 영역을 사적 영역, 즉 프라이버시라는 이름으로 비교적 적극적으로 보장해 주고자 한다. 그러나 그 개인이 어떤 방식으로 다른 사람과 관계를 맺고 있고 또 맺어야 하는지에 대해서는 기존의 자유지상주의적 전제가 더 이상 지탱될 수 없다는 현실적 · 이론적 한계에 직면하면서 새롭게 모색되어야만 한다는 당위가 부각되고 있는 중이다.

이미 윤리학과 정치학의 자유주의 대 공동체주의 논쟁을 통해서도 충분히 입증된 것처럼 인간은 온전한 고립성과 이기성만을 전제로 해서는 살아갈 수 없다. 최소한 그의 존재성 자체가 이미 부모 사이의 결합이라는 관계성을 요구하고 있고, 그 이후의 삶의 국면에서도 최소한의 관계성 없이 존재하는 것은 불가능하다. 이러한 요구를 불교에서는 인연(因緣)이라는 개념으로 설명하고자 하고 유교에서는 관계(關係)라는 말로 설명하고자 한다. 그 인연과 관계의 굴레가 과도하게 작동했던 경험을 공유하고 있는 우리들에게 비록 그 개념들은 긍정적이기보다 부정적인 뉘앙스로 다가오지만, 그렇다고 해서 그 개념의 본래 의미가 쉽게 퇴색될 수 있는 것은 결코 아니다.

동양의 전통 도덕교육론은 기본적으로 모든 인간의 인격적 가능성을 믿는 것에서 시작해서 그 온전한 상태에 이르는 과정 자체를 중시한다. 그 과정에서 앞서 가는 사람이 곧 스승이자 선생(先生)이지만, 도의 구현이라는 관점에서 보면 단순한 수직적인 관계에서 그치는 것이 아니라 함께 도를 향해 가는 도반(道伴)이기도 하다. 도덕성 발달단계가 낮은 수준에서는 때로 엄격한 권위를 앞세워 도덕적 습관화를 가능하게 하는 스승이어야 하지만, 그와 동시에 그 아이에게도 스스로 생각할 수 있는 힘을 길러줄 수 있는 따뜻한 관계 형성과 대화가 수반되어야 한다. 이른바 어린이들의 철학함의 능력 함양이 초등 도덕교육의 목표로 포함되어야 하는 이유이다.

중등학교 단계로 넘어가면 좀 더 적극적인 윤리적 성찰과 함께 논리적으로 자신의 생각을 펼침과 동시에 상대방의 논리를 충분히 수용할 수 있는 관용과 배려의 자세를 갖추는 노력이 도덕교육의 중요한 목표로 설정되어야 한다. 이런 목표들에 대해서는 콜버그적 패러다임을 전제로 하는 길리간(C. Gilligan)이나 나딩스(N. Noddings)의 배려윤리 교육론을 통해서도 충분히 강조된 바 있다. 문제는 이러한 서구적 패러다임들이 주로 머리를 중시하는 도덕적 추론과 사유의 과정을 강조하고 있고 일부 실천 프로그램이 마련되어 있기는 하지만 자신의 마음을 성찰하고 다스릴 수 있는 수행론을 결여하고 있는 점이다.

도덕교육은 궁극적으로 제한된 시간과 공간 안에서 영위될 수밖에 없는 인간의 삶에서 의미의 문제를 건드리고자 하는 노력의 일환일 뿐이다. 삶의 의미 찾기는 먼저 눈을 들어 자신의 내면을 성찰하게 하는 데서 시작되어야 하고, 그것이 다른 사람과의 따스한 관계 맺기로 이어져야만 완성된다. 이런 노력들은 시민사회의 구성원들이 자율적으로 선택해야 하는 영역에 속하는 것임에 틀림없지만, 그렇다고 해서 그 모든 것을 각 개인의 몫으로 돌려버리는 것은 일종의 책임 회피이다. 왜냐하면 우리 사회의 새로운 구성원들이 삶에서 가치의 차원이 존재하고 그 가치들 사이에는 엄연한 서열이 존재할 수 있음을 인식하게 하는 데까지는 우리 모두가 책임지고 데려가야 한다는 의무를 공유하고 있기 때문이다. 그렇지 않을 경우 자본주의 사회의 황폐함과 일차원성이 각 개인의 인격을 파고들어 껍데기만의 인생을 구가하다가 정해진 시간이 지나면 사라지고 마는 가련한 인생을 피해갈 길이 없기 때문이기도 하다.

그렇다고 해서 극히 일부의 특정 종교인 교사가 공립학교에서 범하는 것과 같은 가치 문제에 대한 폭력적인 간섭을 정당화하자는 말은 아니다. 각 개인의 가치 선택은 궁극적으로는 그 자신의 몫이고, 그에 따르는 책임 또한 다른 누가 대신 감당해 줄 수 있는 것도 아니다. 다만 가치의 문제는 삶에서 그런 차원이 존재한다는 가치영역에 관한 인식 능력의 함양과 가치 선택 능력 및 그 가치에 따라 행위하고 그 결과를 책임지고자 하는 실천 능력을 길러주고자 하는 가치교육을 전제로 해서만 각 개인에게 온전히 넘겨질 수 있다는 사실도 함께 기억되어야 한다. 그런 점에서 동양의 전통 도덕교육론은 그러한 가치교육의 문제를 진지하게 고민할 수 있게 하는 다양하고 심층적인 논의들을 충분하게 보유하고 있는 보고(寶庫)라고 할 수 있다.

동양 도덕교육론에 관한 우리들의 논의는 이제 시작단계에 불과하다. 그동안 발표된 논문이나 단행본의 경우에도 외연(外延)이 방대한 동양 도덕교육 담론의 일부를 보여주고 있을 뿐이고, 그런 점에서는 이 책도 다를 바 없는 한계를 지니고 있음을 고백하지 않을 수 없다. 다만 이 책이 갖는 강점이 있다면 두 가지라고 말하고 싶은데, 하나는 책의 제목에서도 암시되고 있는 것처럼 동양의 전통 도덕교육론이 갖는 현재적 의미와 한계의 문제에 적극적인 관심을 갖고 있다는 점이고, 다른 하나는 동양 담론의 유교중심주의적 한계를 극복하기 위해 불교를 중심에 두고 유교와 도교 도덕교육론을 고찰하는 방식을 선택하고자 했다는 점이다. 우리 학계의 일반적인 경향에서 보면 낯설게 느껴질 수도 있는 이 방식의 강점은 한국 사상의 핵심이 선불교와 성리학이고, 후자는 원시유교에 선불교가 수용됨으로써만 가능했던 담론체제라는 점을 감안한 의도적인 선택이기도 하고, 다른 한편으로는 저자 자신의 공부의 초점과 한계에 충실하자는 의도가 담겨 있기도 하다.[10)]

이 책의 발간을 계기로 동양의 전통 도덕교육론에 대한 관심이 단순한 호기심의 차원이나 서양 도덕교육론 중심의 텍스트에 구색을 맞추는 차원을 벗어나 도덕교육의 중심 질문에 대한 답을 찾아가

---

10 성리학과 불교형이상학 사이의 깊은 관련성에 대해 저자와 유사한 의견을 갖고 있는 매드슨은 '신유학의 전통은 공자의 가르침에 불교로부터 형이상학적 아이디어를 도입해서 이루어진 새로운 유학'이라고 말하고 있다. R. Madsen, Confucian Conceptions of Civil Society, Daniel A. Bell (ed.), *Confucian Political Ethics*(Princeton : Princeton University Press, 2008), 4쪽.

는 과정에서 반드시 만나야만 하는 것으로 받아들여지는 질적인 전환이 이루어질 수 있기를 기대한다. 이러한 기대는 물론 도덕교육학계의 구성원들을 향한 것이지만 그것 못지않게 일선 학교 현장에서 빠른 속도로 변해가면서도 다른 한편으로는 왜곡된 전통 가치관을 집요할 정도로 간직하고 있는 학생들과 만나야만 하는 교사들에게도 향하는 것이다. 그것은 동시에 도덕교사가 될 준비를 하고 있는 예비교사들에게도 해당되는 기대이고, 우리 모두가 적극적으로 껴안아야 하는 일종의 과업이라고 볼 수도 있다.

이 시대를 도덕교육자로서 살아내는 일은 결코 즐겁거나 유쾌한 일만은 아니다. 경쟁력을 교육의 목표로 삼아야 한다고 주장하는 시대의 대세 속에서 그 경쟁력이 따스한 마음과 도덕성으로 뒷받침되지 않는다면 주변 사람들을 해치고 결국 자신까지도 해치고 마는 부메랑이 될 수밖에 없다고 외치는 일은 외롭고 힘겨운 일이기 때문이다. 그러나 그 일은 반드시 누군가가 해주어야 하는 일이고, 그렇지 않을 경우 우리 교육의 미래는 물론 인간의 미래도 담보할 수 없게 될 것이다. 동양의 도덕교육론은 그런 점에서 먼저 자신의 내면을 향하는 성찰(省察)과 관계를 맺고 있는 존재자들과의 따뜻한 만남의 기회를 제공해 주는 것을 그 과정과 내용으로 삼고 있는 우리들의 '오래된 미래'이다.

참고문헌

〈원전〉

『논어』, 『맹자』, 『중용』, 『대학』
『범망경보살계본』, 『대승기신론』
『노자』, 『장자』
『국가』, 『니코마코스 윤리학』
『윤리형이상학 원론』, 『도덕의 계보』 외.

〈2차 문헌〉

갈조광, 이동연외 옮김(2007), 『중국사상사 도론』, 일빛출판사.
가산지관(2005), 『한국불교계율전통』, 가산불교문화연구원.
강봉수(2008), 『한국유교도덕교육론』, 한국학술정보.
강상중, 이경덕 옮김(2009), 『고민하는 힘』, 사계절.
강신항 외(2007), 『이재난고로 보는 조선 지식인의 생활사』, 한국학중앙연구원.
고병익(1985), 『선비와 지식인』, 문음사.
고익진(1996), 「佛敎倫理와 韓國社會」, 최법혜 편, 『불교윤리학 논집』, 동국역경원.
교육부(2007), 『초 · 중등학교 교육과정 총론』, 교육부.
_____(2007), 『2007년 개정 도덕과 교육과정』, 교육인적자원부 고시 제2007-79호.
경북대 퇴계연구소 · 경상대 남명학연구소 편(2001), 『퇴계학과 남명학』, 지식산업사.

금장태(2001), 『한국의 선비와 선비정신』, 서울대학교 출판부.
김광민(1998), 『지눌의 교육이론』, 교육과학사.
김광식(2009), 『춘성 : 무애도인 삶의 이야기』, 새싹.
김방룡(2005), 「간화선과 화엄, 단절을 넘어 회통으로」, 『불교평론』, 7권 3호.
김상봉(2005), 『도덕교육의 파시즘』, 길.
김승혜외(2005), 『불교와 그리스도교의 수행』, 바로오딸.
김안중 외(1982), 『한국 아동의 도덕성 발달에 관한 연구』, 교육개발원.
김영욱(2006), 「간화십종병(看話十種病)의 원인」, 범한철학회, 『범한철학』, 42집.
_____(2007), 『화두를 만나다 : 깨달음을 부수는 선』, 프로네시스, 2007.
김우형 · 이창일(2006), 『새로운 유학을 꿈꾸다』, 살림.
김인(2003), 『인간의 본성과 교육』, 성경재.
김충렬(2007), 『중용대학강의』, 예문서원.
김태길(2001), 『유교적 전통과 현대 한국』, 철학과 현실사.
김형효 외(1996), 『지눌의 사상과 현대적 의미』, 한국정신문화연구원.
남경희(2005), 『비트겐슈타인과 현대철학의 언어적 전회』, 이화여대 출판부.
남궁달화(1996), 『도덕교육론』, 철학과 현실사.
_____(2008), 『현대 도덕교육론』, 교육과학사.
대한불교조계종 교육원 불학연구소 편(2008), 『봉암사결사와 한국현대불교』, 조계종출판사.
데릭 히터, 김해성 옮김(2007), 『시민교육의 역사』, 한울아카데미.
로렌스 콜버그, 김봉소 외 역(1985), 『도덕발달의 철학』, 교육과학사.
마스터니 후미오(2008), 이원섭 옮김, 『아함경』, 현암사.
마이클 노박, 이화수 옮김(1990), 『민주자본주의의 정신』, 인간사랑.
마이클 에드워즈, 서유경 옮김(2005), 『시민사회-이론과 역사, 그리고 대안적 재구성』, 동아시아.
박범석(2006), 「깨달음의 과정에 관한 교육학적 접근」, 한국종교교육학회, 『종교교육학 연구』, 22권.
박병기(2001), 「인간 본성으로서의 공성(空性)과 그 윤리적 지향」, 철학연구회, 『철학연구』, 55집.
_____(2003), 『우리 시대의 문화와 사회윤리』, 인간사랑.
박병기 · 추병완(2007), 『윤리학과 도덕교육 1(개정증보판)』, 인간사랑.

_____(2007), 「보살과 선비, 그리고 우리 시대의 시민」, 한국윤리학회, 『윤리연구』, 65집.

_____(2007), 「도덕교과와 철학, 그 연속성과 불연속성 : 홍윤기의 '도덕 · 윤리의 철학귀속성과 도덕 · 윤리교육의 정체성' 에 대한 도덕교육론적 응답」, 사회와 철학연구회, 『사화와 철학』, 14호.

박상철(2003), 『유학의 도덕교육 이론』, 성경재.

박선영(1995), 「현대 교육의 고민과 불교의 역할」, 한국종교교육학회, 『종교교육학 연구』, 1권.

박성배(2007), 『몸과 몸짓의 논리』, 민음사.

박이문(2002), 「철학은 끝났는가?」, 철학연구회 편, 『현대철학의 정체성과 한국철학의 정립』, 철학과 현실사.

박종덕(2005), 「도덕적 인간상으로서의 군자」, 한국도덕교육학회, 『도덕교육연구』, 16권 2호.

박재주(2000), 『동양의 도덕교육사상』, 청계.

박희승(2009), 『선지식에게 길을 묻다』, 은행나무.

백종현(2007), 「철학」, 우리사상연구소 엮음, 『우리말 철학사전 5』, 지식산업사.

불교생명윤리정립연구위원회(2006), 『현대사회와 불교생명윤리』, 조계종출판사.

비트겐슈타인, 이영철 옮김(2006), 『철학적 탐구』, 책세상.

서울대학교 국정도서편찬위원회(2003), 『고등학교 시민윤리』, 교육부.

서범종(2008), 『조선시대 독서당 연구』, 원미사.

서은숙(2007), 『동양윤리교육론』, 한국학술정보.

섭서현, 노승현 옮김(2003), 『노자와 신화』, 문학동네.

소광희 외(1994), 『현대의 학문체계』, 민음사.

소흥렬(2004), 『누가 철학을 할 것인가?』, 이화여대 출판부.

_____(2006), 『자연주의』, 이화여대학교 출판부.

_____(2009), 『철학적 수채화』, 서광사.

시마다 겐지, 김석근외 옮김(2001), 『주자학과 양명학』, 까치.

심재룡 편(1994), 『중국불교철학사』, 철학과현실사.

신병주(2004), 「조선시대 선비정신과 선비 학자들의 활동」, 남명학연구원, 『남명학연구논총』, 13집.

신창호(2005), 『수기(修己), 유가 교육철학의 핵심』, 원미사.
심재룡(2004), 『지눌 연구, 보조선과 한국 불교』, 서울대학교 출판부.
아리키 겐코, 김석근 옮김(1993), 『불교와 양명학』, 서광사.
에드워드 사이드, 박홍규 역(1991), 『오리엔탈리즘』, 교보문고.
오하마 아끼라, 임헌규 옮김(1997), 『주자의 철학』, 인간사랑.
용성(2004), 「마음을 닦는 바른 길[修心正路]」, 서산, 백용성 역, 『선문촬요(禪門撮要)』, 불서보급사.
원효(2002), 『대승기신론별기 본』, 한국불교전서 권 1.
_____(2002), 『보살계본지범요기(菩薩戒本持範要記)』, 한국불교전서, 권 1.
우희종(2006), 『생명과학과 선』, 미토스.
윌리엄 시어도어 드 배리, 한평수 역(2001), 『다섯 단계로 본 동아시아 문명』, 실천문학사.
이강수(1997), 『노자와 장자-무위와 소요의 철학』, 길출판사.
이명현 외(1998), 『근대성과 한국 문화의 정체성』, 철학과현실사.
이삼열(1984), 「고교 철학의 교육목표와 교육과정」, 한국철학회, 『철학』, 21집.
이승환(2004), 『유교담론의 지형학』, 푸른숲.
이승환 · 이동철 엮음(2007), 『중국철학』, 책세상.
이옥순(2002), 『우리 안의 오리엔탈리즘』, 푸른역사.
이이, 안외순 옮김(2005), 『동호문답』, 책세상.
이자랑(2005), 「율장을 통해 본 승단과 현대사회의 조화」, 한국불교학회, 『한국불교학』, 45집.
이재창 · 목정 · 월포라 라후라 외(1991), 『현대사회와 불교』, 한길사.
이지관(2003) 『한국불교소의경전연구』, 가산불교문화연구원.
_____(1999), 『남북전 율장 비교연구』, 가산불교문화연구원.
이종철(2008), 『중국불경의 탄생-인도불경의 번역과 두 문화의 만남』, 창비.
이태진(1994), 「한국의 학문적 전통과 서양학문에 대한 반응」, 소광희 외, 『현대의 학문체계』, 민음사.
이홍우(2002), 『성리학의 교육이론』, 성경재.
_____(2006), 『대승기신론 통석』, 김영사.
이효걸 · 김형준 외(1998), 『논쟁으로 보는 불교철학』, 예문서원.
이혜성 찬(2002), 『마음 : 청담대종사』, 삼육출판사.

일아 역편(2008),『한 권으로 읽는 빠알리 경전』, 민족사.
임병덕(2008),「교육의 정당화 : 교육윤리학의 관점」, 한국도덕교육학회,『도덕교육연구』, 20권 1호.
정광호(2003),『선비-소신과 처신의 삶』, 눌뫼.
정순우(2001),「남명의 공부론과 처사의 성격」, 박병련 외,『남명 조식-칼을 찬 유학자』, 청계.
장성모(1998),『주자와 왕양명의 교육이론』, 교육과학사.
장승희(2006),『전통윤리교육론』, 경인문화사.
장 피아제, 이병애 역(2005),『교육론』, 동문선.
장휘옥 · 김사업(2005),『길을 걷는 자, 너는 누구냐』, 더북컴퍼니.
정옥자(2002),『우리가 정말 알아야 할 우리 선비』, 현암사.
정창우(2004),『도덕교육의 새로운 해법』, 교육과학사.
정해창(2003),『철학의 종언, 그 새로운 시작』, 청계.
정혜정(2005),「종교교육학의 연구 동향과 과제-국내외 불교교육학을 중심으로-」, 한국종교교육학회.『종교교육학 연구』, 21권.
조오현 편저(2001),『禪問禪答』, 장승.
조희연 · 박은홍 편(2007),『동아시아와 한국-민주화와 민주주의의 위기를 넘어서』, 민주화운동기념사업회.
존 듀이, 박철홍 옮김(2002),『아동과 교육과정』, 문음사.
주희(1993),『四書集註』, 보경문화사.
지눌(2002),「권수정례결사문」,「간화결의론」,「목우자수심결」,「진심직설」,『한국불교전서』, 권 4.
지허(2000),『선방일기』, 여시아문.
철학연구회 편(2002),『현대 철학의 정체성과 한국철학의 정립』, 철학과현실사.
청담 · 혜성 엮음(2002),『마음 속에 부처가 있다』, 화남.
최현섭 외(2007),『상생화용, 새로운 의사소통 탐구』, 커뮤니케이션북스.
채방록, 김봉건 옮김(1999),『유학-전통과 현대화』, 서광사.
첸리푸, 서명석외 옮김(2000),『동양의 인간과 세계-물리에서 인리로-』, 철학과현실사.
추병완 · 박병기 외(2000),『윤리학과 도덕교육 2』, 인간사랑.
추병완(1999),『도덕교육의 이해』, 백의.
콰메 앤터니 애피아, 실천철학연구회 옮김(2008),『세계시민주의』, 바이북스.

캐롤 길리간, 허란주 역(1994), 『심리이론과 여성의 발달』, 철학과 현실사.
퇴계 이황 편, 박상주 역해(2004), 『고경중마방』, 예문서원.
퇴옹 성철(1988), 『백일법문(상)』, 장경각.
프레드릭 르누아르, 양영란 역(2002), 『불교와 서양의 만남』, 세종서적.
한만종 편(1980), 『현대 한국의 불교사상』, 한길사.
한자경(2002), 『일심의 철학』, 서광사.
한신학술원 편(2003), 『우리 것으로 학문하기』, 한신대학교출판부.
함재봉(2000), 『유교, 자본주의, 민주주의』, 전통과 현대.
현상윤(2000), 『조선유학사』, 현음사.
현영학외(1986), 『한국문화와 기독교윤리』, 문학과지성사.
헬무트 안하이어 외, 조효제외 역(2004), 『지구시민사회-개념과 현실』, 아르케.
홍윤기(2007), 「도덕 · 윤리의 철학귀속성과 도덕 · 윤리교육의 정체성-철학과 윤리학의 학문이론적 근거정립을 바탕으로-」, 철학연구회, 『철학연구』, 76집.
H. 퍼트남, 김효명 옮김(2002), 『이성 · 진리 · 역사』, 민음사.
H. 퍼트남, 홍경남 옮김(2006), 『존재론 없는 윤리학』, 철학과 현실사.
호법, 「성유식론」, 『대정신수대장경』, 권 31.

Blasi, A.(2005), "Moral Character-A Psychological Approach", D. K. Lapsley & F. C. Power, *Character Psychology and Character Education*, Notre Dame : University of Notre Dame Press.
Bell, Daniel A.(ed.).(2008), *Confucian Political Ethics*, Princeton : Princeton University Press.
Fascko, Daniel & Willis, W.(eds.) (2008), *Contemporary Philosophical and Psychological Perspectives on Moral Development and Education*, New Jersey : Hampton Press.
Halstead, J. Mark & Mark A. Pike(2006), *Citizenship and Moral Education*, London & New York : Routledge.
Heater, Derek(1990), *Citizen-the civic ideal in world history, politics and education*, London & New York : Longman.
Hoffman, Martin L.(2000), *Empathy and Moral Development*, New York : Cam-

bridge University Press.

Keown, D.(2001), *The Nature of Buddhist Ethics*, New York : Palgrave.

_____(2000), *Contemporary Buddhist Ethics*, Richmond : Curson.

Lapsley, Daniel K.(1996), *Moral Psychology*, Oxford : Westview Press.

Loy, David R.(2003), *The Great Awakening*, Boston : Wisdom Publications.

MacIntyre, A.(1981), *After Virtue : A Study in Moral Theory*, London : Routledge & Kegan Paul.

Noddings, N.(2002), *Educating Moral People : A Caring Alternative to Character Education*, New York : Teachers College Press.

Seligman, Adam B.(1992), *The Idea of Civil Society*, New Jersey : Princeton University Press.

Sullivan, M. & Kymlicka, W.(eds.) (2008), *The Globalization of Ethics*, New York : Cambridge University Press.

Thomson, A.(2006), *Critical Reasoning in Ethics*, London & New York : Routledge

Turner, Bryan S.(1986), *Citizenship and Capitalism*, London : Allen & Unwin.

색인

[ㅈ]

법연(法淵) **박병기**

전북 고창 출생
전주 신흥고 졸업
서울대학교 사범대학 윤리교육과
같은 대학원 석사 및 박사(도덕교육 및 윤리학 전공)
불교원전전문학림 삼학원(三學院, 5년제) 수료
서울대학교 강사. 전주교육대학교 교수 역임
현재 한국교원대학교 윤리교육과 교수(현장교육연구실장)
국가생명윤리심의위원회 전문위원, 가산불교문화연구원 전문위원

〈주요 저서〉
『윤리학과 도덕교육(1·2)』, 『우리 시대의 문화와 사회윤리』 외.

〈역서〉
『사드의 철학과 성윤리』, 『컴퓨터윤리학』, 『아동인격교육론』,
『기독교적 세계관』, 『루돌프 슈타이너의 기도와 명상』 외.

동양 도덕교육론의 현대적 해석

초판1쇄 / 2009년 8월 31일
2쇄 / 2010년 8월 27일

지은이 **박병기**
펴낸이 **여국동**
펴낸곳 **도서출판 인간사랑**
인 쇄 **백왕인쇄**

출판등록 1983. 1. 26. / 제일 3호

(411- 815) 경기도 고양시 일산구 백석동 1178-1
TEL (031)901-8144, 907-2003
FAX (031)905-5815
e-mail/igsr@yahoo.co.kr / igsr@naver.com

정가 15,000원

ISBN 978-89-7418-287-8 93190